RACINE

Théâtre - T. 1

Jean Racine.
Gravé par J. Daullé Gr du Roy

RACINE

Tome premier.

TREIZE GRAVURES
DONT QUATRE HORS TEXTE

Bibliothèque Larousse
Paris — Rue Montparnasse, 17

THÉATRE COMPLET

JEAN RACINE (1639-1699)

C'EST dans ce vieux pays du Valois « où pendant plus de mille ans, dit Gérard de Nerval, a battu le cœur de la France », que le plus pur de nos poètes est né, le 21 décembre 1639, à la Ferté-Milon. Jean Racine est le fils de cette terre aux lignes tempérées, variée harmonieusement, où l'on dirait que les arbres sont maîtres d'eux-mêmes.

Ayant perdu sa mère à treize mois, puis, à trois ans, son père, qui occupait une charge de finance, il fut élevé sous le toit de son aïeul et bientôt envoyé au collège de Beauvais, d'où il passa dans les écoles de Port-Royal des Champs. Il y retrouva ces pieux solitaires qui, chassés en 1638 après l'arrestation de Saint-Cyran et réfugiés quelques mois dans la famille maternelle du poète, s'étaient comme penchés sur son berceau. Et Port-Royal en effet, qui commande peut-être toute la vie de Racine, l'encadre certainement. On sentira dans la suite l'influence morale qui le marqua dans l'auguste vallée de Chevreuse. Il y prit aussi une direction esthétique. C'est là qu'élève de Nicole, de Hamon, de Lemaistre, de Lancelot, il reçut de ce dernier, helléniste remarquable dans un siècle qui n'en comptait presque point, le bienfait de pouvoir communiquer avec tout le délicat de l'antiquité, avec tout le meilleur de la littérature grecque ; et Boileau écrira justement, en 1700, à Perrault : « Ce sont Sophocle et Euripide qui ont formé M. Racine. » Enfin c'est bien à Port-Royal que le poète a recueilli cet élément essentiel de sa psychologie : l'idée de l'instinct souverain, et de la volonté impuissante sans le secours de Dieu.

Son année de logique au collège d'Harcourt une fois terminée, il reste à Paris, logé chez son oncle Vitart, intendant de l'Hôtel de Luynes. C'est vers ce temps qu'il paraît dans le monde, se lie avec des poètes, fait des sonnets et des madrigaux, puis une ode pour le mariage du roi qui lui attire la protection de Perrault et de Chapelain. Racine commence de faire sa réputation et de se brouiller avec Port-Royal.

Après un séjour d'un an à Uzès où son oncle Sconin, vicaire général, lui faisait étudier la théologie et espérer un bénéfice qui ne vint pas, il reparaît à Paris plus poète que jamais, fait la connaissance de quelques comédiennes et leur confie même certains essais de pièces, fréquente avec Molière, Boileau et La Fontaine, les auberges du *Mouton blanc* ou de la *Pomme du pin*, écrit entre temps deux odes qui lui valent encouragements et gratifications, et connaît peut-être cette douce espérance dont a parlé Vauvenargues lorsque s'élevèrent autour de lui les premiers rayons de la gloire. Et comme une grande renommée ne se peut guère lever alors qu'au théâtre, il n'a point de repos qu'il n'ait fait jouer la *Thébaïde*, en 1664, et l'année suivante *Alexandre*. En novembre 1667 *Andromaque* ouvre, pour dix années, la période des chefs-d'œuvre.

Un vers du premier des quatre *Cantiques spirituels* :

<blockquote>Si je n'aime, je ne suis rien</blockquote>

serait une juste épigraphe au portrait de celui de qui Louis Racine, dans ses *Mémoires*, a écrit : « Oui, mon fils, il était né tendre. » Jean Racine était naturellement tout sentiment et toute tendresse, et Port-Royal, domaine du silence et de la méditation, avait confirmé dans son propre sens une âme si sensible. Ses forces d'amour, lorsqu'elles s'épurèrent dans la flamme religieuse, purent se nommer charité : Racine n'a pas craint de se compromettre pour solliciter en faveur de ses anciens maîtres en disgrâce, et il a écrit un mémoire sur les misères du peuple. Si l'on en croit Mme de Maintenon, il avait même le goût des larmes ; et n'est-ce pas à lui que La Fon-

Cantique Spirituel
à la louange de la Charité
tiré de S.t Paul 1. Corinth ch. 13

Les Meschans m'ont vanté leurs mensonges frivoles
  Mais je n'aime que les paroles
  De l'eternelle Verité
  Plein du feu divin qui m'inspire
  Je consacre aujourdhuy ma Lyre
  A la celeste Charité.

En vain je parlerois le langage des Anges
  En vain, mon Dieu, de tes louanges
  Je remplirois tout l'univers
  Sans Amour, ma gloire n'égale
  Que la gloire de la cymbale
  Qui d'un vain bruit frappe les airs

Que sert a mon esprit de percer les abimes
  Des mysteres les plus sublimes,
  Et de lire dans l'avenir?
  Sans Amour, ma science est vaine
  Comme le songe, dont a peine
  Il reste un leger souvenir

taine fait dire, dans ses *Amours de Psyché* : « Eh bien, nous pleurerons ; voilà un grand mal pour nous ! »

Mme de Sévigné est cause qu'ayant fait de l'amour la matière de presque toutes ses pièces, Racine passe pour avoir vécu ce qu'il peignit si bien. L'histoire de sa passion pour la du Parc et pour la Champmeslé doit nous laisser très sceptiques. On néglige d'ordinaire la première de ces comédiennes, mais l'on fait de la seconde l'inspiratrice des chefs-d'œuvre profanes. Or si l'on s'en tient aux renseignements historiques, la liaison de Racine avec la Champmeslé perd tout caractère d'attachement sérieux et profond, prend même je ne sais quel air de légèreté joyeuse. « Si je n'aime, je ne suis rien... », mais c'est aimer que de se complaire à la lecture de Plutarque ou aux nuances des ciels. Et pourquoi s'attacher toujours à découvrir un auteur partout dans son œuvre ? Pour les créateurs de génie, l'expérience est bien peu en regard de l'intuition et de l'imagination, et je demanderai si Jean Racine est passé quelquefois par les états d'âme d'un Narcisse ou d'une Athalie. Les richesses de sentiment étaient en lui. Et cette infinie aptitude aux frissons qui chez les poètes semblent courir sur une chair toujours à vif se trouvait exaspérée chez Racine par une âme pressée de renommée et comme avide d'avenir, en même temps que par une impétueuse irritabilité qui dirigea contre ses adversaires tant de pointes sanglantes.

Ceci explique assez que les polémiques autour de *Phèdre* aient mis le poète au désespoir et que, las de trop de cabales, meurtri, il ait cédé au pitoyable Pradon. C'est à ce point que le rejoint Port-Royal, afin de le reprendre. La vieille rupture avec ses maîtres, l'ironie d'une lettre dont Nicole a été fouetté pour avoir écrit trop durement contre les poètes du théâtre, n'empêchent point que Racine ne voie reparaître à la lumière de sa conscience les enseignements jansénistes et ne se reconnaisse pour un « empoisonneur public ». Oppressé de dégoût pour son œuvre et d'horreur pour soi, il renonce au théâtre, songe à se faire chartreux et se marie enfin, le 1er juin 1677, avec Catherine de Romanet, une charmante et médiocre femme dont il aura deux fils et cinq filles, mais qui, ne devant jamais lire les tragédies immortelles, satisfera l'humilité absolue du héros : ce fut de l'héroïsme chrétien que d'accepter

Au nom du Pere et du Fils et du
Saint Esprit

Je desire qu'apres ma mort mon corps soit porté a
Port Royal des Champs, et qu'il y soit inhumé dans le
Cimetiere aux piez de la fosse de Mr Hamon. Je supplie
tres humblement la Mere Abbesse et les Religieuses de
vouloir bien m'accorder cet honneur, quoy que je m'en
reconnoisse tres indigne et par les scandales de ma vie
passé, et par le peu d'usage que j'ay fait de l'excellente
éducation que j'ay receu autrefois dans cette Maison
et des grands exemples de pieté et de penitence que j'y ay
veu et dont je n'ay esté qu'un sterile admirateur.
Mais plus j'ay offensé Dieu plus j'ay besoin des
prieres d'une si sainte Communauté pour attirer sa
misericorde sur moy. Je prie aussi la Mere Abbesse
et les Religieuses de vouloir accepter une somme de
Huit cens livres que j'ay ordonné qu'on leur donne
apres ma mort. Fait a Paris dans mon cabinet
le dixieme Octobre mille six cens quattrevingtdix
huit. Racine

TESTAMENT DE J. RACINE

(L'original se trouve à la Bibliothèque Nationale.)

l'emploi d'historiographe du roi afin de s'abstenir plus sûrement du théâtre, au moment même où se préparait une *Alceste* dont de sublimes passages avaient déjà été ici et là récités... Mais Port-Royal l'a apaisé et pacifié sans retour. Hors ses devoirs d'historiographe, il se partage avec une bonté ineffable entre sa petite famille et ses amis, dont les plus chers furent Despréaux et Valincourt. Il écrit pour Mme de Maintenon *Esther* et *Athalie*, celle-ci étouffée en naissant et presque inconnue des contemporains. Il comble d'affection et de services les jansénistes tracassés et, par là, mécontente Louis XIV. En dépit de la légende, il ne connut jamais la moindre disgrâce ; mais le refroidissement à son égard d'un roi qu'il a trop aimé s'unit à une maladie de foie pour assombrir ses derniers jours. Jean Racine achève le 21 avril 1699 une vie devenue patriarcale, assuré par son testament de reposer au pied de M. Hamon, qui fut le plus humble de ses maîtres.

Dans ces mêmes *Amours de Psyché* où l'on dit que Racine « aimait extrêmement les jardins, les fleurs, les ombrages », La Fontaine nous le montre qui retient ses amis pour contempler le coucher du soleil. Moins encore que des autres poètes du siècle (calomniés à ce sujet), le sentiment de la nature n'est resté ignoré de celui-là, dont la sensibilité fut si profonde que les seules disciplines naturelles de Port-Royal et du monde le gardèrent peut-être de sombrer dans la dispersion échevelée d'un Michelet. Mais comme l'époque a voulu que toutes les puissances du génie de Racine fussent dévouées à la vie morale de l'homme, le théâtre de Racine est psychologique. Or il est vraisemblable et naturel qu'un espace et un temps restreints ne laissent l'âme se découvrir entière que dans l'éclat de la passion ; et c'est pourquoi ce même théâtre est un théâtre passionné. Si les femmes y dominent, c'est parce qu'elles sont les meilleurs témoins de notre commune faiblesse. Mais quelle variété ! A côté d'une Roxane farouche, voici Monime, la plus délicieusement douce, pudique et attendrie des créatures de l'art. Appelons-en à cette variété pour protester contre notre siècle qui veut oublier la *force* de Racine. L'énergie brève de sa prose ne nous a-t-elle pas donné, dans l'*Abrégé de l'histoire de Port-Royal,*

la meilleure œuvre de littérature historique au XVIIe siècle ?
Et d'ailleurs il n'est pas possible de n'admirer qu'un élé-
giaque, qu'un peintre de l'amour, dans le créateur d'Acomat,
de Mithridate, de Joad. Le prince Eugène de Savoie a su par
cœur les plus belles tirades du roi de Pont, et Louis XIV avec
Charles XII, dit Voltaire, partagèrent son admiration.
Henri Heine demande : « Qui sait combien d'actions d'éclat
jaillirent des vers du tendre Racine ? » Je vois surtout dans
Mithridate, dans Narcisse et dans Acomat, un réalisme de
l'âme qui est proprement shakspearien.

L'éclosion du réalisme de Racine, quotidien et éternel,
nous laisse confondus ; joindre son nom à ceux de Molière et
de Boileau confirme et grandit le fait, mais ne l'explique
point. Il faut se satisfaire de constater et de définir : « *Les tragédies de Racine*, dit Jules Lemaître, *c'est de l'humanité
intense.* » Les personnages de ce poète, bien plus continûment
réel, à vrai dire, que Shakspeare, sont dans leur fond pareils
à ceux de nos faits divers. Mais observons tout d'abord qu'ils
se dégagent de la foule et se retirent dans une sorte de lointain
respecté, au centre d'une vision historique ou mythologique,
avec même tels sillages de vers resplendissants :

> Voyez tout l'Hellespont blanchissant sous mes rames...

Puis ce réalisme, qui ne s'intéresse qu'au permanent,
domine l'ordre des sensations, trop instable et fugitif. Il ne se
nourrit que de substance psychologique. Il ne construit
que des caractères. Se tenant dans cette région d'immatériel
qui s'ouvre à la lisière du sentiment et de l'esprit, il ne s'appli-
que qu'à rendre vivant un déterminisme spirituel. Après
qu'il a fait choix de situations qui se peuvent répéter chaque
jour autour de nous, après qu'il a placé des caractères sous
la pression de certaines circonstances, ce réalisme constate
des chaînes de mouvements, des actions et des réactions, des
heurts, des brisures : phénomènes multiples, mais qui gar-
dent et déploient toute la logique de leurs exigences, parce
qu'aucune interruption ne leur vient de cet univers sensible
où le poète n'a voulu prendre que son point de départ. Et
c'est pourquoi s'adapte à cette conception un système dramatique qui est une manière de méthode et de formulaire :
mais Racine lui-même l'a trop bien esquissé au cours de

M. RACINE.

LE vingt-uniéme jour 1699. mourut Meſſire Jean Racine, Tréſorier de France en la Généralité de Moulins, Secrétaire du
Roi, Gentilhomme ordinaire de ſa Majeſté & neveu de la Révé-
rende Mére Agnès de Ste. Thécle, nôtre Abbeſſe. Dès ſa plus tendre jeuneſſe il fut élevé en ce Monaſtére, où il prit les premiéres
teintures des belles lettres & de la vertu. Bien-tôt il fit paroître
qu'il avoit apporté en naiſſant de grandes diſpoſitions pour les
ſciences, qu'il eut occaſion de cultiver & de perfectionner avec les
ſavans Solitaires qui habitoient ce déſert. La ſolitude qu'il y trou-
va, lui fit produire ſa *Thebaïde*, qui lui acquit une très-grande réputation dans un âge peu avancé. Inſenſiblement ſéduit par les
charmes du ſiécle, il s'y laiſſa aller, & parut avec éclat ſur le théa-
tre des ſavans Poëtes & dans l'Académie Françoiſe. Mais enfin ſa
piété l'emportant ſur toutes ces fauſſes lueurs, il renonça aux
Muſes profanes pour conſacrer ſes vers à des objets plus dignes
d'un Poëte Chrétien. Sur la fin de ſes jours il rénoüa les pieu-
ſes habitudes qu'il avoit autrefois contractées dans ce déſert qu'il
viſitoit ſouvent. Pour derniére marque de ſon attachement à ce
Monaſtére, il voulut y être enterré dans le cimetiére du dehors, témoignant par là qu'il mouroit dans les ſentimens d'une
humilité chrétienne. M. Boileau des Preaux, ſon intime ami,
& M. Tronchon ont orné ſon tombeau des deux épitaphes ſui-
vantes, où ils ont tâché de tracer une juſte idée de ce grand
homme.

EPITAPHES.

I.

HIc jacet nobilis vir JO-
HANNES RACINE,
Franciæ theſauris præfectus,
Regi à Secretis & à cubiculo,
nec non unus è 40. Gallicanæ
Academiæ viris ; qui poſtquam
tragœdiarum argumenta diù
cum ingenti hominum admira-

ICi repoſe Meſſire JEAN RACINE, iſſu
d'une famille noble, Tréſorier de France,
Secretaire du Roi, Gentilhomme ordinaire
de ſa Majeſté, l'un des 40. Académiciens de
l'Académie Françoiſe. Après s'être fait long-
tems admirer des hommes par ſes belles Tragédies, il ne fit plus d'uſage de ſon génie

* En 1711. il fut exhumé comme les autres, & on le tranſporta avec ceux de MM.
le Maiſtre & de Saci à S. Etienne-du-Mont.

Épitaphe de J. Racine par Boileau.

tione tractasset, Musas tandem suas uni Deo consecravit, omnemque ingenii vim in eo laudando contulit, qui solus laude dignus. Cum eum vita negotiorumque rationes multis nobilibus aulæ tenerent addictum, tamen in frequenti hominum consortio omnia pietatis ac religionis officia coluit. A Christianissimo Rege Ludovico-Magno selectus una cum familiari ipsius amico fuerat, qui res eo regnante præclarè ac mirabiliter gestas perscriberet. Huic intentus operi, repentè in gravem atque diuturnum morbum implicitus est; tandemque ab hac sede miseriarum in melius domicilium translatus anno ætatis suæ 59. qui mortem longiori adhuc intervallo remotam valdè horruerat, ejusdem præsentis affectum placidâ fronte sustinuit, obiitque spe magis & piâ in Deum fiduciâ erectus, quàm fractus metu. Ea jactura omnes illius amicos, è quibus nonnulli inter Regni Primores eminebant, acerbissimo dolore perculit, manavit etiam ad ipsum Regem tanti viri desiderium. Fecit modestia ejus singularis & præcipua in hanc Portus-Regii Domum benevolentia, ut in isto cœmeterio piè magis quàm magnificè sepeliri vellet, adeóque testamento cavit, ut corpus suum juxta piorum hominum qui hic jacent, corpore humaretur.

Tu verò quicunque es, quem hanc domum pietas adducit, tuæ ipsius mortalitatis ad hunc aspectum recordare, & clarissimam tanti viri memoriam precibus magis quàm elogiis prosequere.

Par M. Boileau des Preaux.

poëtique que pour la gloire de Dieu, & tourna enfin toute la force de son esprit à le loüer comme le seul qui est digne de loüange. Quoique ses charges & ses emplois l'attachassent à la Cour par plusieurs endroits, il ne laissa pas d'être assidu à tous les devoirs de la piété & de la Religion dans les assemblées chrétiennes. Choisi par le Roi Loüis le Grand pour travailler avec un de ses plus intimes amis à écrire l'histoire de son régne, lorsqu'il commençoit à mettre la main à cet ouvrage, il tomba tout-à-coup dans une violente & longue maladie. Enfin appellé de ce lieu de miséres à un séjour plus heureux en la 59. année de son âge, il vit tranquillement la mort venir couper le cours de sa vie, lui qui en avoit eu une horreur extrême, la voïant dans une distance encore éloignée; & mourut beaucoup moins abattu par la crainte, que soûtenu par l'espérance & une sainte confiance en Dieu. La perte d'un si grand homme affligea extrêmement tous ses amis, du nombre desquels étoient quelques Grands du Roïaume; & le Roi-même n'y fut pas insensible. Sa rare modestie & l'affection singuliére qu'il avoit pour Port-Roïal, lui inspirérent le désir d'être enterré dans le cimetiére de cette Maison, non avec pompe, mais avec les marques d'une humble piété. C'est ce qui lui fit ordonner par son testament, que son corps y auroit sa sépulture auprès des personnes de piété qui y reposent.

Qui que vous soïez, que la piété attire dans ce saint lieu, rappellez-vous à la vûe de cet objet vôtre condition de mortel; & appliquez-vous plus à prier pour cet illustre Mort, qu'à faire son éloge.

---

quelques préfaces pour qu'on y puisse revenir en peu de mots.

Or un système dramatique qui fait tenir tout le vraisemblable et tout le furieux de la passion, toute l'ampleur de l'ambition ou du dessein politique dans l'armature d'art la plus stricte et la plus serrée, un tel système ne peut vraiment accepter que les caractères universels des choses et les grandes analogies de la vie : on remarquera même qu'il fait bon marché de la vérité historique ou n'en retient guère que des couleurs de poésie. Et de fait, jusque dans l'extrême égarement de la passion, les démentes de Racine, ses effrénées d'ambition ou d'amour, demeurent lucides : au point qu'elles deviennent des figures de la passion personnifiée et nous dessinent les schèmes d'un processus éternel. Ayant confié à de semblables assises la solidité de son théâtre et, d'autre part, n'ayant tramé ses plus beaux vers que d'harmonies abstraites ; magicien d'une langue restée toute jeune malgré quelques termes usés et si naturellement pure, d'une langue dont la syntaxe n'est que souplesse, dont la simplicité a des ailes et dont l'égalité coutumière fait si bien chanter des hardiesses de choix ; fidèle enfin de l'image intellectualisée et de la sensation faite âme, Jean Racine nous doit apparaître comme notre grand poète symboliste. Et s'il reste à œuvrer dans le même sens, si M. Charles Maurras écrit légitimement qu'on « peut rêver de tragédies plus rapprochées de la nature, plus directes et plus simples encore », la direction racinienne sévèrement suivie nous gardera en communion avec le génie de la France profonde.

Les noms de Mme de La Fayette, de Marivaux, de Stendhal et de Barrès par endroits, puis, dans un rang plus humble, de Gérard de Nerval et de Fromentin, expriment toute la descendance des tragédies de Racine. Tel est pourtant le miracle par lequel l'Ile-de-France convie à se réconcilier avec l'effort moral du christianisme, dont Port-Royal fut une pointe des plus avancées, la tradition de la beauté hellénique et de notre réalisme intellectuel. Il est remarquable que la merveille née de ces diverses volontés s'affirme néanmoins nationale et suppose même, dit Jules Lemaître, « une très vieille patrie ». Racine aura été la logique française, la passion française, le rythme français, en ce qu'ils ont de nécessaire et d'immanent.

Henri CLOUARD.

ESQUISSE D'UN SYSTÈME DRAMATIQUE

tirée des préfaces de Racine

... La principale règle est de plaire et de toucher : toutes les autres ne sont faites que pour parvenir à cette première. (Préface de *Bérénice*.)

Aristote, bien éloigné de nous demander des héros parfaits, veut au contraire que les personnages tragiques, c'est-à-dire ceux dont le malheur fait la catastrophe de la tragédie, ne soient ni tout à fait bons, ni tout à fait méchants.... Il faut qu'ils aient une bonté médiocre, c'est-à-dire une vertu capable de faiblesse, et qu'ils tombent dans le malheur par quelque faute qui les fasse plaindre sans les faire détester. (Préface d'*Andromaque*.)

Les personnages tragiques doivent être regardés d'un autre œil que nous ne regardons d'ordinaire les personnages que nous avons vus de si près. On peut dire que le respect que l'on a pour les héros augmente à mesure qu'ils s'éloignent de nous : *Major e longinquo reverentia*. (Préface de *Bajazet*.)

... Une des règles du théâtre est de ne mettre en récit que les choses qui ne se peuvent passer en action. (Préface de *Britannicus*.)

On ne peut prendre trop de précaution pour ne rien mettre sur le théâtre qui ne soit très nécessaire ; et les plus belles scènes sont en danger d'ennuyer, du moment qu'on les peut séparer de l'action, et qu'elles l'interrompent au lieu de la conduire vers sa fin. (Préface de *Mithridate*.)

Que faudrait-il pour contenter des juges si difficiles [les censeurs de *Britannicus*] ? Il ne faudrait que s'écarter du naturel pour se jeter dans l'extraordinaire. Au lieu d'une action simple, chargée de peu de matière, telle que doit être une action qui se passe en un seul jour, et qui, s'avançant par degrés vers sa fin, n'est soutenue que par les intérêts, les sentiments et les passions des personnages, il faudrait remplir cette même action de quantité d'incidents qui ne se pourraient passer qu'en un mois, d'un grand nombre de jeux de théâtre d'autant plus surprenants qu'ils seraient moins vraisemblables... (Préface de *Britannicus*.)

... Il y avait longtemps que je voulais essayer si je pourrais faire une tragédie avec cette simplicité d'action qui a été si fort du goût des anciens ; car c'est un des premiers préceptes qu'ils nous ont laissés : « Que ce que vous ferez, dit **Horace**, soit toujours simple et ne soit qu'un. »... Et il ne faut point croire que cette règle ne soit fondée que sur la fantaisie de ceux qui l'ont faite : il n'y a que le vraisem-

blable qui touche dans la tragédie. Et quelle vraisemblance y a-t-il
qu'il arrive en un jour une multitude de choses qui pourraient à peine
arriver en plusieurs semaines ? Il y en a qui pensent que cette simplicité est une marque de peu d'invention. Ils ne songent pas qu'au
contraire toute l'invention consiste à faire quelque chose de rien, et
que tout ce grand nombre d'incidents a toujours été le refuge des
poètes qui ne sentaient dans leur génie ni assez d'abondance ni assez
de force pour attacher durant cinq actes leurs spectateurs par une
action simple, soutenue de la violence des passions, de la beauté des
sentiments et de l'élégance de l'expression. (Préface de *Bérénice*.)

LA LANGUE DE RACINE

Racine se sert de la langue et du vocabulaire usités au XVIIe siècle. En
général les mots ont chez lui le sens commun et courant de l'époque.
Quelquefois cependant ils se trouvent détournés de leur acceptation
ordinaire et sont employés dans un sens tout personnel, avec une
signification spéciale. Nous notons ici et dans les notes ces diverses
particularités.

A : *préposition signifiant* pour *ou*, *devant un infinitif*, de. —
ABORD (D') : aussitôt ; D'ABORD QUE : dès que. — ADMIRER : s'étonner.
— AFFECTER : ambitionner. — AFFLIGER : accabler. — AME : cœur.
AMENER SANS SCANDALE : *(substantivement) terme de procédure*. —
AMOUR : *indifféremment masculin ou féminin dans son emploi au
singulier*. — AVANT QUE : plus vite, plus facilement.

BOIS : idole.. — BRUIT : nouvelle.

ÇA (EN) : en arrière, auparavant. — CÉANS : *adv.*, ici dedans. —
CELER : cacher. — COMMETTRE : confier, exposer. — COMPENDIEU-
SEMENT : en abrégeant. — CONSEIL : résolution. — COURAGE : cœur.
— CROITRE : *employé tour à tour neutralement et activement*.

DE : *après un verbe :* à. — DESSUS : sur. — DESSOUS : sous. —
DESTINÉ : fixé par le destin. — DÉTESTABLE : digne d'être détesté. —
DÉTRUIRE : *appliqué aux personnes*. — JE DOI, JE TIEN, ETC. : je dois,
je tiens, etc. — DONT : de qui, duquel, de quoi, d'où, par qui.

ENNUI : chagrin violent. — ESPÉRANCE : attente *(en bonne ou
mauvaise part)*.

FLAMME : *au propre et au figuré*.

GALANT : élégant. — GÊNE : torture. — GÊNER : tourmenter,
chagriner. — GÉNIE : le caractère, le naturel.

HONNÊTE : convenable. — HONNÊTEMENT : convenablement.

ICELUI, ICELLE : celui-là, celle-là. — IMBÉCILE : faible. — INTÉ-
RESSER : s'intéresser à, dans, pour.

LETTRE : écriture. — LIBERTINAGE : « libre pensée ». — LUMIÈRE :
le jour, la vie.

MÉCHANT : criminel, coupable. — MÉMOIRE : souvenir. — MISÈRE : malheur. — MONSTRE : action monstrueuse.

NAISSANT : jeune. — NEVEU, NEVEUX : descendant, postérité. — NOURRIR : élever.

OPPRESSER : *au fig.,* opprimer. — OUVRAGE : exploit.

PEUPLE : foule, multitude. — PITOYABLE : digne de pitié. — PLAID : plaidoyer. — PLAISAMMENT : d'une façon qui plaît. — POIL : chevelure ou barbe. — POUDRE : poussière. — PRÉOCCUPÉ : occupé d'avance. — PRÊT DE : *pour* près de *ou* prêt à. — PROCHAIN : proche, voisin.

QUE : à ce que, de ce que, où, dont, avec lequel, avec laquelle, que de. — QUI, QUE : ce qui, ce que.

REJETON : enfant. — RELIQUES : restes.

SINGULIER : principal. — SIX-VINGT : cent vingt. — SOIN : inquiétude, chagrin. — SUCCÉDER A : seconder, satisfaire. — SUCCÈS : issue *(bonne ou mauvaise)* d'une entreprise. — SURTOUT : *adv.,* sur toutes choses, au sujet de toutes choses.

TANDIS QUE : pendant tout le temps que. — TÊTE : personne, vie. — TOUT : *adv., est variable et prend un e devant les adjectifs féminins commençant par une voyelle :* toute entière.

VACARMES : *au pluriel.* — VERTU : courage, valeur.

Y : à lui, à elle ; chez lui ; chez eux ; pour cela.

※ ※

BIBLIOGRAPHIE

PREMIÈRES ÉDITIONS

La Thébayde ou les Frères ennemis, 1664, in-12 (Paris, Gabriel Quinet ou Claude Barbin). — *Alexandre le Grand,* 1666, in-12 (Paris, Pierre Trabouillet). — *Andromaque,* 1668, in-12 (Paris, Th. Girard ou Cl. Barbin).— *Les Plaideurs,* 1669, in-12 (Paris, Quinet). — *Britannicus,* 1670, in-12 (Paris, Barbin). — *Bérénice,* 1671, in-12 (Paris, Barbin). — *Bajazet,* 1672, in-12 (Paris, P. Le Monnier).— *Mithridate,* 1673, in-12 (Paris, Barbin). — *Iphigénie,* 1675, in-12 (Paris, Barbin). — *Phèdre et Hippolyte,* 1677, in-12 (Paris, J. Ribou ou Barbin). — *Esther,* 1689, in-4 et in-12 (Paris, Denys Thierry). — *Athalie,* 1691, in-4, et 1692, in-12 (Paris, Thierry).

PRINCIPAUX RECUEILS

Œuvres de Jean Racine : Claude Barbin ou Jean Ribou, Paris, 1675-76, 2 vol. in-12 (les neuf premières pièces). — Denys Thierry, Paris, 1679, 2 vol. in-12 (les dix premières pièces). — Claude Barbin, Paris, 1697, 2 vol. in-12 (théâtre complet). — Bernard, Amsterdam, 1743, (avec remarques de l'abbé d'Olivet), 3 vol. in-12 *(très belles figures en taille-douce d'après Boulogne).* — Moreau. Paris, 1751, 3 vol. in-12, *3 fleurons et 3 vignettes de J. de Sève.* — Edition de la Compagnie des libraires, Paris, 1767, 3 vol. in-12, *avec un portrait par Santerre et 12 figures de J. de Sève.* — Cellot, Paris, 1768, 7 vol. in-8 (avec commentaires de Luneau de Boisjermain), figures de Gravelot. — Pierre Didot, Paris, 1801-1805, 3 vol. in-fol., *avec un frontispice par Prud'hon, et 56 figures par Chaudet, Gérard, Girodet, Moitte, Peyron, etc.* — Agasse, Paris, 1807, 7 vol. in-8 (avec commentaires de La Harpe). — Lenormand, Paris, 1808, 7 vol. in-8 (avec commentaires de Geoffroy). — Raymond et Ménard, 1811, 4 vol. in-8 (*édition ornée de figures dessinées par Moreau le jeune*). — Didot, 1816, 3 vol. in-8 (*édition ornée de cinquante-sept gravures d'après Girodet, Gérard, Prud'hon, etc.*). — Ed. Aimé-Martin, 1820, 6 vol. in-8. — Lefèvre, Paris, 1820, 6 vol. in-8, *avec un portrait frontispice, et 13 figures par Desenne, Prud'hon, Gérard, Girodet, Taunay, Chaudet et Moitte.* — Ed. Paul Mesnard. 1865-73, 8 vol. in-8. — Ed. Anatole France, 1874-75, 5 vol. in-16.

OUVRAGES RELATIFS A RACINE

Boileau, *Épître VII*, Paris, 1683; d'Olivet, *Remarques de grammaire sur Racine*, Paris, 1738; Louis Racine, *Mémoires sur la vie et les ouvrages de Jean Racine*, Lausanne, 1747; Louis Racine, *Remarques sur les tragédies de Racine*, Amsterdam, 1752; La Harpe, *Éloge de Racine*, Paris, 1772; Stendhal, *Racine et Shakspeare*, Paris, 1823; Saint-Marc Girardin, *Cours de littérature dramatique*, 1843-1868; Deltour, *les Ennemis de Racine au XVIIe siècle*, Paris, 1859; Sainte-Beuve, *Port-Royal*, Paris, 1860; Taine, *Nouveaux Essais de critique et d'histoire*, Paris, 1865; Sainte-Beuve, *Nouveaux Lundis*, Paris, 1866, (tome X); Despois, *le Théâtre-Français sous Louis XIV*, 1874; Taphanel, *le Théâtre de Saint-Cyr*, 1876; Brunetière, *Histoire et littérature* (tome II), 1884-86; *Études critiques* (tome I), 1880-99; *Époques du théâtre français*, 1893; Deschanel, *Racine*, 1884 (2 vol.); Jules Lemaître, *Impressions de théâtre*, 1886-96; Stapfer, *Racine et Victor Hugo*, 1887; P. Robert, *la Poétique de Racine*, 1890; Deltour, *la Bible dans Racine*, 1893; Dejob, *Études sur la tragédie*, 1896; Larroumet, *Racine*, 1898; Jules Lemaitre, *Jean Racine*, 1908.

ICONOGRAPHIE

Les Éditions illustrées de Racine, par A. Pons, in-8 (Paris, Quantin, 1878).

Portrait de Jean Racine par Santerre, reproduit par la gravure d'Edelinck (conservée à la Bibliothèque Nationale). — Deux portraits dessinés par Jean-Baptiste Racine, fils aîné du poète, sur la couverture d'un *Horace* d'Henri Estienne (l'un inachevé, l'autre poussé assez loin) (Bibliothèque Nationale). — Buste (à la Ferté-Milon). — Statue, par David d'Angers (à la Ferté-Milon). — Buste, par Jean Frère, au château des Granges, vallée de Chevreuse.

NOTE DES ÉDITEURS. — Nous avons adopté, pour notre édition du Théâtre de Racine, le dernier texte imprimé du vivant de l'auteur, celui de 1697. Nous nous gardons toutefois de reproduire d'évidentes fautes d'impression signalées par Paul Mesnard dans sa grande édition de 1865-73. De plus nous mettons en note les variantes les plus importantes des éditions originales et du recueil de 1676 qui a été fait avant que Racine eût abandonné le théâtre.

LA THEBAYDE
OV
LES FRERES
ENNEMIS

TRAGEDIE.

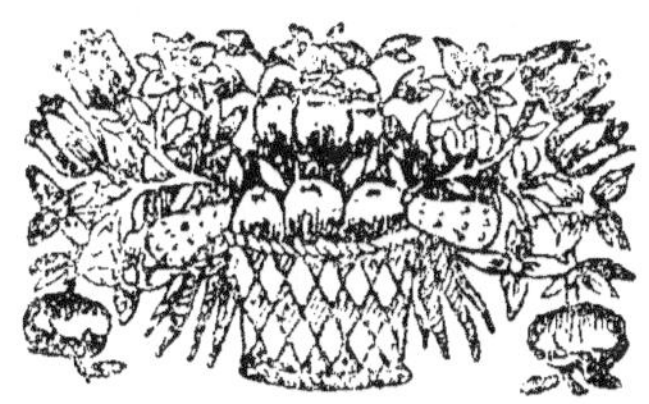

A PARIS,

Chez Gabriel Qvinet, au Palais,
dans la Galerie des Prisonniers,
à l'Ange Gabriel.

M. DC. LXIV.

Auec Priuilegé du Roy.

PERSONNAGES

ÉTÉOCLE, roi de Thèbes.
POLYNICE, frère d'Étéocle.
JOCASTE, mère de ces deux princes et d'Antigone.
ANTIGONE, sœur d'Étéocle et de Polynice.
CRÉON, oncle des princes et de la princesse.
HÉMON, fils de Créon, amant d'Antigone.
OLYMPE, confidente de Jocaste.
ATTALE, confident de Créon.
UN SOLDAT de l'armée de Polynice.
UN PAGE.
GARDES.

La scène est à Thèbes, dans une salle du palais royal.

LA THÉBAÏDE

ou les Frères ennemis

Tragédie - 1664

NOTICE HISTORIQUE ET ANALYTIQUE

Jouée pour la première fois le vendredi 20 juin 1664, sur le théâtre du Palais-Royal, par la troupe de Monsieur que dirigeait Molière, la Thébaïde eut un succès fort honorable : les registres de la Comédie en rendent témoignage. Une tradition constante, soutenue par les frères Parfaict, Grimarest et La Grange-Chancel, veut que le sujet et le plan de la pièce aient été donnés par Molière au jeune poète, alors âgé de vingt-quatre ans; mais il est beaucoup plus vraisemblable qu'il les ait reçus de ceux qu'il nomme en sa préface: et cette version a l'autorité de Louis Racine, de l'abbé Dubos, de Jean Racine lui-même. Il apparaît d'ailleurs que Racine a tiré de soi l'enchaînement de ses scènes, car le plan de la Thébaïde n'est point celui des Phéniciennes d'Euripide. Il doit davantage à Sénèque, qui lui a fourni beaucoup de traits tragiques. Enfin, s'il n'a point accepté le plan de l'Antigone de Rotrou, il a du moins imité la composition de plusieurs scènes et un assez grand nombre de détails du dialogue. C'est Rotrou surtout, et c'est aussi Corneille, qui pèsent sur le génie naissant de Racine. Mais leur énergie se voile chez lui d'élégance harmonieuse; et il montre déjà, dans son premier essai, je ne sais quelle tendresse d'un accent tout nouveau.

◊ ◊ ◊

Acte 1ᵉʳ — OEdipe mort, ses fils Étéocle et Polynice devaient régner alternativement sur les Thébains une année chacun; mais Étéocle ayant refusé de céder le trône à son frère, celui-ci met le siège devant Thèbes. Leur oncle Créon envenime la querelle en soutenant Étéocle, afin de recueillir un jour le trône, mais aussi parce qu'il est auprès d'Antigone le rival malheureux de son propre fils Hémon, lequel s'est déclaré pour Polynice, préféré de la jeune fille. Jocaste, qui veut revoir son fils Polynice, obtient du roi une trêve.

ACTE II. — Un oracle déclare que la guerre ne peut s'achever que par la mort du dernier prince du sang royal. Tandis que Polynice résiste aux prières de paix que lui adressent mère et sœur, un soldat vient lui annoncer que la trêve est violée par l'armée d'Étéocle.

ACTE III. — On apprend par Antigone que Ménécée, frère d'Hémon, s'est donné la mort entre les deux armées, pour accomplir l'oracle. Jocaste prêche la paix. Les deux frères ennemis acceptent une entrevue.

ACTE IV. — L'entrevue tourne vite à la plus farouche dispute, et les deux princes décident d'en finir par un combat singulier.

ACTE V. — La confidente Olympe nous apprend la mort d'Étéocle; puis Antigone annonce à Créon que Jocaste s'est elle-même poignardée; Créon enfin, apportant des nouvelles complètes, raconte le combat où le roi et son frère viennent de se tuer l'un l'autre, après qu'Hémon lui-même a péri en les voulant séparer. Antigone se donne la mort; et Créon à son tour, au moment même qu'il croit gagner à la fois Antigone et le trône, se suicide de désespoir.

VERS DE *LA THÉBAÏDE* FRÉQUEMMENT CITÉS

L'intérêt de l'État est de n'avoir qu'un roi.
(I, V.)

Est-ce au peuple... à se choisir un maître ?
La haine des sujets ne fait pas les tyrans.
(II, III.)

L'on hait avec excès lorsque l'on hait un frère.
(IV, I.)

Une extrême justice est souvent une injure.
(IV, III.)

... Devenant grand, souvent on devient pire.
(IV, III.)

Jamais dessus le trône on ne vit plus d'un maître.
(IV, III.)

A MONSEIGNEUR

LE DUC DE SAINT-AIGNAN [1]

PAIR DE FRANCE

Monseigneur,

Je vous présente un ouvrage qui n'a peut-être rien de considérable que l'honneur de vous avoir plu. Mais véritablement cet honneur est quelque chose de si grand pour moi que, quand ma pièce ne m'aurait produit que cet avantage, je pourrais dire que son succès aurait passé mes espérances. Et que pouvais-je espérer de plus glorieux que l'approbation d'une personne qui sait donner aux choses un juste prix, et qui est lui-même l'admiration de tout le monde ? Aussi, Monseigneur, si la *Thébaïde* a reçu quelques applaudissements, c'est sans doute qu'on n'a pas osé démentir le jugement que vous avez donné en sa faveur ; et il semble que vous lui ayez communiqué ce don de plaire qui accompagne toutes vos actions.

J'espère qu'étant dépouillée des ornements du théâtre, vous ne laisserez pas de la regarder encore favorablement. Si cela est, quelques ennemis qu'elle puisse avoir, je n'appréhende rien pour elle, puisqu'elle sera assurée d'un protecteur que le nombre des ennemis n'a pas accoutumé d'ébranler. On sait, Monseigneur, que, si vous avez une parfaite connaissance des belles choses, vous n'entreprenez pas les grandes avec un courage moins élevé, et que vous avez réuni en vous ces deux excellentes qualités qui ont fait séparément tant de grands hommes. Mais je dois craindre que mes louanges ne vous soient aussi importunes que les vôtres m'ont été avantageuses : aussi bien je ne vous dirais que des choses qui sont connues de tout le monde, et que vous seul voulez ignorer. Il suffit que vous me permettiez de vous dire, avec un profond respect, que je suis,

Monseigneur,

Votre très humble et très obéissant serviteur,

RACINE.

---

1. François de Beauvilliers, duc de Saint-Aignan, l'un des quarante de l'Académie française.

PRÉFACE

Le lecteur me permettra de lui demander un peu plus d'indulgence pour cette pièce que pour les autres qui la suivent ; j'étais fort jeune quand je la fis. Quelques vers que j'avais faits alors tombèrent par hasard entre les mains de quelques personnes d'esprit ; ils m'excitèrent à faire une tragédie et me proposèrent le sujet de la *Thébaïde*. Ce sujet avait été autrefois traité par Rotrou, sous le nom d'*Antigone ;* mais il faisait mourir les deux frères dès le commencement du troisième acte. Le reste était en quelque sorte le commencement d'une autre tragédie, où l'on entrait dans des intérêts tout nouveaux ; et il avait réuni en une seule pièce deux actions différentes, dont l'une sert de matière aux *Phéniciennes* d'Euripide, et l'autre à l'*Antigone* de Sophocle. Je compris que cette duplicité d'actions avait pu nuire à sa pièce, qui d'ailleurs était remplie de beaux endroits. Je dressai à peu près mon plan sur les *Phéniciennes* d'Euripide ; car, pour la *Thébaïde* qui est dans Sénèque, je suis un peu de l'opinion d'Heinsius, et je tiens, comme lui, que non seulement ce n'est pas une tragédie de Sénèque, mais que c'est plutôt l'ouvrage d'un déclamateur, qui ne savait ce que c'était que tragédie.

La catastrophe de ma pièce est peut-être un peu trop sanglante ; en effet, il n'y paraît presque pas un acteur qui ne meure à la fin : mais aussi c'est la Thébaïde, c'est-à-dire le sujet le plus tragique de l'antiquité.

L'amour, qui a d'ordinaire tant de part dans les tragédies, n'en a presque point ici. Et je doute que je lui en donnasse davantage si c'était à recommencer. Car il faudrait, ou que l'un des deux frères fût amoureux, ou tous les deux ensemble. Et quelle apparence de leur donner d'autres intérêts que ceux de cette fameuse haine qui les occupait tout entiers ? Ou bien il faut jeter l'amour sur un des seconds personnages, comme j'ai fait ; et alors cette passion qui devient comme étrangère au sujet, ne peut produire que de médiocres effets. En un mot, je suis persuadé que les tendresses ou les jalousies des amants ne sauraient trouver que fort peu de place parmi les incestes, les parricides, et toutes les autres horreurs qui composent l'histoire d'Œdipe et de sa malheureuse famille (1676).

Le roi, frappé d'un coup qui lui perce le flanc,
Lui cède la victoire et tombe dans son sang.

(Acte V, scène III.)

RACINE. — I.

LA THÉBAÏDE

— 1664 —

ACTE PREMIER

SCÈNE PREMIÈRE : JOCASTE, OLYMPE.

JOCASTE.

Ils sont sortis [1], Olympe ? Ah ! mortelles douleurs !
Qu'un moment de repos me va coûter de pleurs !
Mes yeux depuis six mois étaient ouverts aux larmes
Et le sommeil les ferme en de telles alarmes.
Puisse plutôt la mort les fermer pour jamais
Et m'empêcher de voir le plus noir des forfaits !
Mais en sont-ils aux mains ?

OLYMPE.

Du haut de la muraille
Je les ai vus déjà tous rangés en bataille ;
J'ai vu déjà le fer briller de toutes parts ;
Et pour vous avertir j'ai quitté les remparts.
J'ai vu, le fer en main, Étéocle lui-même ;
Il marche des premiers ; et, d'une ardeur extrême,
Il montre aux plus hardis à braver le danger.

JOCASTE.

N'en doutons plus, Olympe, ils se vont égorger.
Que l'on coure avertir et hâter la princesse ;
Je l'attends. Juste ciel ! soutenez ma faiblesse.
Il faut courir, Olympe, après ces inhumains ;
Il les faut séparer, ou mourir par leurs mains.
Nous voici donc, hélas ! à ce jour détestable
Dont la seule frayeur me rendait misérable !
Ni prières ni pleurs ne m'ont de rien servi ;
Et le courroux du sort voulait être assouvi.
O toi, soleil, ô toi qui rends le jour au monde,
Que ne l'as-tu laissé dans une nuit profonde !
À de si noirs forfaits prêtes-tu tes rayons ?
Et peux-tu sans horreur voir ce que nous voyons ?

---

1. Jocaste veut parler des Thébains qui ont fait une sortie pendant son sommeil.

Mais ces monstres [1], hélas ! ne t'épouvantent guères ;
La race de Laïus les a rendus vulgaires ;
Tu peux voir sans frayeur les crimes de mes fils,
Après ceux que le père et la mère ont commis.
Tu ne t'étonnes pas si mes fils sont perfides,
S'ils sont tous deux méchants, et s'ils sont parricides :
Tu sais qu'ils sont sortis d'un sang incestueux,
Et tu t'étonnerais s'ils étaient vertueux [2].

SCÈNE II : JOCASTE, ANTIGONE, OLYMPE.

JOCASTE.

Ma fille, avez-vous su l'excès de nos misères ?

ANTIGONE.

Oui, madame : on m'a dit la fureur de mes frères.

JOCASTE.

Allons, chère Antigone, et courons de ce pas
Arrêter, s'il se peut, leurs parricides bras.
Allons leur faire voir ce qu'ils ont de plus tendre ;
Voyons si contre nous ils pourront se défendre,
Ou s'ils oseront bien, dans leur noire fureur,
Répandre notre sang pour attaquer le leur.

ANTIGONE.

Madame, c'en est fait, voici le roi lui-même.

SCÈNE III : JOCASTE, ÉTÉOCLE, ANTIGONE, OLYMPE.

JOCASTE.

Olympe, soutiens-moi ; ma douleur est extrême.

ÉTÉOCLE.

Madame, qu'avez-vous ? et quel trouble...

JOCASTE.

                              Ah ! mon fils,
Quelles traces de sang vois-je sur vos habits ?
Est-ce du sang d'un frère ? ou n'est-ce point du vôtre ?

---

1. *Monstres,* pris ici au sens figuré, signifie « actions monstrueuses ».

2. Laïus fut roi de Thèbes, mari de Jocaste et père d'Œdipe. Œdipe tua
son père sans le connaître ; puis, ayant deviné l'énigme du Sphinx qui désolait
Thèbes, il devint roi de la ville et obtint en outre la main de Jocaste. Lorsqu'il connut sa naissance et se vit époux de sa propre mère, il se creva les
yeux de désespoir et s'enfuit, conduit par sa fille Antigone. Ses autres enfants
étaient Etéocle, Polynice et Ismène.

ÉTÉOCLE.

Non, madame, ce n'est ni de l'un ni de l'autre.
Dans son camp jusqu'ici Polynice arrêté
Pour combattre à mes yeux ne s'est point présenté [1].
D'Argiens seulement une troupe hardie
M'a voulu de nos murs disputer la sortie :
J'ai fait mordre la poudre à ces audacieux,
Et leur sang est celui qui paraît à vos yeux.

JOCASTE.

Mais que prétendiez-vous ? et quelle ardeur soudaine
Vous a fait tout à coup descendre dans la plaine ?

ÉTÉOCLE.

Madame, il était temps que j'en usasse ainsi,
Et je perdais ma gloire à demeurer ici.
Le peuple, à qui la faim se faisait déjà craindre,
De mon peu de vigueur commençait à se plaindre,
Me reprochant déjà qu'il m'avait couronné,
Et que j'occupais mal le rang qu'il m'a donné.
Il faut le satisfaire ; et, quoi qu'il en arrive,
Thèbes dès aujourd'hui ne sera plus captive :
Je veux, en n'y laissant aucun de mes soldats,
Qu'elle soit seulement juge de nos combats.
J'ai des forces assez pour tenir la campagne :
Et si quelque bonheur nos armes accompagne,
L'insolent Polynice et ses fiers alliés
Laisseront Thèbes libre ou mourront à mes pieds.

JOCASTE.

Vous pourriez d'un tel sang, ô ciel ! souiller vos armes ?
La couronne pour vous a-t-elle tant de charmes ?
Si par un parricide il la fallait gagner,
Ah ! mon fils, à ce prix voudriez-vous régner ?
Mais il ne tient qu'à vous, si l'honneur vous anime,
De nous donner la paix sans le secours d'un crime :
Et, de votre courroux triomphant aujourd'hui,
Contenter votre frère, et régner avec lui.

ÉTÉOCLE.

Appelez-vous régner partager ma couronne
Et céder lâchement ce que mon droit me donne ?

---

1. *Var.* Polynice à mes yeux ne s'est point présenté.
Et l'on s'est peu battu d'un et d'autre côté (1676).

JOCASTE.

Vous le savez, mon fils, la justice et le sang
Lui donnent, comme à vous, sa part à ce haut rang.
Œdipe, en achevant sa triste destinée,
Ordonna que chacun régnerait son année ;
Et, n'ayant qu'un État à mettre sous vos lois,
Voulut que tour à tour vous fussiez tous deux rois.
A ces conditions vous daignâtes souscrire.
Le sort vous appela le premier à l'empire,
Vous montâtes au trône ; il n'en fut point jaloux :
Et vous ne voulez pas qu'il y monte après vous !

ÉTÉOCLE.

Non, madame, à l'empire il ne doit plus prétendre :
Thèbes à cet arrêt n'a point voulu se rendre [1] ;
Et, lorsque sur le trône il s'est voulu placer,
C'est elle, et non pas moi, qui l'en a su chasser.
Thèbes doit-elle moins redouter sa puissance,
Après avoir six mois senti sa violence ?
Voudrait-elle obéir à ce prince inhumain
Qui vient d'armer contre elle et le fer et la faim ?
Prendrait-elle pour roi l'esclave de Mycène,
Qui pour tous les Thébains n'a plus que de la haine,
Qui s'est au roi d'Argos indignement soumis [2],
Et que l'hymen attache à nos fiers ennemis ?
Lorsque le roi d'Argos l'a choisi pour son gendre,
Il espérait par lui de voir Thèbes en cendre.
L'amour eut peu de part à cet hymen honteux,
Et la seule fureur en alluma les feux.
Thèbes m'a couronné pour éviter ses chaînes ;
Elle s'attend par moi de voir finir ses peines :
Il la faut accuser si je manque de foi
Et je suis son captif, je ne suis pas son roi.

JOCASTE.

Dites, dites plutôt, cœur ingrat et farouche,
Qu'auprès du diadème il n'est rien qui vous touche.
Mais je me trompe encor : ce rang ne vous plaît pas,
Et le crime tout seul a pour vous des appas.
Hé bien ! puisqu'à ce point vous en êtes avide,
Je vous offre à commettre un double parricide :

---

1. *Var.* Thèbes sous son pouvoir n'a point voulu se rendre (1676).

2. Polynice s'était retiré auprès d'Adraste, roi de Mycènes et d'Argos. Il avait épousé sa fille et avait reçu de lui d'importantes troupes argiennes.

Versez le sang d'un frère ; et, si c'est peu du sien,
Je vous invite encore à répandre le mien.
Vous n'aurez plus alors d'ennemis à soumettre,
D'obstacle à surmonter, ni de crime à commettre ;
Et, n'ayant plus au trône un fâcheux concurrent,
De tous les criminels vous serez le plus grand.

ÉTÉOCLE.

Hé bien, madame, hé bien, il faut vous satisfaire :
Il faut sortir du trône et couronner mon frère ;
Il faut, pour seconder votre injuste projet,
De son roi que j'étais, devenir son sujet ;
Et, pour vous élever au comble de la joie,
Il faut à sa fureur que je me livre en proie ;
Il faut par mon trépas...

JOCASTE.

Ah ! ciel ! quelle rigueur !

Que vous pénétrez mal dans le fond de mon cœur !
Je ne demande pas que vous quittiez l'empire :
Régnez toujours, mon fils, c'est ce que je désire.
Mais si tant de malheurs vous touchent de pitié,
Si pour moi votre cœur garde quelque amitié,
Et si vous prenez soin de votre gloire même,
Associez un frère à cet honneur suprême :
Ce n'est qu'un vain éclat qu'il recevra de vous ;
Votre règne en sera plus puissant et plus doux.
Les peuples, admirant cette vertu sublime,
Voudront toujours pour prince un roi si magnanime ;
Et cet illustre effort, loin d'affaiblir vos droits,
Vous rendra le plus juste et le plus grand des rois ;
Ou, s'il faut que mes vœux vous trouvent inflexibles,
Si la paix à ce prix vous paraît impossible,
Et si le diadème a pour vous tant d'attraits,
Au moins consolez-moi de quelque heure de paix.
Accordez cette grâce aux larmes d'une mère,
Et cependant, mon fils, j'irai voir votre frère :
La pitié dans son âme aura peut-être lieu,
Ou du moins pour jamais j'irai lui dire adieu.
Dès ce même moment permettez que je sorte :
J'irai jusqu'à sa tente, et j'irai sans escorte ;
Par mes justes soupirs j'espère l'émouvoir.

ÉTÉOCLE.

Madame, sans sortir, vous le pouvez revoir ;
Et si cette entrevue a pour vous tant de charmes,

Il ne tiendra qu'à lui de suspendre nos armes.
Vous pouvez dès cette heure accomplir vos souhaits
Et le faire venir jusque dans ce palais.
J'irai plus loin encore, et pour faire connaître
Qu'il a tort en effet de me nommer un traître,
Et que je ne suis pas un tyran odieux,
Que l'on fasse parler et le peuple et les dieux.
Si le peuple y consent, je lui cède ma place ;
Mais qu'il se rende enfin, si le peuple le chasse.
Je ne force personne, et j'engage ma foi
De laisser aux Thébains à se choisir un roi.

SCÈNE IV : JOCASTE, ÉTÉOCLE, ANTIGONE, CRÉON, OLYMPE.

CRÉON.

Seigneur, votre sortie a mis tout en alarmes :
Thèbes, qui croit vous perdre, est déjà toute en larmes ;
L'épouvante et l'horreur règnent de toutes parts,
Et le peuple effrayé tremble sur ses remparts.

ÉTÉOCLE.

Cette vaine frayeur sera bientôt calmée.
Madame, je m'en vais retrouver mon armée ;
Cependant vous pouvez accomplir vos souhaits,
Faire entrer Polynice et lui parler de paix.
Créon, la reine ici commande en mon absence ;
Disposez tout le monde à son obéissance ;
Laissez, pour recevoir et pour donner ses lois,
Votre fils Ménécée, et j'en ai fait le choix.
Comme il a de l'honneur autant que de courage,
Ce choix aux ennemis ôtera tout ombrage,
Et sa vertu suffit pour les rendre assurés.
Commandez-lui, madame.   (*A Créon.*)
                          Et vous, vous me suivrez.

CRÉON.

Quoi ! seigneur...

ÉTÉOCLE.

        Oui, Créon, la chose est résolue.

CRÉON.

Et vous quittez ainsi la puissance absolue ?

ÉTÉOCLE.

Que je la quitte ou non, ne vous tourmentez pas ;
Faites ce que j'ordonne, et venez sur mes pas.

SCÈNE V : JOCASTE, ANTIGONE, CRÉON, OLYMPE.

CRÉON.

Qu'avez-vous fait, madame ? et par quelle conduite
Forcez-vous un vainqueur à prendre ainsi la fuite ?
Ce conseil va tout perdre.

JOCASTE.

Il va tout conserver :
Et par ce seul conseil Thèbes se peut sauver.

CRÉON.

Eh quoi ! madame, eh quoi ! dans l'état où nous sommes,
Lorsqu'avec un renfort de plus de six mille hommes
La fortune promet toute chose aux Thébains,
Le roi se laisse ôter la victoire des mains !

JOCASTE.

La victoire, Créon, n'est pas toujours si belle ;
La honte et les remords vont souvent après elle.
Quand deux frères armés vont s'égorger entre eux,
Ne pas les séparer, c'est les perdre tous deux.
Peut-on faire au vainqueur une injure plus noire
Que lui laisser gagner une telle victoire ?

CRÉON.

Leur courroux est trop grand...

JOCASTE.

Il peut être adouci.

CRÉON.

Tous deux veulent régner.

JOCASTE.

Ils régneront aussi.

CRÉON.

On ne partage point la grandeur souveraine ;
Et ce n'est pas un bien qu'on quitte et qu'on reprenne.

JOCASTE.

L'intérêt de l'État leur servira de loi.

CRÉON.

L'intérêt de l'État est de n'avoir qu'un roi,
Qui, d'un ordre constant gouvernant ses provinces,
Accoutume à ses lois et le peuple et les princes.

Ce règne interrompu de deux rois différents,
En lui donnant deux rois, lui donne deux tyrans.
Par un ordre, souvent l'un à l'autre contraire,
Un frère détruirait ce qu'aurait fait un frère :
Vous les verriez toujours former quelque attentat,
Et changer tous les ans la face de l'État.
Ce terme limité que l'on veut leur prescrire
Accroît leur violence en bornant leur empire.
Tous deux feront gémir les peuples tout à tour :
Pareils à ces torrents qui ne durent qu'un jour,
Plus leur cours est borné, plus ils font de ravage,
Et d'horribles dégâts signalent leur passage.

JOCASTE.

On les verrait plutôt, par de nobles projets,
Se disputer tous deux l'amour de leurs sujets.
Mais avouez, Créon, que toute votre peine
C'est de voir que la paix rend votre attente vaine,
Qu'elle assure à mes fils le trône où vous tendez
Et va rompre le piège où vous les attendez.
Comme, après leur trépas, le droit de la naissance
Fait tomber en vos mains la suprême puissance,
Le sang qui vous unit aux deux princes mes fils
Vous fait trouver en eux vos plus grands ennemis ;
Et votre ambition, qui tend à leur fortune,
Vous donne pour tous deux une haine commune.
Vous inspirez au roi vos conseils dangereux,
Et vous en servez un pour les perdre tous deux.

CRÉON.

Je ne me repais point de pareilles chimères :
Mes respects pour le roi sont ardents et sincères,
Et mon ambition est de le maintenir
Au trône où vous croyez que je veux parvenir.
Le soin de sa grandeur est le seul qui m'anime ;
Je hais ses ennemis, et c'est là tout mon crime :
Je ne m'en cache point. Mais, à ce que je voi,
Chacun n'est pas ici criminel comme moi.

JOCASTE.

Je suis mère, Créon, et si j'aime son frère,
La personne du roi ne m'en est pas moins chère.
De lâches courtisans peuvent bien le haïr,
Mais une mère enfin ne peut pas se trahir.

ANTIGONE.

Vos intérêts ici sont conformes aux nôtres,
Les ennemis du roi ne sont pas tous les vôtres :
Créon, vous êtes père, et, dans ces ennemis,
Peut-être songez-vous que vous avez un fils.
On sait de quelle ardeur Hémon sert Polynice.

CRÉON.

Oui, je le sais, madame, et je lui fais justice :
Je le dois, en effet, distinguer du commun,
Mais c'est pour le haïr encor plus que pas un :
Et je souhaiterais, dans ma juste colère,
Que chacun le haït comme le hait son père.

ANTIGONE.

Après tout ce qu'a fait la valeur de son bras,
Tout le monde, en ce point, ne vous ressemble pas.

CRÉON.

Je le vois bien, madame, et c'est ce qui m'afflige :
Mais je sais bien à quoi sa révolte m'oblige ;
Et tous ces beaux exploits qui le font admirer,
C'est ce qui me le fait justement abhorrer.
La honte suit toujours le parti des rebelles :
Leurs grandes actions sont les plus criminelles ;
Ils signalent leur crime en signalant leur bras,
Et la gloire n'est point où les rois ne sont pas.

ANTIGONE.

Écoutez un peu mieux la voix de la nature.

CRÉON.

Plus l'offenseur m'est cher, plus je ressens l'injure.

ANTIGONE.

Mais un père à ce point doit-il être emporté ?
Vous avez trop de haine.

CRÉON.

                        Et vous, trop de bonté.
C'est trop parler, madame, en faveur d'un rebelle.

ANTIGONE.

L'innocence vaut bien que l'on parle pour elle.

CRÉON.

Je sais ce qui le rend innocent à vos yeux.

ANTIGONE.

Et je sais quel sujet vous le rend odieux.

CRÉON.

L'amour a d'autres yeux que le commun des hommes.

JOCASTE.

Vous abusez, Créon, de l'état où nous sommes ;
Tout vous semble permis ; mais craignez mon courroux :
Vos libertés enfin retomberaient sur vous.

ANTIGONE.

L'intérêt du public agit peu sur son âme.
Et l'amour du pays nous cache une autre flamme.
Je la sais ; mais, Créon, j'en abhorre le cours,
Et vous ferez bien mieux de la cacher toujours.

CRÉON.

Je le ferai, madame, et je veux par avance
Vous épargner encor jusques à ma présence.
Aussi bien mes respects redoublent vos mépris,
Et je vais faire place à ce bienheureux fils.
Le roi m'appelle ailleurs, il faut que j'obéisse.
Adieu. Faites venir Hémon et Polynice.

JOCASTE.

N'en doute pas, méchant, ils vont venir tous deux ;
Tous deux ils préviendront tes desseins malheureux.

SCÈNE VI : JOCASTE, ANTIGONE, OLYMPE.

ANTIGONE.

Le perfide ! A quel point son insolence monte !

JOCASTE.

Ses superbes discours tourneront à sa honte.
Bientôt, si nos désirs sont exaucés des cieux,
La paix nous vengera de cet ambitieux.
Mais il faut se hâter, chaque heure nous est chère :
Appelons promptement Hémon et votre frère :
Je suis, pour ce dessein, prête à leur accorder
Toutes les sûretés qu'ils pourront demander.
Et toi, si mes malheurs ont lassé ta justice,
Ciel ! dispose à la paix le cœur de Polynice,
Seconde mes soupirs, donne force à mes pleurs,
Et comme il faut, enfin, fais parler mes douleurs.

ANTIGONE, *demeurant un peu après sa mère.*

Et si tu prends pitié d'une flamme innocente,
O ciel ! en ramenant Hémon à son amante,
Ramène-le fidèle ; et permets, en ce jour,
Qu'en retrouvant l'amant je retrouve l'amour.

ACTE DEUXIÈME

SCÈNE PREMIÈRE : ANTIGONE, HÉMON.

HÉMON.

Quoi ! vous me refusez votre aimable présence
Après un an entier de supplice et d'absence ?
Ne m'avez-vous, madame, appelé près de vous
Que pour m'ôter si tôt un bien qui m'est si doux ?

ANTIGONE.

Et voulez-vous sitôt que j'abandonne un frère ?
Ne dois-je pas au temple accompagner ma mère ?
Et dois-je préférer, au gré de vos souhaits,
Le soin de votre amour à celui de la paix ?

HÉMON.

Madame, à mon bonheur c'est chercher trop d'obstacles ;
Ils iront bien sans nous consulter les oracles ;
Permettez que mon cœur, en voyant vos beaux yeux,
De l'état de son sort interroge ses dieux.
Puis-je leur demander, sans être téméraire,
S'ils ont toujours pour moi leur douceur ordinaire ?
Souffrent-ils sans courroux mon ardente amitié ?
Et du mal qu'ils ont fait ont-ils quelque pitié ?
Durant le triste cours d'une absence cruelle,
Avez-vous souhaité que je fusse fidèle ?
Songiez-vous que la mort menaçait loin de vous
Un amant qui ne doit mourir qu'à vos genoux ?
Ah ! d'un si bel objet quand une âme est blessée,
Quand un cœur jusqu'à vous élève sa pensée,
Qu'il est doux d'adorer tant de divins appas !
Mais aussi que l'on souffre en ne les voyant pas !

Un moment loin de vous me durait une année ;
J'aurais fini cent fois ma triste destinée,
Si je n'eusse songé, jusques à mon retour,
Que mon éloignement vous prouvait mon amour,
Et que le souvenir de mon obéissance
Pourrait en ma faveur parler en mon absence ;
Et que, pensant à moi, vous penseriez aussi
Qu'il faut aimer beaucoup pour obéir ainsi.

ANTIGONE.

Oui, je l'avais bien cru qu'une âme si fidèle
Trouverait dans l'absence une peine cruelle ;
Et, si mes sentiments se doivent découvrir,
Je souhaitais, Hémon, qu'elle vous fît souffrir,
Et qu'étant loin de moi, quelque ombre d'amertume
Vous fît trouver les jours plus longs que de coutume.
Mais ne vous plaignez pas : mon cœur chargé d'ennui
Ne vous souhaitait rien qu'il n'éprouvât en lui.
Surtout depuis le temps que dure cette guerre,
Et que de gens armés vous couvrez cette terre.
O dieux ! à quels tourments mon cœur s'est vu soumis,
Voyant des deux côtés ses plus tendres amis !
Mille objets de douleur déchiraient mes entrailles ;
J'en voyais et dehors et dedans nos murailles :
Chaque assaut à mon cœur livrait mille combats,
Et mille fois le jour je souffrais le trépas.

HÉMON.

Mais enfin qu'ai-je fait, en ce malheur extrême,
Que ne m'ait ordonné ma princesse elle-même ?
J'ai suivi Polynice ; et vous l'avez voulu :
Vous me l'avez prescrit par un ordre absolu.
Je lui vouai dès lors une amitié sincère ;
Je quittai mon pays, j'abandonnai mon père ;
Sur moi, par ce départ, j'attirai son courroux ;
Et, pour tout dire enfin, je m'éloignai de vous.

ANTIGONE.

Je m'en souviens, Hémon, et je vous fais justice.
C'est moi que vous serviez en servant Polynice ;
Il m'était cher alors comme il l'est aujourd'hui,
Et je prenais pour moi ce qu'on faisait pour lui.
Nous nous aimions tous deux dès la plus tendre enfance,
Et j'avais sur son cœur une entière puissance ;
Je trouvais à lui plaire une extrême douceur,
Et les chagrins du frère étaient ceux de la sœur.

Ah ! si j'avais encor sur lui le même empire,
Il aimerait la paix pour qui mon cœur soupire.
Notre commun malheur en serait adouci.
Je le verrais, Hémon ; vous me verriez aussi !

HÉMON.

De cette affreuse guerre il abhorre l'image.
Je l'ai vu soupirer de douleur et de rage,
Lorsque, pour remonter au trône paternel,
On le força de prendre un chemin si cruel.
Espérons que le ciel, touché de nos misères,
Achèvera bientôt de réunir les frères ;
Puisse-t-il rétablir l'amitié dans leur cœur
Et conserver l'amour dans celui de la sœur !

ANTIGONE.

Hélas ! ne doutez point que ce dernier ouvrage
Ne lui soit plus aisé que de calmer leur rage.
Je les connais tous deux, et je répondrais bien
Que leur cœur, cher Hémon, est plus dur que le mien.
Mais les dieux quelquefois font de plus grands miracles.

SCÈNE II : ANTIGONE, HÉMON, OLYMPE.

ANTIGONE.

Hé bien ! apprendrons-nous ce qu'ont dit les oracles ?
Que faut-il faire ?

OLYMPE.

Hélas !

ANTIGONE.

Quoi ? qu'en a-t-on appris ?

Est-ce la guerre, Olympe ?

OLYMPE.

Ah ! c'est encore pis !

HÉMON.

Quel est donc ce grand mal que leur courroux annonce ?

OLYMPE.

Prince, pour en juger, écoutez leur réponse :
    « Thébains, pour n'avoir plus de guerres,
      Il faut, par un ordre fatal,
      Que le dernier du sang royal
    Par son trépas ensanglante vos terres. »

ANTIGONE.

O dieux ! que vous a fait ce sang infortuné ?
Et pourquoi tout entier l'avez-vous condamné ?
N'êtes-vous pas contents de la mort de mon père [1]?
Tout notre sang doit-il sentir votre colère ?

HÉMON.

Madame, cet arrêt ne vous regarde pas ;
Votre vertu vous met à couvert du trépas :
Les dieux savent trop bien connaître l'innocence.

ANTIGONE.

Et ce n'est pas pour moi que je crains leur vengeance.
Mon innocence, Hémon, serait un faible appui ;
Fille d'Œdipe, il faut que je meure pour lui.
Je l'attends, cette mort, et je l'attends sans plainte ;
Et, s'il faut avouer le sujet de ma crainte,
C'est pour vous que je crains ; oui, cher Hémon, pour vous.
De ce sang malheureux vous sortez comme nous ;
Et je ne **vois** que trop que le courroux céleste
Vous rendra, comme à nous, cet honneur bien funeste.
Et fera regretter aux princes des Thébains
De n'être pas sortis du dernier des humains.

HÉMON.

Peut-on se repentir d'un si grand avantage ?
Un si noble trépas flatte trop mon courage ;
Et du sang de ses rois il est beau d'être issu,
Dût-on rendre ce sang sitôt qu'on l'a reçu.

ANTIGONE.

Hé quoi ! si parmi nous on a fait quelque offense,
Le ciel doit-il sur vous en prendre la vengeance ?
Et n'est-ce pas assez du père et des enfants,
Sans qu'il aille plus loin chercher des innocents ?
C'est à nous à payer pour les crimes des nôtres :
Punissez-nous, grands dieux, mais épargnez les autres.
Mon père, cher Hémon, vous va perdre aujourd'hui ;
Et je vous perds peut-être encore plus que lui [2].
Le ciel punit sur vous et sur notre famille
Et les crimes du père et l'amour de la fille ;
Et ce funeste amour vous nuit encore plus
Que les crimes d'Œdipe et le sang de Laïus.

---

1. Œdipe.
2. *Perdre*, dans ces deux vers, signifie « causer la perte de... ».

HÉMON.

Quoi ! mon amour, madame ? Et qu'a-t-il de funeste ?
Est-ce un crime qu'aimer une beauté céleste ?
Et puisque sans colère il est reçu de vous,
En quoi peut-il du ciel mériter le courroux ?
Vous seule en mes soupirs êtes intéressée :
C'est à vous à juger s'ils vous ont offensée.
Tels que seront pour eux vos arrêts tout-puissants,
Ils seront criminels ou seront innocents.
Que le ciel à son gré de ma perte dispose,
J'en chérirai toujours et l'une et l'autre cause,
Glorieux de mourir pour le sang de mes rois,
Et plus heureux encor de mourir sous vos lois.
Aussi bien que ferais-je en ce commun naufrage ?
Pourrais-je me résoudre à vivre davantage ?
En vain les dieux voudraient différer mon trépas,
Mon désespoir ferait ce qu'ils ne feraient pas.
Mais peut-être, après tout, notre frayeur est vaine ;
Attendons... Mais voici Polynice et la reine.

SCÈNE III : JOCASTE, POLYNICE, ANTIGONE, HÉMON.

POLYNICE.

Madame, au nom des dieux, cessez de m'arrêter.
Je vois bien que la paix ne peut s'exécuter.
J'espérais que du ciel la justice infinie
Voudrait se déclarer contre la tyrannie,
Et que, lassé de voir répandre tant de sang,
Il rendrait à chacun son légitime rang ;
Mais puisqu'ouvertement il tient pour l'injustice,
Et que des criminels il se rend le complice,
Dois-je encore espérer qu'un peuple révolté,
Quand le ciel est injuste, écoute l'équité ?
Dois-je prendre pour juge une troupe insolente,
D'un fier usurpateur ministre violente,
Qui sert mon ennemi par un lâche intérêt,
Et qu'il anime encor, tout éloigné qu'il est ?
La raison n'agit point sur une populace.
De ce peuple déjà j'ai ressenti l'audace ;
Et, loin de me reprendre après m'avoir chassé,
Il croit voir un tyran dans un prince offensé.
Comme sur lui l'honneur n'eut jamais de puissance,
Il croit que tout le monde aspire à la vengeance.
De ses inimitiés rien n'arrête le cours ;
Quand il hait une fois, il veut haïr toujours.

JOCASTE.

Mais s'il est vrai, mon fils, que ce peuple vous craigne,
Et que tous les Thébains redoutent votre règne,
Pourquoi par tant de sang cherchez-vous à régner
Sur ce peuple endurci que rien ne peut gagner ?

POLYNICE.

Est-ce au peuple, madame, à se choisir un maître ?
Sitôt qu'il hait un roi, doit-on cesser de l'être ?
Sa haine ou son amour, sont-ce les premiers droits
Qui font monter au trône ou descendre les rois ?
Que le peuple à son gré nous craigne ou nous chérisse,
Le sang nous met au trône, et non pas son caprice ;
Ce que le sang lui donne, il le doit accepter ;
Et s'il n'aime son prince, il le doit respecter.

JOCASTE.

Vous serez un tyran haï de vos provinces.

POLYNICE.

Ce nom ne convient pas aux légitimes princes ;
De ce titre odieux mes droits me sont garants :
La haine des sujets ne fait pas les tyrans ;
Appelez de ce nom Étéocle lui-même.

JOCASTE.

Il est aimé de tous.

POLYNICE.

          C'est un tyran qu'on aime.
Qui par cent lâchetés tâche à se maintenir
Au rang où par la force il a su parvenir ;
Et son orgueil le rend, par un effet contraire,
Esclave de son peuple et tyran de son frère.
Pour commander tout seul il veut bien obéir,
Et se fait mépriser pour me faire haïr.
Ce n'est pas sans sujet qu'on me préfère un traître :
Le peuple aime un esclave et craint d'avoir un maître ;
Mais je croirais trahir la majesté des rois,
Si je faisais le peuple arbitre de mes droits.

JOCASTE.

Ainsi donc la discorde a pour vous tant de charmes ?
Vous lassez-vous déjà d'avoir posé les armes ?
Ne cesserons-nous point, après tant de malheurs,
Vous, de verser du sang, moi, de verser des pleurs ?

N'accorderez-vous rien aux larmes d'une mère ?
Ma fille, s'il se peut, retenez votre frère :
Le cruel pour vous seule avait de l'amitié.

ANTIGONE.

Ah ! si pour vous son âme est sourde à la pitié,
Que pourrais-je espérer d'une amitié passée,
Qu'un long éloignement n'a que trop effacée ?
A peine en sa mémoire ai-je encor quelque rang ;
Il n'aime, il ne se plaît qu'à répandre du sang.
Ne cherchez plus en lui ce prince magnanime,
Ce prince qui montrait tant d'horreur pour le crime,
Dont l'âme généreuse avait tant de douceur,
Qui respectait sa mère et chérissait sa sœur.
La nature pour lui n'est plus qu'une chimère :
Il méconnaît sa sœur, il méprise sa mère ;
Et l'ingrat, en l'état où son orgueil l'a mis,
Nous croit des étrangers ou bien des ennemis.

POLYNICE.

N'imputez point ce crime à mon âme affligée ;
Dites plutôt, ma sœur, que vous êtes changée :
Dites que de mon rang l'injuste usurpateur
M'a su ravir encor l'amitié de ma sœur.
Je vous connais toujours et suis toujours le même.

ANTIGONE.

Est-ce m'aimer, cruel, autant que je vous aime,
Que d'être inexorable à mes tristes soupirs
Et m'exposer encore à tant de déplaisirs ?

POLYNICE.

Mais vous-même, ma sœur, est-ce aimer votre frère
Que de lui faire ici cette injuste prière
Et me vouloir ravir le sceptre de la main ?
Dieux ! qu'est-ce qu'Étéocle a de plus inhumain ?
C'est trop favoriser un tyran qui m'outrage.

ANTIGONE.

Non, non, vos intérêts me touchent davantage.
Ne croyez pas mes pleurs perfides à ce point ;
Avec vos ennemis ils ne conspirent point.
Cette paix que je veux me serait un supplice,
S'il en devait coûter le sceptre à Polynice ;
Et l'unique faveur, mon frère, où je prétends,
C'est qu'il me soit permis de vous voir plus longtemps.

Seulement quelques jours souffrez que l'on vous voie,
Et donnez-nous le temps de chercher quelque voie
Qui puisse vous remettre au rang de vos aïeux,
Sans que vous répandiez un sang si précieux.
Pouvez-vous refuser cette grâce légère
Aux larmes d'une sœur, aux soupirs d'une mère ?

JOCASTE.

Mais quelle crainte encor peut vous inquiéter ?
Pourquoi si promptement voulez-vous nous quitter ?
Quoi ! ce jour tout entier n'est-il pas de la trève ?
Dès qu'elle a commencé, faut-il qu'elle s'achève ?
Vous voyez qu'Étéocle a mis les armes bas ;
Il veut que je vous voie, et vous ne voulez pas.

ANTIGONE.

Oui, mon frère, il n'est pas comme vous inflexible :
Aux larmes de sa mère il a paru sensible ;
Nos pleurs ont désarmé sa colère aujourd'hui.
Vous l'appelez cruel, vous l'êtes plus que lui.

HÉMON.

Seigneur, rien ne vous presse ; et vous pouvez sans peine
Laisser agir encor la princesse et la reine.
Accordez tout ce jour à leur pressant désir ;
Voyons si leur dessein ne pourra réussir.
Ne donnez pas la joie au prince votre frère
De dire que sans vous la paix se pouvait faire.
Vous aurez satisfait une mère, une sœur,
Et vous aurez surtout satisfait votre honneur.
Mais que veut ce soldat ? Son âme est toute [1] émue !

SCÈNE IV : JOCASTE, POLYNICE, ANTIGONE, HÉMON,
UN SOLDAT.

LE SOLDAT, *à Polynice*.

Seigneur, on est aux mains, et la trève est rompue.
Créon et les Thébains, par ordre de leur roi,
Attaquent votre armée et violent leur foi.
Le brave Hippomédon [2] s'efforce, en votre absence,
De soutenir leur choc de toute sa puissance.
Par son ordre, seigneur, je vous viens avertir.

---

1. On écrirait aujourd'hui : « Son âme est *tout* émue. »
2. Hippomédon est l'un des sept chefs levés par Polynice contre Thèbes.

POLYNICE.

Ah ! les traîtres ! Allons, Hémon, il faut sortir.
      (*A la reine.*)
Madame, vous voyez comme il tient sa parole :
Mais il veut le combat, il m'attaque, et j'y vole.

JOCASTE.

Polynice ! Mon fils !... Mais il ne m'entend plus.
Aussi bien que mes pleurs, mes cris sont superflus.
Chère Antigone, allez, courez à ce barbare.
Du moins allez prier Hémon qu'il les sépare.
La force m'abandonne et je n'y puis courir :
Tout ce que je puis faire, hélas ! c'est de mourir.

ACTE TROISIÈME

SCÈNE PREMIÈRE : JOCASTE, OLYMPE.

JOCASTE.

Olympe, va-t-en voir ce funeste spectacle ;
Va voir si leur fureur n'a point trouvé d'obstacle,
Si rien n'a pu toucher l'un ou l'autre parti.
On dit qu'à ce dessein Ménécée [1] est sorti.

OLYMPE.

Je ne sais quel dessein animait son courage ;
Une héroïque ardeur brillait sur son visage ;
Mais vous devez, madame, espérer jusqu'au bout.

JOCASTE.

Va tout voir, chère Olympe, et me reviens tout dire :
Éclaircis promptement ma triste inquiétude.

OLYMPE.

Mais vous dois-je laisser en cette solitude ?

JOCASTE.

Va : je veux être seule en l'état où je suis,
Si toutefois on peut l'être avec tant d'ennuis !

---

1. Fils de Créon.

SCÈNE II : JOCASTE, *seule.*

Dureront-ils toujours ces ennuis si funestes ?
N'épuiseront-ils point les vengeances célestes ?
Me feront-ils souffrir tant de cruels trépas,
Sans jamais au tombeau précipiter mes pas ?
O ciel ! que tes rigueurs seraient peu redoutables,
Si la foudre d'abord accablait les coupables !
Et que tes châtiments paraissent infinis,
Quand tu laisses la vie à ceux que tu punis !
Tu ne l'ignores pas, depuis le jour infâme
Où de mon propre fils je me trouvai la femme,
Le moindre des tourments que mon cœur a soufferts
Égale tous les maux que l'on souffre aux enfers.
Et toutefois, ô dieux ! un crime involontaire
Devait-il attirer toute votre colère ?
Le connaissais-je, hélas ! ce fils infortuné ?
Vous-mêmes dans mes bras vous l'avez amené.
C'est vous dont la rigueur m'ouvrit ce précipice.
Voilà de ces grands dieux la suprême justice !
Jusques au bord du crime ils conduisent nos pas ;
Ils nous le font commettre et ne l'excusent pas !
Prennent-ils donc plaisir à faire des coupables,
Afin d'en faire après d'illustres misérables ?
Et ne peuvent-ils point, quand ils sont en courroux,
Chercher des criminels à qui le crime est doux ?

SCÈNE III : JOCASTE, ANTIGONE.

JOCASTE.

Hé bien ! en est-ce fait ? L'un ou l'autre perfide
Vient-il d'exécuter son noble parricide ?
Parlez, parlez, ma fille.

ANTIGONE.

       Ah ! madame, en effet,
L'oracle est accompli, le ciel est satisfait.

JOCASTE.

Quoi ! mes deux fils sont morts !

ANTIGONE.

       Un autre sang, madame,
Rend la paix à l'État, et le calme à votre âme ;
Un digne sang des rois dont il est découlé,
Un héros pour l'État s'est lui-même immolé.

Je courais pour fléchir Hémon et Polynice ;
Ils étaient déjà loin, avant que je sortisse :
Ils ne m'entendaient plus ; et mes cris douloureux
Vainement par leur nom les rappelaient tous deux.
Ils ont tous deux volé vers le champ de bataille ·
Et moi, je suis montée au haut de la muraille,
D'où le peuple étonné regardait, comme moi,
L'approche d'un combat qui le glaçait d'effroi.
A cet instant fatal, le dernier de nos princes,
L'honneur de notre sang, l'espoir de nos provinces,
Ménécée, en un mot, digne frère d'Hémon,
Et trop indigne aussi d'être fils de Créon,
De l'amour du pays montrant son âme atteinte,
Au milieu des deux camps s'est avancé sans crainte ;
Et, se faisant ouïr des Grecs et des Thébains :
« Arrêtez, a-t-il dit, arrêtez, inhumains ! »
Ces mots impérieux n'ont point trouvé d'obstacle.
Les soldats, étonnés de ce nouveau spectacle,
De leur noire fureur ont suspendu le cours :
Et ce prince aussitôt, poursuivant son discours :
« Apprenez, a-t-il dit, l'arrêt des destinées,
Par qui vous allez voir vos misères bornées [1].
Je suis le dernier sang de vos rois descendu
Qui par l'ordre des dieux doit être répandu.
Recevez donc ce sang que ma main va répandre ;
Et recevez la paix où vous n'osiez prétendre. »
Il se tait et se frappe en achevant ces mots ;
Et les Thébains, voyant expirer ce héros,
Comme si leur salut devenait leur supplice,
Regardent en tremblant ce noble sacrifice.
J'ai vu le triste Hémon abandonner son rang
Pour venir embrasser ce frère tout en sang.
Créon, à son exemple, a jeté bas les armes,
Et vers ce fils mourant est venu tout en larmes ;
Et l'un et l'autre camp, les voyant retirés,
Ont quitté le combat et se sont séparés ;
Et moi, le cœur tremblant et l'âme toute émue,
D'un si funeste objet j'ai détourné la vue,
De ce prince admirant l'héroïque fureur.

JOCASTE.

Comme vous, je l'admire et j'en frémis d'horreur.
Est-il possible, ô dieux ! qu'après ce grand miracle

---

1. Cf. l'oracle, acte II, sc. II.

Le repos des Thébains trouve encor quelque obstacle ?
Cet illustre trépas ne peut-il vous calmer,
Puisque même mes fils s'en laissent désarmer ?
La refuserez-vous, cette noble victime ?
Si la vertu vous touche autant que fait le crime,
Si vous donnez les prix comme vous punissez,
Quels crimes par ce sang ne seront effacés ?

ANTIGONE.

Oui, oui, cette vertu sera récompensée ;
Les dieux sont trop payés du sang de Ménécée :
Et le sang d'un héros auprès des immortels
Vaut seul plus que celui de mille criminels.

JOCASTE.

Connaissez mieux du ciel la vengeance fatale.
Toujours à ma douleur il met quelque intervalle ;
Mais, hélas ! quand sa main semble me secourir,
C'est alors qu'il s'apprête à me faire périr.
Il a mis, cette nuit, quelque fin à mes larmes,
Afin qu'à mon réveil je visse tout en armes.
S'il me flatte aussitôt de quelque espoir de paix,
Un oracle cruel me l'ôte pour jamais.
Il m'amène mon fils ; il veut que je le voie ;
Mais, hélas ! combien cher me vend-il cette joie !
Ce fils est insensible et ne m'écoute pas ;
Et soudain il me l'ôte et l'engage aux combats.
Ainsi, toujours cruel et toujours en colère,
Il feint de s'apaiser et devient plus sévère :
Il n'interrompt ses coups que pour les redoubler
Et retire son bras pour me mieux accabler.

ANTIGONE.

Madame, espérons tout de ce dernier miracle.

JOCASTE.

La haine de mes fils est un trop grand obstacle.
Polynice endurci n'écoute que ses droits ;
Du peuple et de Créon l'autre écoute la voix,
Oui, du lâche Créon ! Cette âme intéressée
Nous ravit tout le fruit du sang de Ménécée.
En vain pour nous sauver ce grand prince se perd,
Le père nous nuit plus que le fils ne nous sert.
De deux jeunes héros cet infidèle père...

ANTIGONE.

Ah ! le voici, madame, avec le roi mon frère.

SCÈNE IV : JOCASTE, ÉTÉOCLE, ANTIGONE, CRÉON.

JOCASTE.

Mon fils, c'est donc ainsi que l'on garde sa foi ?

ÉTÉOCLE.

Madame, ce combat n'est point venu de moi,
Mais de quelques soldats, tant d'Argos que des nôtres,
Qui, s'étant querellés les uns avec les autres,
Ont insensiblement tout le corps ébranlé
Et fait un grand combat d'un simple démêlé.
La bataille sans doute allait être cruelle,
Et son événement vidait notre querelle,
Quand du fils de Créon l'héroïque trépas
De tous les combattants a retenu le bras.
Ce prince, le dernier de la race royale,
S'est appliqué des dieux la réponse fatale ;
Et lui-même à la mort il s'est précipité,
De l'amour du pays noblement transporté.

JOCASTE.

Ah ! si le seul amour qu'il eut pour sa patrie
Le rendit insensible aux douceurs de la vie,
Mon fils, ce même amour ne peut-il seulement
De votre ambition vaincre l'emportement ?
Un exemple si beau vous invite à le suivre.
Il ne faudra cesser de régner ni de vivre :
Vous pouvez, en cédant un peu de votre rang,
Faire plus qu'il n'a fait en versant tout son sang ;
Il ne faut que cesser de haïr votre frère ;
Vous ferez beaucoup plus que sa mort n'a su faire.
O dieux ! aimer un frère est-ce un plus grand effort
Que de haïr la vie et courir à la mort ?
Et doit-il être enfin plus facile en un autre
De répandre son sang qu'en vous d'aimer le vôtre ?

ÉTÉOCLE.

Son illustre vertu me charme comme vous,
Et d'un si beau trépas je suis même jaloux.
Et toutefois, madame, il faut que je vous die [1]
Qu'un trône est plus pénible à quitter que la vie.
La gloire bien souvent nous porte à la haïr ;
Mais peu de souverains font gloire d'obéir.

---

1. *Die* pour *dise*. Licence poétique.

Les dieux voulaient son sang, et ce prince sans crime
Ne pouvait à l'État refuser sa victime ;
Mais ce même pays qui demandait son sang
Demande que je règne et m'attache à mon rang.
Jusqu'à ce qu'il m'en ôte, il faut que j'y demeure :
Il n'a qu'à prononcer, j'obéirai sur l'heure ;
Et Thèbes me verra, pour apaiser son sort,
Et descendre du trône et courir à la mort.

CRÉON.

Ah ! Ménécée est mort ! le ciel n'en veut point d'autre:
Laissez couler son sang sans y mêler le vôtre ;
Et, puisqu'il l'a versé pour nous donner la paix,
Accordez-la, seigneur, à nos justes souhaits.

ÉTÉOCLE.

Hé quoi ! même Créon pour la paix se déclare ?

CRÉON.

Pour avoir trop aimé cette guerre barbare,
Vous voyez les malheurs où le ciel m'a plongé :
Mon fils est mort, seigneur.

ÉTÉOCLE.

                              Il faut qu'il soit vengé.

CRÉON.

Sur qui me vengerais-je en ce malheur extrême ?

ÉTÉOCLE.

Vos ennemis, Créon, sont ceux de Thèbes même :
Vengez-la, vengez-vous.

CRÉON.

                         Ah ! dans ses ennemis
Je trouve votre frère, et je trouve mon fils !
Dois-je verser mon sang ou répandre le vôtre ?
Et dois-je perdre un fils pour en venger un autre ?
Seigneur, mon sang m'est cher, le vôtre m'est sacré.
Serai-je sacrilège ou bien dénaturé ?
Souillerai-je ma main d'un sang que je révère ?
Serai-je parricide afin d'être bon père ?
Un si cruel secours ne me peut soulager,
Et ce serait me perdre au lieu de me venger.
Tout le soulagement où ma douleur aspire,
C'est qu'au moins mes malheurs servent à votre empire.

Je me consolerai, si ce fils que je plains
Assure par sa mort le repos des Thébains.
Le ciel promet la paix au sang de Ménécée :
Achevez-la, seigneur, mon fils l'a commencée :
Accordez-lui ce prix qu'il en a prétendu,
Et que son sang en vain ne soit pas répandu.

JOCASTE.

Non, puisqu'à nos malheurs vous devenez sensible,
Au sang de Ménécée il n'est rien d'impossible.
Que Thèbes se rassure après ce grand effort :
Puisqu'il change votre âme, il changera son sort.
La paix dès ce moment n'est plus désespérée :
Puisque Créon la veut, je la tiens assurée.
Bientôt ces cœurs de fer se verront adoucis,
Le vainqueur de Créon peut bien vaincre mes fils.
    (*A Étéocle.*)
Qu'un si grand changement vous désarme et vous touche.
Quittez, mon fils, quittez cette haine farouche :
Soulagez une mère, et consolez Créon ;
Rendez-moi Polynice, et lui rendez Hémon.

ÉTÉOCLE.

Mais enfin c'est vouloir que je m'impose un maître.
Vous ne l'ignorez pas, Polynice veut l'être ;
Il demande surtout le pouvoir souverain,
Et ne veut revenir que le sceptre à la main.

SCÈNE V : JOCASTE, ÉTÉOCLE, ANTIGONE, CRÉON, ATTALE.

ATTALE.

Polynice, seigneur, demande une entrevue ;
C'est ce que d'un héraut nous apprend la venue.
Il vous offre, seigneur, ou de venir ici,
Ou d'attendre en son camp.

CRÉON.

                    Peut-être qu'adouci,
Il songe à terminer une guerre si lente,
Et son ambition n'est plus si violente.
Par ce dernier combat il apprend aujourd'hui
Que vous êtes au moins aussi puissant que lui.
Les Grecs mêmes sont las de servir sa colère :
Et j'ai su, depuis peu, que le roi son beau-père,

Préférant à la guerre un solide repos,
Se réserve Mycène et le fait roi d'Argos.
Tout courageux qu'il est, sans doute il ne souhaite
Que de faire, en effet, une honnête retraite.
Puisqu'il s'offre à vous voir, croyez qu'il veut la paix.
Ce jour la doit conclure ou la rompre à jamais.
Tâchez dans ce dessein de l'affermir vous-même, .
Et lui promettez tout, hormis le diadème.

ÉTÉOCLE.

Hormis le diadème il ne demande rien.

JOCASTE.

Mais voyez-le du moins.

CRÉON.

     Oui, puisqu'il le veut bien,
Vous ferez plus tout seul que nous ne saurions faire ;
Et le sang reprendra son empire ordinaire.

ÉTÉOCLE.

Allons donc le chercher.

JOCASTE.

     Mon fils, au nom des dieux,
Attendez-le plutôt, voyez-le dans ces lieux.

ÉTÉOCLE.

Eh bien ! madame, eh bien ! qu'il vienne, et qu'on lui donne
Toutes les sûretés qu'il faut pour sa personne.
Allons.

ANTIGONE.

  Ah ! si ce jour rend la paix aux Thébains,
Elle sera, Créon, l'ouvrage de vos mains.

SCÈNE VI : CRÉON, ATTALE.

CRÉON.

L'intérêt des Thébains n'est pas ce qui vous touche,
Dédaigneuse princesse ; et cette âme farouche,
Qui semble me flatter après tant de mépris,
Songe moins à la paix qu'au retour de mon fils.
Mais nous verrons bientôt si la fière Antigone
Aussi bien que mon cœur dédaignera le trône ;
Nous verrons, quand les dieux m'auront fait votre roi,
Si ce fils bienheureux l'emportera sur moi.

ATTALE.

Et qui n'admirerait un changement si rare ?
Créon même, Créon pour la paix se déclare.

CRÉON.

Tu crois donc que la paix est l'objet de mes soins ?

ATTALE.

Oui, je le crois, seigneur, quand j'y pensais le moins ;
Et voyant qu'en effet ce beau soin vous anime,
J'admire à tous moments cet effort magnanime
Qui vous fait mettre enfin votre haine au tombeau.
Ménécée, en mourant, n'a rien fait de plus beau.
Et qui peut immoler sa haine à sa patrie
Lui pourrait bien aussi sacrifier sa vie.

CRÉON.

Ah ! sans doute, qui peut d'un généreux effort
Aimer son ennemi peut bien aimer la mort.
Quoi ! je négligerais le soin de ma vengeance
Et de mon ennemi je prendrais la défense !
De la mort de mon fils Polynice est l'auteur,
Et moi je deviendrais son lâche protecteur !
Quand je renoncerais à cette haine extrême,
Pourrais-je bien cesser d'aimer le diadème ?
Non, non : tu me verras, d'une constante ardeur,
Haïr mes ennemis et chérir ma grandeur.
Le trône fit toujours mes ardeurs les plus chères :
Je rougis d'obéir où régnèrent mes pères ;
Je brûle de me voir au rang de mes aïeux,
Et je l'envisageai dès que j'ouvris les yeux.
Surtout depuis deux ans ce noble soin m'inspire ,
Je ne fais point de pas qui ne tende à l'empire.
Des princes mes neveux j'entretiens la fureur,
Et mon ambition autorise la leur.
D'Étéocle d'abord j'appuyai l'injustice ;
Je lui fis refuser le trône à Polynice.
Tu sais que je pensais dès lors à m'y placer ;
Et je l'y mis, Attale, afin de l'en chasser.

ATTALE.

Mais, seigneur, si la guerre eut pour vous tant de charmes,
D'où vient que de leurs mains vous arrachez les armes ?
Et puisque leur discorde est l'objet de vos vœux,
Pourquoi, par vos conseils, vont-ils se voir tous deux ?

CRÉON.

Plus qu'à mes ennemis la guerre m'est mortelle,
Et le courroux du ciel me la rend trop cruelle.
Il s'arme contre moi de mon propre dessein ;
Il se sert de mon bras pour me percer le sein.
La guerre s'allumait, lorsque pour mon supplice
Hémon m'abandonna pour servir Polynice ;
Les deux frères par moi devinrent ennemis ;
Et je devins, Attale, ennemi de mon fils.
Enfin, ce même jour, je fais rompre la trêve,
J'excite le soldat, tout le camp se soulève,
On se bat ; et voilà qu'un fils désespéré
Meurt et rompt un combat que j'ai tant préparé.
Mais il me reste un fils, et je sens que je l'aime,
Tout rebelle qu'il est, et tout mon rival même.
Sans le perdre, je veux perdre mes ennemis.
Il m'en coûterait trop, s'il m'en coûtait deux fils.
Des deux princes, d'ailleurs, la haine est trop puissante :
Ne crois pas qu'à la paix jamais elle consente.
Moi-même je saurai si bien l'envenimer
Qu'ils périront tous deux plutôt que de s'aimer.
Les autres ennemis n'ont que de courtes haines ;
Mais quand de la nature on a brisé les chaînes,
Cher Attale, il n'est rien qui puisse réunir
Ceux que des nœuds si forts n'ont pas su retenir.
L'on hait avec excès lorsque l'on hait un frère.
Mais leur éloignement ralentit leur colère :
Quelque haine qu'on ait contre un fier ennemi,
Quand il est loin de nous, on la perd à demi.
Ne t'étonne donc plus si je veux qu'ils se voient.
Je veux qu'en se voyant leurs fureurs se déploient ;
Que rappelant leur haine, au lieu de la chasser,
Ils s'étouffent, Attale, en voulant s'embrasser.

ATTALE.

Vous n'avez plus, seigneur, à craindre que vous-même :
On porte ses remords avec le diadème.

CRÉON.

Quand on est sur le trône, on a bien d'autres soins,
Et les remords sont ceux qui nous pèsent le moins.
Du plaisir de régner une âme possédée
De tout le temps passé détourne son idée ;
Et de tout autre objet un esprit éloigné
Croit n'avoir point vécu tant qu'il n'a pas régné.

Mais allons. Le remords n'est pas ce qui me touche,
Et je n'ai plus un cœur que le crime effarouche.
Tous les premiers forfaits coûtent quelques efforts ;
Mais, Attale, on commet les seconds sans remords.

ACTE QUATRIÈME

SCÈNE PREMIÈRE : ÉTÉOCLE, CRÉON.

ÉTÉOCLE.

Oui, Créon, c'est ici qu'il doit bientôt se rendre ;
Et tous deux en ce lieu nous le pouvons attendre.
Nous verrons ce qu'il veut ; mais je répondrais bien
Que par cette entrevue on n'avancera rien.
Je connais Polynice et son humeur altière :
Je sais bien que sa haine est encor toute entière ;
Je ne crois pas qu'on puisse en arrêter le cours ;
Et, pour moi, je sens bien que je le hais toujours.

CRÉON.

Mais s'il vous cède enfin la grandeur souveraine,
Vous devez, ce me semble, apaiser votre haine.

ÉTÉOCLE.

Je ne sais si mon cœur s'apaisera jamais :
Ce n'est pas son orgueil, c'est lui seul que je hais.
Nous avons l'un et l'autre une haine obstinée :
Elle n'est pas, Créon, l'ouvrage d'une année ;
Elle est née avec nous ; et sa noire fureur,
Aussitôt que la vie, entra dans notre cœur.
Nous étions ennemis dès la plus tendre enfance :
Que dis-je ! nous l'étions avant notre naissance.
Triste et fatal effet d'un sang incestueux [1] !
Pendant qu'un même sein nous renfermait tous deux,
Dans les flancs de ma mère une guerre intestine
De nos divisions lui marqua l'origine.
Elles ont, tu le sais, paru dans le berceau,
Et nous suivront peut-être encor dans le tombeau.

---

1. Le sang d'Œdipe et de Jocaste.

On dirait que le ciel, par un arrêt funeste,
Voulut de nos parents punir ainsi l'inceste ;
Et que dans notre sang il voulut mettre au jour
Tout ce qu'ont de plus noir et la haine et l'amour.
Et maintenant, Créon, que j'attends sa venue,
Ne crois pas que pour lui ma haine diminue ;
Plus il approche, et plus il me semble odieux ;
Et sans doute il faudra qu'elle éclate à ses yeux.
J'aurais même regret qu'il me quittât [1] l'empire :
Il faut, il faut qu'il fuie, et non qu'il se retire.
Je ne veux point, Créon, le haïr à moitié ;
Et je crains son courroux moins que son amitié.
Je veux, pour donner cours à mon ardente haine,
Que sa fureur au moins autorise la mienne ;
Et puisqu'enfin mon cœur ne saurait se trahir,
Je veux qu'il me déteste, afin de le haïr.
Tu verras que sa rage est encore la même,
Et que toujours son cœur aspire au diadème ;
Qu'il m'abhorre toujours et veut toujours régner ;
Et qu'on peut bien le vaincre, et non pas le gagner.

CRÉON.

Domptez-le donc, seigneur, s'il demeure inflexible.
Quelque fier qu'il puisse être, il n'est pas invincible ;
Et puisque la raison ne peut rien sur son cœur.
Éprouvez ce que peut un bras toujours vainqueur.
Oui, quoique dans la paix je trouvasse des charmes,
Je serai le premier à reprendre les armes ;
Et si je demandais qu'on en rompît le cours,
Je demande encor plus que vous régniez toujours.
Que la guerre s'enflamme et jamais ne finisse,
S'il faut avec la paix recevoir Polynice !
Qu'on ne nous vienne plus vanter un bien si doux :
La guerre et ses horreurs nous plaisent avec vous [2].
Tout le peuple thébain vous parle par ma bouche ;
Ne le soumettez pas à ce prince farouche.
Si la paix se peut faire, il la veut comme moi ;
Surtout, si vous l'aimez, conservez-lui son roi.
Cependant écoutez le prince votre frère,

---

1. Emploi maintenant inusité du mot *quitter*, qu'il faudrait aujourd'hui
remplacer ici par « laisser ».

2. *Var.* La paix est trop cruelle avecque Polynice :
Sa présence aigrirait ses charmes les plus doux.
Et la guerre, seigneur, nous plaît avecque vous (1676).

Et, s'il se peut, seigneur, cachez votre colère ;
Feignez... Mais quelqu'un vient.

SCÈNE II : ÉTÉOCLE, CRÉON, ATTALE.

ÉTÉOCLE.

Sont-ils bien près d'ici ?
Vont-ils venir, Attale ?

ATTALE.

Oui, seigneur, les voici.
Ils ont d'abord trouvé la princesse et la reine,
Et bientôt ils seront dans la chambre prochaine.

ÉTÉOCLE.

Qu'ils entrent. Cette approche excite mon courroux.
Qu'on hait un ennemi quand il est près de nous !

CRÉON.

(A part.)
Ah ! le voici ! Fortune, achève mon ouvrage,
Et livre-les tous deux aux transports de leur rage !

SCÈNE III : JOCASTE, ÉTÉOCLE, POLYNICE,
ANTIGONE, CRÉON, HÉMON.

JOCASTE.

Me voici donc tantôt [1] au comble de mes vœux,
Puisque déjà le ciel vous rassemble tous deux.
Vous revoyez un frère, après deux ans d'absence,
Dans ce même palais où vous prîtes naissance ;
Et moi, par un bonheur où je n'osais penser,
L'un et l'autre à la fois je vous puis embrasser.
Commencez donc, mes fils, cette union si chère ;
Et que chacun de vous reconnaisse son frère.
Tous deux dans votre frère envisagez vos traits ;
Mais pour en mieux juger, voyez-les de plus près ;
Surtout que le sang parle et fasse son office.
Approchez, Étéocle ; avancez, Polynice.
Eh quoi ! loin d'approcher, vous reculez tous deux !
D'où vient ce sombre accueil et ces regards fâcheux ?
N'est-ce point que chacun, d'une âme irrésolue,
Pour saluer son frère attend qu'il le salue,

---

1. *Tantôt* a ici le sens de *bientôt*.

Et qu'affectant l'honneur de céder le dernier,
L'un ni l'autre ne veut s'embrasser le premier ?
Étrange ambition qui n'aspire qu'au crime,
Où le plus furieux passe pour magnanime !
Le vainqueur doit rougir en ce combat honteux ;
Et les premiers vaincus sont les plus généreux.
Voyons donc qui des deux aura plus de courage,
Qui voudra le premier triompher de sa rage.
Quoi ! vous n'en faites rien? C'est à vous d'avancer ;
Et, venant de si loin, vous devez commencer :
Commencez, Polynice, embrassez votre frère,
Et montrez...

ÉTÉOCLE.

Hé ! madame, à quoi bon ce mystère ?
Tous ces embrassements ne sont guère à propos.
Qu'il parle, qu'il s'explique et nous laisse en repos.

POLYNICE.

Quoi ! faut-il davantage expliquer mes pensées ?
On les peut découvrir par les choses passées :
La guerre, les combats, tant de sang répandu,
Tout cela dit assez que le trône m'est dû.

ÉTÉOCLE.

Et ces mêmes combats, et cette même guerre,
Ce sang qui tant de fois a fait rougir la terre,
Tout cela dit assez que le trône est à moi ;
Et, tant que je respire, il ne peut être à toi.

POLYNICE.

Tu sais qu'injustement tu remplis cette place.

ÉTÉOCLE.

L'injustice me plaît, pourvu que je t'en chasse.

POLYNICE.

Si tu n'en veux sortir, tu pourras en tomber.

ÉTÉOCLE.

Si je tombe, avec moi tu pourras succomber.

JOCASTE.

O dieux ! que je me vois cruellement déçue !
N'avais-je tant pressé cette fatale vue
Que pour les désunir encor plus que jamais ?
Ah ! mes fils, est-ce là comme on parle de paix ?

Quittez, au nom des dieux, ces tragiques pensées ;
Ne renouvelez point vos discordes passées.
Vous n'êtes pas ici dans un champ inhumain.
Est-ce moi qui vous met les armes à la main ?
Considérez ces lieux où vous prîtes naissance ;
Leur aspect sur vos cœurs n'a-t-il point de puissance ?
C'est ici que tous deux vous reçûtes le jour ;
Tout ne vous parle ici que de paix et d'amour.
Ces princes, votre sœur, tout condamne vos haines ;
Enfin moi, qui pour vous pris toujours tant de peines,
Qui, pour vous réunir, immolerais... Hélas !
Ils détournent la tête et ne m'écoutent pas !
Tous deux, pour s'attendrir, ils ont l'âme trop dure ;
Ils ne connaissent plus la voix de la nature.
        (*A Polynice.*)
Et vous, que je croyais plus doux et plus soumis...

POLYNICE.

Je ne veux rien de lui que ce qu'il m'a promis :
Il ne saurait régner sans se rendre parjure.

JOCASTE.

Une extrême justice est souvent une injure.
Le trône vous est dû, je n'en saurais douter ;
Mais vous le renversez en voulant y monter.
Ne vous lassez-vous point de cette affreuse guerre ?
Voulez-vous sans pitié désoler cette terre,
Détruire cet empire afin de le gagner ?
Est-ce donc sur des morts que vous voulez régner ?
Thèbes avec raison craint le règne d'un prince
Qui de fleuves de sang inonde sa province ·
Voudrait-elle obéir à votre injuste loi ?
Vous êtes son tyran avant qu'être son roi.
Dieux ! si devenant grand souvent on devient pire,
Si la vertu se perd quand on gagne l'empire,
Lorsque vous régnerez, que serez-vous, hélas !
Si vous êtes cruel quand vous ne régnez pas ?

POLYNICE.

Ah ! si je suis cruel, on me force de l'être ;
Et de mes actions je ne suis pas le maître ;
J'ai honte des horreurs où je me vois contraint,
Et c'est injustement que le peuple me craint.
Mais il faut, en effet, soulager ma patrie ;
De ses gémissements mon âme est attendrie.

Trop de sang innocent se verse tous les jours ;
Il faut de ses malheurs que j'arrête le cours ;
Et, sans faire gémir ni Thèbes ni la Grèce,
A l'auteur de mes maux il faut que je m'adresse :
Il suffit aujourd'hui de son sang ou du mien.

JOCASTE.

Du sang de votre frère ?

POLYNICE.

               Oui, madame, du sien.
Il faut finir ainsi cette guerre inhumaine.
Oui, cruel, et c'est là le dessein qui m'amène,
Moi-même à ce combat j'ai voulu t'appeler ;
A tout autre qu'à toi je craignais d'en parler ;
Tout autre aurait voulu condamner ma pensée,
Et personne en ces lieux ne te l'eût annoncée.
Je te l'annonce donc. C'est à toi de prouver
Si ce que tu ravis tu le sais conserver.
Montre-toi digne enfin d'une si belle proie.

ÉTÉOCLE.

J'accepte ton dessein, et l'accepte avec joie.
Créon sait là-dessus quel était mon désir :
J'eusse accepté le trône avec moins de plaisir.
Je te crois maintenant digne du diadème ;
Et te le vais porter au bout de ce fer même.

JOCASTE.

Hâtez-vous donc, cruels, de me percer le sein ;
Et commencez par moi votre horrible dessein.
Ne considérez point que je suis votre mère,
Considérez en moi celle de votre frère.
Si de votre ennemi vous recherchez le sang,
Recherchez-en la source en ce malheureux flanc :
Je suis de tous les deux la commune ennemie,
Puisque votre ennemi reçut de moi la vie ;
Cet ennemi, sans moi, ne verrait pas le jour.
S'il meurt, ne faut-il pas que je meure à mon tour ?
N'en doutez point, sa mort me doit être commune ;
Il faut en donner deux, ou n'en donner pas une ;
Et, sans être ni doux ni cruels à demi,
Il faut me perdre ou bien sauver votre ennemi.
Si la vertu vous plaît, si l'honneur vous anime,
Barbares, rougissez de commettre un tel crime :

Ou si le crime, enfin, vous plaît tant à chacun,
Barbares, rougissez de n'en commettre qu'un !
Aussi bien, ce n'est point que l'amour vous retienne,
Si vous sauvez ma vie en poursuivant la sienne :
Vous vous garderiez bien, cruels, de m'épargner,
Si je vous empêchais un moment de régner.
Polynice, est-ce ainsi que l'on traite une mère ?

POLYNICE.

J'épargne mon pays.

JOCASTE.

Et vous tuez un frère !

POLYNICE.

Je punis un méchant.

JOCASTE.

Et sa mort aujourd'hui
Vous rendra plus coupable et plus méchant que lui.

POLYNICE.

Faut-il que de ma main je couronne ce traître,
Et que de cour en cour j'aille chercher un maître ?
Qu'errant et vagabond je quitte mes États,
Pour observer des lois qu'il ne respecte pas ?
De ses propres forfaits serai-je la victime ?
Le diadème est-il le partage du crime ?
Quel droit ou quel devoir n'a-t-il point violé ?
Et cependant il règne et je suis exilé !

JOCASTE.

Mais si le roi d'Argos vous cède une couronne...

POLYNICE.

Dois-je chercher ailleurs ce que le sang me donne ?
En m'alliant chez lui n'aurai-je rien porté ?
Et tiendrai-je mon rang de sa seule bonté ?
D'un trône qui m'est dû faut-il que l'on me chasse,
Et d'un prince étranger que je brigue la place ?
Non, non, sans m'abaisser à lui faire la cour,
Je veux devoir le sceptre à qui je dois le jour.

JOCASTE.

Qu'on le tienne, mon fils, d'un beau-père ou d'un père,
La main de tous les deux vous sera toujours chère.

POLYNICE.

Non, non, la différence est trop grande pour moi ;
L'un me ferait esclave, et l'autre me fait roi.
Quoi ! ma grandeur serait l'ouvrage d'une femme !
D'un éclat si honteux je rougirais dans l'âme.
Le trône, sans l'amour, me serait donc fermé ?
Je ne régnerais pas si l'on ne m'eût aimé ?
Je veux m'ouvrir le trône ou jamais n'y paraître,
Et quand j'y monterai, j'y veux monter en maître :
Que le peuple à moi seul soit forcé d'obéir,
Et qu'il me soit permis de m'en faire haïr.
Enfin de ma grandeur je veux être l'arbitre,
N'être point roi, madame, ou l'être à juste titre.
Que le sang me couronne, ou, s'il ne suffit pas,
Je veux à son secours n'appeler que mon bras.

JOCASTE.

Faites plus, tenez tout de votre grand courage :
Que votre bras tout seul fasse votre partage ;
Et, dédaignant les pas des autres souverains,
Soyez, mon fils, soyez l'ouvrage de vos mains.
Par d'illustres exploits couronnez-vous vous-même,
Qu'un superbe laurier soit votre diadème :
Régnez et triomphez, et joignez à la fois
La gloire des héros à la pourpre des rois.
Quoi ! votre ambition serait-elle bornée
A régner tour à tour l'espace d'une année ?
Cherchez à ce grand cœur, que rien ne peut dompter,
Quelque trône où vous seul ayez droit de monter.
Mille sceptres nouveaux s'offrent à votre épée,
Sans que d'un sang si cher nous la voyions trempée.
Vos triomphes pour moi n'auront rien que de doux,
Et votre frère même ira vaincre avec vous.

POLYNICE.

Vous voulez que mon cœur, flatté de ces chimères,
Laisse un usurpateur au trône de mes pères ?

JOCASTE.

Si vous lui souhaitez en effet tant de mal,
Élevez-le vous-même à ce trône fatal.
Ce trône fut toujours un dangereux abîme :
La foudre l'environne aussi bien que le crime.
Votre père et les rois qui vous ont devancés,
Sitôt qu'ils y montaient, s'en sont vus renversés.

POLYNICE.

Quand je devrais au ciel rencontrer le tonnerre,
J'y monterais plutôt que de ramper à terre.
Mon cœur, jaloux du sort de ces grands malheureux,
Veut s'élever, madame, et tomber avec eux.

ÉTÉOCLE.

Je saurai t'épargner une chute si vaine.

POLYNICE.

Ah ! ta chute, crois-moi, précédera la mienne.

JOCASTE.

Mon fils, son règne plaît.

POLYNICE.

          Mais il m'est odieux.

JOCASTE.

Il a pour lui le peuple.

POLYNICE.

          Et j'ai pour moi les dieux.

ÉTÉOCLE.

Les dieux de ce haut rang te voulaient interdire,
Puisqu'ils m'ont élevé le premier à l'empire :
Ils ne savaient que trop, lorsqu'ils firent ce choix,
Qu'on veut régner toujours, quand on règne une fois.
Jamais dessus le trône on ne vit plus d'un maître ;
Il n'en peut tenir deux, quelque grand qu'il puisse être.
L'un des deux, tôt ou tard, se verrait renversé ;
Et d'un autre soi-même on y serait pressé.
Jugez donc, par l'horreur que ce méchant me donne,
Si je puis avec lui partager la couronne.

POLYNICE.

Et moi, je ne veux plus, tant tu m'es odieux,
Partager avec toi la lumière des cieux.

JOCASTE.

Allez donc, j'y consens, allez perdre la vie ;
A ce cruel combat tous deux je vous convie :
Puisque tous mes efforts ne sauraient vous changer,
Que tardez-vous ? allez vous perdre et me venger.
Surpassez, s'il se peut, les crimes de vos pères ;
Montrez, en vous tuant, comme vous êtes frères.
Le plus grand des forfaits vous a donné le jour,
Il faut qu'un crime égal vous l'arrache à son tour.

Je ne condamne plus la fureur qui vous presse ;
Je n'ai plus pour mon sang ni pitié ni tendresse :
Votre exemple m'apprend à ne le plus chérir :
Et moi, je vais, cruels, vous apprendre à mourir.

ANTIGONE.

Madame... O ciel ! que vois-je ! Hélas ! rien ne les touche.

HÉMON.

Rien ne peut ébranler leur constance farouche.

ANTIGONE.

Princes...

ÉTÉOCLE.

Pour ce combat choisissons quelque lieu.

POLYNICE.

Courons. Adieu, ma sœur.

ÉTÉOCLE.

Adieu, princesse, adieu.

ANTIGONE.

Mes frères, arrêtez ! Gardes, qu'on les retienne ;
Joignez, unissez tous vos douleurs à la mienne.
C'est leur être cruel que de les respecter.

HÉMON.

Madame, il n'est plus rien qui les puisse arrêter.

ANTIGONE.

Ah ! généreux Hémon, c'est vous seul que j'implore...
Si la vertu vous plaît, si vous m'aimez encore,
Et qu'on puisse arrêter leurs parricides mains,
Hélas ! pour me sauver, sauvez ces inhumains.

ACTE CINQUIÈME

SCÈNE PREMIÈRE : ANTIGONE, *seule.*

A quoi te résous-tu, princesse infortunée ?
Ta mère vient de mourir dans tes bras :
Ne saurais-tu suivre ses pas,
Et finir en mourant ta triste destinée ?

A de nouveaux malheurs te veux-tu réserver ?
Tes frères sont aux mains, rien ne les peut sauver
       De leurs cruelles armes.
Leur exemple t'anime à te percer le flanc ;
       Et toi seule verses des larmes,
       Tous les autres versent du sang.

Quelle est de mes malheurs l'extrémité mortelle?
       Où ma douleur doit-elle recourir ?
       Dois-je vivre ? dois-je mourir ?
Un amant me retient, une mère m'appelle ;
Dans la nuit du tombeau je la vois qui m'attend ;
Ce que veut la raison, l'amour me le défend
       Et m'en ôte l'envie.
Que je vois de sujets d'abandonner le jour !
       Mais, hélas ! qu'on tient à la vie
       Quand on tient si fort à l'amour !

Oui, tu retiens, amour, mon âme fugitive ;
       Je reconnais la voix de mon vainqueur :
       L'espérance est morte en mon cœur,
Et cependant tu vis, et tu veux que je vive ;
Tu dis que mon amant me suivrait au tombeau,
Que je dois de mes jours conserver le flambeau
       Pour sauver ce que j'aime.
Hémon, vois le pouvoir que l'amour a sur moi ·
       Je ne vivrais pas pour moi-même,
       Et je veux bien vivre pour toi.

Si jamais tu doutas de ma flamme fidèle...
Mais voici du combat la funeste nouvelle.

SCÈNE II : ANTIGONE, OLYMPE.

ANTIGONE.

Hé bien, ma chère Olympe, as-tu vu ce forfait ?

OLYMPE.

J'y suis courue en vain, c'en était déjà fait.
Du haut de nos remparts j'ai vu descendre en larmes
Le peuple qui courait et qui criait aux armes ;
Et pour vous dire enfin d'où venait sa terreur,
Le roi n'est plus, madame, et son frère est vainqueur.

On parle aussi d'Hémon : l'on dit que son courage
S'est efforcé longtemps de suspendre leur rage,
Mais que tous ses efforts ont été superflus.
C'est ce que j'ai compris de mille bruits confus.

ANTIGONE.

Ah ! je n'en doute pas, Hémon est magnanime ;
Son grand cœur eut toujours trop d'horreur pour le crime.
Je l'avais conjuré d'empêcher ce forfait ;
Et s'il l'avait pu faire, Olympe, il l'aurait fait.
Mais, hélas ! leur fureur ne pouvait se contraindre ;
Dans des ruisseaux de sang elle voulait s'éteindre.
Princes dénaturés, vous voilà satisfaits :
La mort seule entre vous pouvait mettre la paix.
Le trône pour vous deux avait trop peu de place ;
Il fallait entre vous mettre un plus grand espace,
Et que le ciel vous mît, pour finir vos discords,
L'un parmi les vivants, l'autre parmi les morts.
Infortunés tous deux, dignes qu'on vous déplore !
Moins malheureux pourtant que je ne suis encore,
Puisque de tous les maux qui sont tombés sur vous
Vous n'en sentez aucun, et que je les sens tous !

OLYMPE.

Mais pour vous ce malheur est un moindre supplice
Que si la mort vous eût enlevé Polynice.
Ce prince était l'objet qui faisait tous vos soins.
Les intérêts du roi vous touchaient beaucoup moins.

ANTIGONE.

Il est vrai, je l'aimais d'une amitié sincère ;
Je l'aimais beaucoup plus que je n'aimais son frère,
Et ce qui lui donnait tant de part dans mes vœux,
Il était vertueux, Olympe, et malheureux.
Mais, hélas ! ce n'est plus ce cœur si magnanime,
Et c'est un criminel qu'a couronné son crime.
Son frère plus que lui commence à me toucher ;
Devenant malheureux, il m'est devenu cher.

OLYMPE.

Créon vient.

ANTIGONE.

              Il est triste ; et j'en connais la cause :
Au courroux du vainqueur la mort du roi l'expose.
C'est de tous nos malheurs l'auteur pernicieux.

SCÈNE III : ANTIGONE, CRÉON, OLYMPE, ATTALE.

CRÉON.

Madame, qu'ai-je appris en entrant dans ces lieux ?
Est-il vrai que la reine...

ANTIGONE.

Oui, Créon, elle est morte.

CRÉON.

O dieux ! puis-je savoir de quelle étrange sorte
Ses jours infortunés ont éteint leur flambeau ?

OLYMPE.

Elle-même, seigneur, s'est ouvert le tombeau :
Et s'étant d'un poignard en un moment saisie,
Elle en a terminé ses malheurs et sa vie.

ANTIGONE.

Elle a su prévenir la perte de son fils.

CRÉON.

Ah ! madame, il est vrai que les dieux ennemis...

ANTIGONE.

N'imputez qu'à vous seul la mort du roi mon frère,
Et n'en accusez point la céleste colère.
A ce combat fatal vous seul l'avez conduit :
Il a cru vos conseils ; sa mort en est le fruit.
Ainsi de leurs flatteurs les rois sont les victimes ;
Vous avancez leur perte, en approuvant leurs crimes ;
De la chute des rois vous êtes les auteurs ;
Mais les rois, en tombant, entraînent leurs flatteurs.
Vous le voyez, Créon : sa disgrâce mortelle
Vous est funeste autant qu'elle nous est cruelle ;
Le ciel, en le perdant, s'en est vengé sur vous,
Et vous avez peut-être à pleurer comme nous.

CRÉON.

Madame, je l'avoue ! et les destins contraires
Me font pleurer deux fils, si vous pleurez deux frères.

ANTIGONE.

Mes frères et vos fils ! dieux ! que veut ce discours ?
Quelqu'autre qu'Étéocle a-t-il fini ses jours ?

CRÉON.

Mais ne savez-vous pas cette sanglante histoire ?

ANTIGONE.

J'ai su que Polynice a gagné la victoire,
Et qu'Hémon a voulu les séparer en vain.

CRÉON.

Madame, ce combat est bien plus inhumain.
Vous ignorez encor mes pertes et les vôtres ;
Mais, hélas ! apprenez les unes et les autres.

ANTIGONE.

Rigoureuse fortune, achève ton courroux.
Ah ! sans doute voici le dernier de tes coups.

CRÉON.

Vous avez vu, madame, avec quelle furie
Les deux princes sortaient pour s'arracher la vie ;
Que d'une ardeur égale ils fuyaient de ces lieux,
Et que jamais leurs cœurs ne s'accordèrent mieux.
La soif de se baigner dans le sang de leur frère
Faisait ce que jamais le sang n'avait su faire :
Par l'excès de leur haine ils semblaient réunis ;
Et, prêts à s'égorger, ils paraissaient amis.
Ils ont choisi d'abord, pour leur champ de bataille,
Un lieu près des deux camps, au pied de la muraille.
C'est là que, reprenant leur première fureur,
Ils commencent enfin ce combat plein d'horreur.
D'un geste menaçant, d'un œil brûlant de rage,
Dans le sein l'un de l'autre ils cherchent un passage :
Et, la seule fureur précipitant leurs bras,
Tous deux semblent courir au-devant du trépas.
Mon fils, qui de douleur en soupirait dans l'âme,
Et qui se souvenait de vos ordres, madame,
Se jette au milieu d'eux et méprise pour vous
Leurs ordres absolus qui nous arrêtaient tous
Il leur retient le bras, les repousse, les prie
Et, pour les séparer, s'expose à leur furie.
Mais il s'efforce en vain d'en arrêter le cours.
Et ces deux furieux se rapprochent toujours.
Il tient ferme pourtant et ne perd point courage ;
De mille coups mortels il détourne l'orage,
Jusqu'à ce que du roi le fer trop rigoureux,
Soit qu'il cherchât son frère, ou ce fils malheureux,
Le renverse à ses pieds, prêt à rendre la vie.

ANTIGONE.

Et la douleur encor ne me l'a pas ravie !

CRÉON.

J'y cours, je le relève et le prends dans mes bras :
Et, me reconnaissant : « Je meurs, dit-il tout bas,
Trop heureux d'expirer pour ma belle princesse.
En vain à mon secours votre amitié s'empresse :
C'est à ces furieux que vous devez courir :
Séparez-les, mon père, et me laissez mourir. »
Il expire à ces mots. Ce barbare spectacle
A leur noire fureur n'apporte point d'obstacle :
Seulement Polynice en paraît affligé :
« Attends, Hémon, dit-il, tu vas être vengé. »
En effet sa douleur renouvelle sa rage,
Et bientôt le combat tourne à son avantage.
Le roi, frappé d'un coup qui lui perce le flanc,
Lui cède la victoire et tombe dans son sang.
Les deux camps aussitôt s'abandonnent en proie,
Le nôtre à la douleur, et les Grecs à la joie ;
Et le peuple, alarmé du trépas de son roi,
Sur le haut de ses tours témoigne son effroi.
Polynice, tout fier du succès de son crime,
Regarde avec plaisir expirer sa victime.
Dans le sang de son frère il semble se baigner :
« Et tu meurs, lui dit-il, et moi je vais régner.
Regarde dans mes mains l'empire et la victoire ;
Va rougir aux enfers de l'excès de ma gloire ;
Et, pour mourir encore avec plus de regret,
Traître, songe en mourant que tu meurs mon sujet. »
En achevant ces mots, d'une démarche fière
Il s'approche du roi couché sur la poussière,
Et pour le désarmer il avance le bras.
Le roi, qui semble mort, observe tous ses pas ;
Il le voit, il l'attend, et son âme irritée
Pour quelque grand dessein semble s'être arrêtée.
L'ardeur de se venger flatte encor ses désirs
Et retarde le cours de ses derniers soupirs.
Prêt à rendre la vie, il en cache le reste,
Et sa mort au vainqueur est un piège funeste ;
Et, dans l'instant fatal que ce frère inhumain
Lui veut ôter le fer qu'il tenait à la main,
Il lui perce le cœur, et son âme ravie,
En achevant ce coup, abandonne la vie.
Polynice, frappé, pousse un cri dans les airs,
Et son âme en courroux s'enfuit dans les enfers.
Tout mort qu'il est, madame, il garde sa colère,

Et l'on dirait qu'encore il menace son frère ;
Son visage, où la mort a répandu ses traits,
Demeure plus terrible et plus fier que jamais.

ANTIGONE.

Fatale ambition, aveuglement funeste !
D'un oracle cruel suite trop manifeste !
De tout le sang royal il ne reste que nous ;
Et plût aux dieux, Créon, qu'il ne restât que vous,
Et que mon désespoir, prévenant leur colère,
Eût suivi de plus près le trépas de ma mère !

CRÉON.

Il est vrai que des dieux le courroux embrasé
Pour nous faire périr semble s'être épuisé ;
Car enfin sa rigueur, vous le voyez, madame,
Ne m'accable pas moins qu'elle afflige votre âme.
En m'arrachant mes fils...

ANTIGONE.

        Ah ! vous régnez, Créon,
Et le trône aisément vous console d'Hémon.
Mais laissez-moi, de grâce, un peu de solitude,
Et ne contraignez point ma triste inquiétude.
Aussi bien mes chagrins passeraient jusqu'à vous.
Vous trouverez ailleurs des entretiens plus doux ;
Le trône vous attend, le peuple vous appelle ;
Goûtez tout le plaisir d'une grandeur nouvelle.
Adieu. Nous ne faisons tous deux que nous gêner.
Je veux pleurer, Créon, et vous voulez régner.

CRÉON, *arrêtant Antigone.*

Ah ! madame ! régnez et montez sur le trône :
Ce haut rang n'appartient qu'à l'illustre Antigone.

ANTIGONE.

Il me tarde déjà que vous ne l'occupiez.
La couronne est à vous.

CRÉON.

        Je la mets à vos pieds.

ANTIGONE.

Je la refuserais de la main des dieux même ;
Et vous osez, Créon, m'offrir le diadème ?

CRÉON.

Je sais que ce haut rang n'a rien de glorieux
Qui ne cède à l'honneur de l'offrir à vos yeux.

D'un si noble destin je me connais indigne.
Mais si l'on peut prétendre à cette gloire insigne,
Si par d'illustres faits on la peut mériter,
Que faut-il faire enfin, madame ?

ANTIGONE.

M'imiter.

CRÉON.

Que ne ferais-je point pour une telle grâce !
Ordonnez seulement ce qu'il faut que je fasse.
Je suis prêt...

ANTIGONE, *en s'en allant.*

Nous verrons.

CRÉON, *la suivant.*

J'attends vos lois ici.

ANTIGONE, *en s'en allant.*

Attendez.

SCÈNE IV : CRÉON, ATTALE.

ATTALE.

Son courroux serait-il adouci ?
Croyez-vous la fléchir ?

CRÉON.

Oui, oui, mon cher Attale ;
Il n'est point de fortune à mon bonheur égale,
Et tu vas voir en moi, dans ce jour fortuné,
L'ambitieux au trône, et l'amant couronné.
Je demandais au ciel la princesse et le trône :
Il me donne le sceptre et m'accorde Antigone.
Pour couronner ma tête et ma flamme en ce jour,
Il arme en ma faveur et la haine et l'amour ;
Il allume pour moi deux passions contraires ;
Il attendrit la sœur, il endurcit les frères ;
Il aigrit leur courroux, il fléchit sa rigueur
Et m'ouvre en même temps et leur trône et son cœur.

ATTALE.

Il est vrai, vous avez toute chose prospère,
Et vous seriez heureux si vous n'étiez point père.
L'ambition, l'amour n'ont rien à désirer ;
Mais, seigneur, la nature a beaucoup à pleurer ;
En perdant vos deux fils...

CRÉON.

Oui, leur perte m'afflige,
Je sais ce que de moi le rang de père exige :
Je l'étais, mais surtout j'étais né pour régner :
Et je perds beaucoup moins que je ne crois gagner.
Le nom de père, Attale, est un titre vulgaire ;
C'est un don que le ciel ne nous refuse guère.
Un bonheur si commun n'a pour moi rien de doux ;
Ce n'est pas un bonheur, s'il ne fait des jaloux.
Mais le trône est un bien dont le ciel est avare ;
Du reste des mortels ce haut rang nous sépare ;
Bien peu sont honorés d'un don si précieux :
La terre a moins de rois que le ciel n'a de dieux.
D'ailleurs tu sais qu'Hémon adorait la princesse,
Et qu'elle eut pour ce prince une extrême tendresse.
S'il vivait, son amour au mien serait fatal.
En me privant d'un fils, le ciel m'ôte un rival.
Ne me parle donc plus que de sujets de joie,
Souffre qu'à mes transports je m'abandonne en proie ;
Et, sans me rappeler des ombres des enfers,
Dis-moi ce que je gagne, et non ce que je perds.
Parle-moi de régner, parle-moi d'Antigone ;
J'aurai bientôt son cœur, et j'ai déjà le trône.
Tout ce qui s'est passé n'est qu'un songe pour moi :
J'étais père et sujet, je suis amant et roi.
La princesse et le trône ont pour moi tant de charmes
Que... Mais Olympe vient.

ATTALE.

Dieux ! elle est toute en larmes.

SCÈNE V : CRÉON, OLYMPE, ATTALE.

OLYMPE.

Qu'attendez-vous, seigneur ? la princesse n'est plus.

CRÉON.

Elle n'est plus, Olympe ?

OLYMPE.

Ah ! regrets superflus !
Elle n'a fait qu'entrer dans la chambre prochaine,
Et du même poignard dont est morte la reine,
Sans que je pusse voir son funeste dessein,
Cette fière princesse a percé son beau sein.

Elle s'en est, seigneur, mortellement frappée,
Et dans son sang, hélas ! elle est soudain tombée.
Jugez à cet objet ce que j'ai dû sentir.
Mais sa belle âme enfin, toute prête à sortir :
« Cher Hémon, c'est à toi que je me sacrifie, »
Dit-elle ; et ce moment a terminé sa vie.
J'ai senti son beau corps tout froid entre mes bras ·
Et j'ai cru que mon âme allait suivre ses pas.
Heureuse mille fois si ma douleur mortelle
Dans la nuit du tombeau m'eût plongée avec elle !

(Elle s'en va.)

SCÈNE VI : CRÉON, ATTALE.

CRÉON.

Ainsi donc vous fuyez un amant odieux,
Et vous-même, cruelle, éteignez vos beaux yeux.
Vous fermez pour jamais ces beaux yeux que j'adore,
Et pour ne me point voir vous les fermez encore !
Quoique Hémon vous fût cher, vous courez au trépas
Bien plus pour m'éviter que pour suivre ses pas.
Mais, dussiez-vous encor m'être aussi rigoureuse,
Ma présence aux enfers vous fût-elle odieuse,
Dût après le trépas vivre votre courroux,
Inhumaine, je vais y descendre après vous.
Vous y verrez toujours l'objet de votre haine,
Et toujours mes soupirs vous rediront ma peine,
Ou pour vous adoucir ou pour vous tourmenter :
Et vous ne pourrez plus mourir pour m'éviter.
Mourons donc...

ATTALE, *et des gardes.*

Ah ! seigneur ! quelle cruelle envie...

CRÉON.

Ah ! c'est m'assassiner que me sauver la vie !
Amour, rage, transports, venez à mon secours !
Venez et terminez mes détestables jours !
De ces cruels amis trompez tous les obstacles !
Toi, justifie, ô ciel, la foi de tes oracles !
Je suis le dernier sang du malheureux Laïus...
Perdez-moi, dieux cruels, ou vous serez déçus !
Reprenez, reprenez cet empire funeste ;
Vous m'ôtez Antigone, ôtez-moi tout le reste.

Le trône et vos présents excitent mon courroux ;
Un coup de foudre est tout ce que je veux de vous.
Ne le refusez pas à mes vœux, à mes crimes ;
Ajoutez mon supplice à tant d'autres victimes.
Mais en vain je vous presse, et mes propres forfaits
Me font déjà sentir tous les maux que j'ai faits.
Polynice, Étéocle, Iocaste,[1] Antigone,
Mes fils, que j'ai perdus pour m'élever au trône,
Tant d'autres malheureux dont j'ai causé les maux,
Font déjà dans mon cœur l'office de bourreaux.
Arrêtez ! Mon trépas va venger votre perte ;
La foudre va tomber, la terre est entr'ouverte ;
Je ressens à la fois mille tourments divers,
Et je m'en vais chercher du repos aux enfers.

(Il tombe entre les mains des gardes.)

---

1. C'est la seule fois que l'on rencontre, dans cette tragédie, *Iocaste* pour *Jocaste*. *Iocaste* semble bien n'être là que pour la mesure. On en peut tirer la preuve de ce vers de l'édition d'Amsterdam (1690) :

Jocaste, Polynice, Etéocle, Antigone.

ALEXANDRE LE GRAND.

TRAGEDIE.

A PARIS,

Chez PIERRE TRABOVILLET, dans la Salle
Dauphine, à la Fortune.

M. DC. LXVI.

AVEC PRIVILEGE DV ROY.

TITRE DE L'ÉDITION
ORIGINALE DE 1668.

PERSONNAGES

ALEXANDRE.
PORUS, \
TAXILE, / rois dans les Indes.
AXIANE, reine d'une autre partie des Indes.
CLÉOFILE, sœur de Taxile.
ÉPHESTION.
SUITE D'ALEXANDRE.

La scène est sur le bord de l'Hydaspe [1], dans le camp de Taxile.

---

1. L'Hydaspe, un des fleuves du Penjab, traversait le royaume de Porus.

ALEXANDRE LE GRAND

Tragédie - 1665

NOTICE HISTORIQUE ET ANALYTIQUE

C'est inachevé encore et restreint à trois actes et demi que l'Alexandre fut lu par Racine lui-même à l'Hôtel de Nevers, chez Mme du Plessis-Guénégaud, et applaudi par Boileau, La Rochefoucauld, Mme de La Fayette, enfin par tout un cercle dont le jugement faisait loi à l'époque. On était alors au début de l'année 1665. Attendue avec impatience par le public sur la foi de ce premier succès, la pièce fut jouée le 4 décembre de la même année par la troupe du Palais-Royal, mais si médiocrement que l'auteur la porta, pour la sixième représentation, à l'Hôtel de Bourgogne; c'est ainsi qu'il acheta d'une brouille avec Molière un succès qui fut d'ailleurs grand et durable. Les admirateurs du vieux Corneille ne tardèrent pas à s'émouvoir. Ils opposèrent au jeune poète d'assez nombreux censeurs. Le plus sérieux, et d'ailleurs impartial, fut Saint-Evremond, qui fit paraître une Dissertation sur l'Alexandre. Tous les critiques, de Saint-Evremond à Pradon, Boileau excepté, reprochèrent assez justement à Racine d'avoir affadi des caractères héroïques et de n'avoir guère montré qu'un amoureux dans le plus grand guerrier de l'antiquité. Il avait, si l'on veut, traité à la Quinault un sujet cornélien. Quant à ce sujet lui-même, il lui appartient bien. Boyer était le seul qui eût tiré une tragédie, en 1647, de l'épisode recueilli au huitième livre de Quinte-Curce; et sa pièce, d'une intrigue fort enchevêtrée, n'a rien suggéré à Racine.

o o o

Acte Ier. — *Porus et Taxile, rois dans les Indes, prétendent tous les deux à la main de la reine Axiane. Alexandre menace leurs royaumes. Conseillé par sa sœur Cléofile, qui aime Alexandre et qui a reçu de*

*lui des messages d'amour, Taxile incline à se soumettre ; et cette atti-
tude lui vaut les mépris non seulement de Porus, mais d'Axiane elle-
même, qui partage la haine de Porus pour le conquérant macédonien.*

*ACTE II. — Ephestion, envoyé d'Alexandre, vient offrir la paix aux
deux princes. Porus la repousse avec indignation. Taxile, qui était près
d'accepter cette haute amitié, semble être ému par les exhortations
d'Axiane et vouloir prendre les armes. Axiane cependant laisse entendre
à Porus qu'il possède son cœur.*

*ACTE III. — Taxile accourt annoncer à sa sœur et à la reine que Porus
est défait. Alexandre vient ensuite déclarer lui-même son amour à
Cléofile et lui promet d'unir Axiane et Taxile.*

*ACTE IV. — Après qu'Axiane a pleuré Porus dont on a annoncé la
mort et qu'elle a déclaré à Taxile ne devoir accorder sa main qu'au vengeur de Porus, on apprend tout à coup la réapparition de ce dernier.*

*ACTE V. — Porus, amené prisonnier devant Alexandre et les deux
reines, leur apprend la mort de Taxile, qui est venu le braver sur le
champ de bataille. Alexandre lui rend alors ses États et lui donne Axiane.*

VERS D'*ALEXANDRE* FRÉQUEMMENT CITÉS

D'abord ce jeune éclat qu'on remarque en ses traits
M'a semblé démentir le nombre de ses faits.
Mon cœur, plein de son nom, n'osait, je le confesse,
Accorder tant de gloire avec tant de jeunesse.

(III, III.)

Tu veux servir. Va, sers ; et me laisse en repos.

(IV, III.)

Comment prétendez-vous que je vous traite ?

— En roi.
(V, III.)

AU ROI

Sire,

Voici une seconde entreprise qui n'est pas moins hardie que la première. Je ne me contente pas d'avoir mis à la tête de mon ouvrage le nom d'Alexandre, j'y ajoute encore celui de Votre Majesté ; c'est-à-dire que j'assemble tout ce que le siècle présent et les siècles passés nous peuvent fournir de plus grand. Mais, Sire, j'espère que Votre Majesté ne condamnera pas cette seconde hardiesse, comme elle n'a pas désapprouvé la première. Quelques efforts que l'on eût faits pour lui défigurer mon héros, il n'a pas plutôt paru devant elle qu'elle l'a reconnu pour Alexandre. Et à qui s'en rapportera-t-on qu'à un roi dont la gloire est répandue aussi loin que celle de ce conquérant, et devant qui l'on peut dire que *tous les peuples du monde se taisent*, comme l'Écriture l'a dit d'Alexandre? Je sais bien que ce silence est un silence d'étonnement et d'admiration ; que, jusques ici, la force de vos armes ne leur a pas tant imposé que celle de vos vertus. Mais, Sire, votre réputation n'en est pas moins éclatante, pour n'être point établie sur les embrasements et sur les ruines ; et déjà Votre Majesté est arrivée au comble de la gloire par un chemin plus nouveau et plus difficile que celui par où Alexandre y es monté. Il n'est pas extraordinaire de voir un jeune homme gagner des batailles, de le voir mettre le feu par toute la terre. Il n'est pas impossible que la jeunesse et la fortune l'emportent victorieux jusqu'au fond des Indes. L'histoire est pleine de jeunes conquérants ; et l'on sait avec quelle ardeur Votre Majesté elle-même a cherché les occasions de se signaler dans un âge où Alexandre ne faisait encore que pleurer sur les victoires de son père. Mais elle me permettra de lui dire que devant elle on n'a point vu de roi qui, à l'âge d'Alexandre, ait fait paraître la conduite d'Auguste ; qui, sans s'éloigner presque du centre de son royaume, ait répandu sa lumière jusqu'au bout du monde, et qui ait commencé sa carrière par où les plus grands princes ont tâché d'achever la leur. On a disputé chez les anciens si la fortune n'avait point eu plus de part que la vertu dans les conquêtes d'Alexandre. Mais quelle part la fortune peut-elle prétendre aux actions d'un roi qui ne doit qu'à ses seuls conseils l'état florissant de son royaume, et qui n'a besoin que de lui-même pour se rendre redoutable à toute l'Europe? Mais, SIRE, je ne songe pas qu'en voulant louer VOTRE MAJESTÉ, je m'engage dans une carrière trop vaste et trop difficile; il faut auparavant m'essayer encore sur quelques autres héros de l'antiquité; et je prévois qu'à mesure que je prendrai de nouvelles forces, VOTRE MAJESTÉ se couvrira elle-même d'une gloire toute nouvelle; que nous la reverrons peut-être, à la tête d'une armée, achever la comparaison qu'on peut faire d'elle et d'Alexandre, et ajouter le titre de conquérant à celui du plus sage roi de la terre. Ce sera alors que vos sujets devront consacrer toutes leurs veilles au récit de tant de grandes actions, et ne pas souffrir que VOTRE MAJESTÉ ait lieu de se plaindre, comme Alexandre, qu'elle n'a eu personne de son temps qui pût laisser à la postérité la mémoire de ses vertus. Je n'espère pas être assez heureux pour me distinguer par le mérite de mes ouvrages, mais je sais bien que je me signalerai au moins par le zèle et la profonde vénération avec laquelle je suis,

    SIRE,

        DE VOTRE MAJESTÉ,

            Le très humble, très obéissant,
            et très fidèle serviteur et sujet,

              RACINE.

PREMIÈRE PRÉFACE

Je ne rapporterai point ici ce que l'histoire dit de Porus, il faudrait copier tout le huitième livre de 'Quinte-Curce ; et je m'engagerai moins encore à faire une exacte apologie de tous les endroits qu'on a voulu combattre dans ma pièce. Je n'ai pas prétendu donner au public un ouvrage parfait : je me fais trop justice pour avoir osé me flatter de cette espérance. Avec quelque succès que l'on ait représenté mon *Alexandre*, et quoique les premières personnes de la terre et les Alexandres de notre siècle se soient hautement déclarés pour lui, je ne me laisse point éblouir par ces illustres approbations. Je veux croire qu'ils ont voulu encourager un jeune homme et m'exciter à faire encore mieux dans la suite ; mais j'avoue que, quelque défiance que j'eusse de moi-même, je n'ai pu m'empêcher de concevoir quelque opinion de ma tragédie, quand j'ai vu la peine que se sont donnée de certaines gens pour la décrier. On ne fait point tant de brigues contre un ouvrage qu'on n'estime pas. On se contente de ne le plus voir quand on l'a vu une fois, et on le laisse tomber de lui-même, sans daigner seulement contribuer à sa chute. Cependant j'ai eu le plaisir de voir plus de six fois de suite à ma pièce le visage de ces censeurs ; ils n'ont pas craint de s'exposer si souvent à entendre une chose qui leur déplaisait. Ils ont prodigué libéralement leur temps et leurs peines pour la venir critiquer, sans compter les chagrins que leur ont peut-être coûtés les applaudissements que leur présence n'a pas empêché le public de me donner. Ce n'est pas, comme j'ai déjà dit, que je crois ma pièce sans défauts. On sait avec quelle déférence j'ai écouté les avis sincères de mes véritables amis, et l'on verra même que j'ai profité en quelques endroits des conseils que j'en ai reçus. Mais je n'aurais jamais fait si je m'arrêtais aux subtilités de quelques critiques, qui prétendent assujettir le goût du public aux dégoûts d'un esprit malade, qui vont au théâtre avec un ferme dessein de n'y point prendre plaisir, et qui croient prouver à tous les spectateurs par un branlement de tête et par des grimaces affectées, qu'ils ont étudié la *Poétique* d'Aristote.

En effet, que répondrais-je à ces critiques qui condamnent jusques au titre de ma tragédie, et qui ne veulent pas que je l'appelle *Alexandre*, quoique Alexandre en fasse la principale action, et que le véritable sujet de la pièce ne soit autre que la générosité de ce conquérant ? Ils disent que je fais Porus plus grand qu'Alexandre. Et en quoi paraît-il plus grand ? Alexandre n'est-il pas toujours le vainqueur ? Il ne se contente pas de vaincre Porus par la force de ses armes, il triomphe de sa fierté même par la générosité qu'il fait paraître en lui rendant ses États. Ils trouvent étrange qu'Alexandre, après avoir gagné la bataille, ne retourne pas à la tête de son armée, et qu'il s'entretienne avec sa maîtresse, au lieu d'aller combattre un petit nombre de désespérés qui ne cherchent qu'à périr. Cependant, si l'on en croit un des plus grands capitaines de ce temps, Ephestion n'a pas dû s'y trouver lui-même. Ils ne peuvent souffrir qu'Ephestion fasse le récit de la mort de Taxile en présence de Porus, parce que ce récit est trop à l'avantage de ce prince. Mais ils ne considèrent pas que l'on ne blâme les louanges que l'on donne à une personne en sa présence que quand elles peuvent être suspectes de flatterie, et qu'elles font un effet tout contraire quand elles partent de la bouche d'un ennemi et que celui qu'on loue est dans le malheur. Cela s'appelle rendre justice à la vertu et la respecter même dans les fers. Il me semble que cette conduite répond assez bien à l'idée que les historiens nous donnent du favori d'Alexandre. Mais au moins, disent-ils, il devrait épargner la patience de son maître et ne pas tant vanter devant lui la valeur de son ennemi. Ceux qui tiennent ce langage ont sans doute oublié que Porus vient d'être défait par Alexandre, et que les louanges qu'on donne au vaincu retournent à la gloire du vainqueur. Je ne réponds rien à ceux qui blâment Alexandre de rétablir Porus en présence de Cléofile. C'est assez pour moi que ce qui passe pour une faute auprès de ces esprits, qui n'ont lu l'histoire que dans les romans et qui croient qu'un héros ne doit jamais faire un pas sans la permission de sa maîtresse, a reçu des louanges de ceux qui étaient eux-mêmes de grands héros, ont droit de juger de la vertu de leurs pareils. Enfin la plus importante objection que l'on me fasse, c'est que mon sujet est trop simple et trop stérile. Je ne représente point à ces critiques le goût de l'antiquité. Je vois bien qu'ils le connaissent médiocrement. Mais de quoi se plaignent-ils, si toutes mes scènes sont bien remplies, si elles sont liées nécessairement les unes avec les autres, si tous mes acteurs ne viennent point sur le théâtre que l'on ne sache la raison qui les y fait venir, et si, avec peu d'incidents et peu de matière, j'ai été assez heureux pour faire une pièce qui les a peut-être attachés malgré eux depuis le commencement jusqu'à la fin ? Mais ce qui me console, c'est de voir mes censeurs s'accorder si mal ensemble. Les uns disent que Taxile n'est point assez honnête homme ; les autres, qu'il ne mérite point sa perte. Les uns soutiennent qu'Alexandre n'est pas assez amoureux; les autres me reprochent qu'il ne vient sur le théâtre que pour parler d'amour. Ainsi je n'ai pas besoin que mes amis se mettent en peine de me justifier, je n'ai qu'à renvoyer mes ennemis à mes ennemis ; je me repose sur eux de la défense d'une pièce qu'ils attaquent en si mauvaise intelligence et avec des sentiments si opposés (1666).

SECONDE PRÉFACE

Il n'y a guère de tragédie où l'histoire soit plus fidèlement suivie que dans celle-ci. Le sujet en est tiré de plusieurs auteurs, mais surtout du huitième livre de Quinte-Curce. C'est là qu'on peut voir tout ce qu'Alexandre fit lorsqu'il entra dans les Indes, les ambassades qu'il envoya aux rois de ce pays-là, les différentes réceptions qu'ils firent à ses envoyés, l'alliance que Taxile fit avec lui, la fierté avec laquelle Porus refusa les conditions qu'on lui présentait, l'inimitié qui était entre Porus et Taxile, et enfin la victoire qu'Alexandre remporta sur Porus, la réponse généreuse que ce brave Indien fit au vainqueur, qui lui demandait comment il voulait qu'on le traitât, et la générosité avec laquelle Alexandre lui rendit tous ses États et y en ajouta beaucoup d'autres.

Cette action d'Alexandre a passé pour une des plus belles que ce prince ait faites en [sa vie ; et le danger que Porus lui fit courir dans la bataille lui parut le plus grand où il se fût jamais trouvé. Il le confessa lui-même, en disant qu'il avait trouvé enfin un péril digne de son courage. Et ce fut en cette même occasion qu'il s'écria : « O Athéniens, combien de travaux j'endure pour me faire louer de vous ! » J'ai tâché de représenter en Porus un ennemi digne d'Alexandre, et je puis dire que son caractère a plu extrêmement sur notre théâtre, jusque-là que des personnes m'ont reproché que je faisais ce prince plus grand qu'Alexandre. Mais ces personnes ne considèrent pas que, dans la bataille et dans la victoire, Alexandre est en effet plus grand que Porus ; qu'il n'y a pas un vers dans la tragédie qui ne soit à la louange d'Alexandre ; que les invectives même de Porus et d'Axiane sont autant d'éloges de la valeur de ce conquérant. Porus a peut-être quelque chose qui intéresse davantage, parce qu'il est dans le malheur ; car, comme dit Sénèque : « Nous sommes de telle nature qu'il n'y a rien au monde qui se fasse tant admirer qu'un homme qui sait être malheureux avec courage. » — « Ita affecti sumus, ut nihil æque magnam apud nos admirationem occupet, quam homo fortiter miser [1]. »

Les amours d'Alexandre et de Cléofile ne sont pas de mon invention : Justin en parle, aussi bien que Quinte-Curce. Ces deux historiens rapportent qu'une reine dans les Indes, nommée Cléofile, se rendit à ce prince avec la ville où il la tenait assiégée, et qu'il la rétablit dans son royaume, en considération de sa beauté. Elle en eut un fils, et elle l'appela Alexandre. Voici les paroles de Justin : « Regna Cleophilis reginæ petit, quæ, quum se dedisset ei, regnum ab Alexandro recepit, illecebris consecuta quod virtute non potuerat ; filiumque, ab eo genitum, Alexandrum nominavit, qui postea regno Indorum potitus est [2]. » (1676 [3].)

----

1. *Senecæ Consolatio ad Helviam*, cap. XIII.

2. Justini lib. XII, cap. VII. « Il occupa le territoire de la reine Cléofile. S'étant rendue et ayant épousé son vainqueur, elle se vit restituer son royaume par Alexandre et obtint ainsi par sa beauté ce que n'avait pu lui donner son courage. Le fils qui naquit de cette union reçut le nom d'Alexandre et régna dans la suite sur les Indes. »

3. L'épître *Au Roi* et la première Préface de 1666 ne sont pas reproduites dans l'édition de 1697.

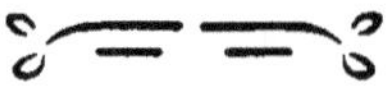

ALÉXANDRE

Eh bien! de votre orgueil, Porus, voilà le fruit!
Où sont ces beaux succès qui vous avaient séduit?
Cette fierté si haute est enfin abaissée.

(Acte V, scène III.)

RACINE. — I.

ALEXANDRE LE GRAND

— 1665 —

ACTE PREMIER

SCÈNE PREMIÈRE : TAXILE, CLÉOFILE.

CLÉOFILE.

Quoi ! vous allez combattre un roi dont la puissance
Semble forcer le ciel à prendre sa défense,
Sous qui toute l'Asie a vu tomber ses rois,
Et qui tient la fortune attachée à ses lois ?
Mon frère, ouvrez les yeux pour connaître Alexandre :
Voyez de toutes parts les trônes mis en cendre,
Les peuples asservis, et les rois enchaînés ;
Et prévenez les maux qui les ont entraînés.

TAXILE.

Voulez-vous que, frappé d'une crainte si basse,
Je présente la tête au joug qui nous menace,
Et que j'entende dire aux peuples indiens
Que j'ai forgé moi-même et leurs fers et les miens ?
Quitterai-je Porus ? Trahirai-je ces princes
Que rassemble le soin d'affranchir nos provinces,
Et qui, sans balancer sur un si noble choix,
Sauront également vivre ou mourir en rois ?
En voyez-vous un seul qui, sans rien entreprendre,
Se laisse terrasser au seul nom d'Alexandre,
Et, le croyant déjà maître de l'univers,
Aille, esclave empressé, lui demander des fers ?
Loin de s'épouvanter à l'aspect de sa gloire,
Ils l'attaqueront même au sein de la victoire ;
Et vous voulez, ma sœur, que Taxile aujourd'hui,
Tout prêt à le combattre, implore son appui ?

CLÉOFILE.

Aussi n'est-ce qu'à vous que ce prince s'adresse ;
Pour votre amitié seule Alexandre s'empresse.
Quand la foudre s'allume et s'apprête à partir,
Il s'efforce en secret de vous en garantir.

TAXILE.

Pourquoi suis-je le seul que son courroux ménage ?
De tous ceux que l'Hydaspe oppose à son courage,
Ai-je mérité seul son indigne pitié ?
Ne peut-il à Porus offrir son amitié ?
Ah ! sans doute il lui croit l'âme trop généreuse
Pour écouter jamais une offre si honteuse :
Il cherche une vertu qui lui résiste moins ;
Et peut-être il me croit plus digne de ses soins.

CLÉOFILE.

Dites, sans l'accuser de chercher un esclave,
Que de ses ennemis il vous croit le plus brave ;
Et qu'en vous arrachant les armes de la main,
Il se promet du reste un triomphe certain.
Son choix à votre nom n'imprime point de taches :
Son amitié n'est point le partage des lâches ;
Quoiqu'il brûle de voir tout l'univers soumis,
On ne voit point d'esclave au rang de ses amis.
Ah ! si son amitié peut souiller votre gloire,
Que ne m'épargniez-vous une tache si noire ?
Vous connaissez les soins qu'il me rend tous les jours,
Il ne tenait qu'à vous d'en arrêter le cours.
Vous me voyez ici maîtresse de son âme :
Cent messages secrets m'assurent de sa flamme.
Pour venir jusqu'à moi ses soupirs embrasés
Se font jour au travers de deux camps opposés.
Au lieu de le haïr, au lieu de m'y contraindre,
De mon trop de rigueur je vous ai vu vous plaindre ;
Vous m'avez engagée à souffrir son amour,
Et peut-être, mon frère, à l'aimer à mon tour.

TAXILE.

Vous pouvez, sans rougir du pouvoir de vos charmes,
Forcer ce grand guerrier à vous rendre les armes ;
Et, sans que votre cœur doive s'en alarmer,
Le vainqueur de l'Euphrate a pu vous désarmer [1] :
Mais l'État aujourd'hui suivra ma destinée ;
Je tiens avec mon sort sa fortune enchaînée ;
Et, quoique vos conseils tâchent de me fléchir,
Je dois demeurer libre, afin de l'affranchir.

---

1. La victoire d'Arbelles fut remportée par Alexandre peu après le passage
de l'Euphrate.

Je sais l'inquiétude où ce dessein vous livre ;
Mais comme vous, ma sœur, j'ai mon amour à suivre.
Les beaux yeux d'Axiane, ennemis de la paix,
Contre votre Alexandre arment tous leurs attraits :
Reine de tous les cœurs, elle met tout en armes
Pour cette liberté que détruisent ses charmes ;
Elle rougit des fers qu'on apporte en ces lieux,
Et n'y saurait souffrir de tyrans que ses yeux.
Il faut servir, ma sœur, son illustre colère ;
Il faut aller...

CLÉOFILE.

                 Eh bien ! perdez-vous pour lui plaire ;
De ces tyrans si chers suivez l'arrêt fatal,
Servez-les, ou plutôt servez votre rival.
De vos propres lauriers souffrez qu'on le couronne ;
Combattez pour Porus, Axiane l'ordonne :
Et, par de beaux exploits appuyant sa rigueur,
Assurez à Porus l'empire de son cœur.

TAXILE.

Ah ! ma sœur ! croyez-vous que Porus...

CLÉOFILE.

                        Mais vous-même,
Doutez-vous, en effet, qu'Axiane ne l'aime ?
Quoi ! ne voyez-vous pas avec quelle chaleur
L'ingrate à vos yeux même étale sa valeur ?
Quelque brave qu'on soit, si nous la voulons croire,
Ce n'est qu'autour de lui que vole la victoire ;
Vous formeriez sans lui d'inutiles desseins ;
La liberté de l'Inde est toute entre ses mains ;
Sans lui déjà nos murs seraient réduits en cendre ;
Lui seul peut arrêter les progrès d'Alexandre.
Elle se fait un dieu de ce prince charmant,
Et vous doutez encor qu'elle en fasse un amant ?

TAXILE.

Je tâchais d'en douter, cruelle Cléofile.
Hélas ! dans son erreur affermissez Taxile.
Pourquoi lui peignez-vous cet objet odieux ?
Aidez-le bien plutôt à démentir ses yeux.
Dites-lui qu'Axiane est une beauté fière,
Telle à tous les mortels qu'elle est à votre frère ;
Flattez de quelque espoir...

CLÉOFILE.

Espérez, j'y consens :
Mais n'espérez plus rien de vos soins impuissants.
Pourquoi dans les combats chercher une conquête
Qu'à vous livrer lui-même Alexandre s'apprête ?
Ce n'est pas contre lui qu'il la faut disputer :
Porus est l'ennemi qui prétend vous l'ôter.
Pour ne vanter que lui, l'injuste renommée
Semble oublier les noms du reste de l'armée.
Quoi qu'on fasse, lui seul en ravit tout l'éclat,
Et comme ses sujets il vous mène au combat.
Ah ! si ce nom vous plaît, si vous cherchez à l'être,
Les Grecs et les Persans vous enseignent un maître :
Vous trouverez cent rois compagnons de vos fers ;
Porus y viendra même avec tout l'univers.
Mais Alexandre enfin ne vous tend point de chaînes :
Il laisse à votre front ces marques souveraines
Qu'un orgueilleux rival ose ici dédaigner.
Porus vous fait servir, il vous fera régner :
Au lieu que de Porus vous êtes la victime,
Vous serez... Mais voici ce rival magnanime.

TAXILE.

Ah ! ma sœur ! je me trouble ; et mon cœur alarmé,
En voyant mon rival, me dit qu'il est aimé.

CLÉOFILE.

Le temps vous presse. Adieu. C'est à vous de vous rendre
L'esclave de Porus ou l'ami d'Alexandre.

SCÈNE II : PORUS, TAXILE.

PORUS.

Seigneur, ou je me trompe, ou nos fiers ennemis
Feront moins de progrès qu'ils ne s'étaient promis.
Nos chefs et nos soldats, brûlant d'impatience,
Font lire sur leur front une mâle assurance ;
Ils s'animent l'un et l'autre ; et nos moindres guerriers
Se promettent déjà des moissons de lauriers.
J'ai vu de rang en rang cette ardeur répandue
Par des cris généreux éclater à ma vue.
Ils se plaignent qu'au lieu d'éprouver leur grand cœur,
L'oisiveté d'un camp consume leur vigueur.
Laisserons-nous languir tant d'illustres courages ?
Notre ennemi, seigneur, cherche ses avantages ;

Il se sent faible encore, et, pour nous retenir.
Éphestion demande à nous entretenir,
Et par de vains discours...

TAXILE.

         Seigneur, il faut l'entendre ;
Nous ignorons encor ce que veut Alexandre :
Peut-être est-ce la paix qu'il nous veut présenter.

PORUS.

La paix ! Ah ! de sa main pourriez-vous l'accepter ?
Hé quoi ! nous l'aurons vu, par tant d'horribles guerres,
Troubler le calme heureux dont jouissaient nos terres,
Et, le fer à la main, entrer dans nos États
Pour attaquer des rois qui ne l'offensaient pas :
Nous l'aurons vu piller des provinces entières,
Du sang de nos sujets faire enfler nos rivières,
Et, quand le ciel s'apprête à nous l'abandonner,
J'attendrai qu'un tyran daigne nous pardonner ?

TAXILE.

Ne dites point, seigneur, que le ciel l'abandonne ;
D'un soin toujours égal sa faveur l'environne.
Un roi qui fait trembler tant d'États sous ses lois
N'est pas un ennemi que méprisent les rois.

PORUS.

Loin de le mépriser, j'admire son courage ;
Je rends à sa valeur un légitime hommage :
Mais je veux, à mon tour, mériter les tributs
Que je me sens forcé de rendre à ses vertus.
Oui, je consens qu'au ciel on élève Alexandre :
Mais si je puis, seigneur, je l'en ferai descendre.
Et j'irai l'attaquer jusque sur les autels
Que lui dresse en tremblant le reste des mortels
C'est ainsi qu'Alexandre estima tous ces princes
Dont sa valeur pourtant a conquis les provinces :
Si son cœur dans l'Asie eût montré quelque effroi,
Darius en mourant l'aurait-il vu son roi ?

TAXILE.

Seigneur, si Darius avait su se connaître,
Il régnerait encore où règne un autre maître.
Cependant cet orgueil, qui causa son trépas,
Avait un fondement que vos mépris n'ont pas.
La valeur d'Alexandre à peine était connue ;
Ce foudre était encore enfermé dans la nue.

Dans un calme profond Darius endormi
Ignorait jusqu'au nom d'un si faible ennemi.
Il le connut bientôt ; et son âme, étonnée,
De tout ce grand pouvoir se vit abandonnée ;
Il se vit terrassé d'un bras victorieux ;
Et la foudre en tombant lui fit ouvrir les yeux.

PORUS.

Mais encore, à quel prix croyez-vous qu'Alexandre
Mette l'indigne paix dont il veut vous surprendre ?
Demandez-le, seigneur, à cent peuples divers
Que cette paix trompeuse a jetés dans les fers.
Non, ne nous flattons point : sa douceur nous outrage ;
Toujours son amitié traîne un long esclavage.
En vain on prétendrait n'obéir qu'à demi ;
Si l'on n'est son esclave, on est son ennemi.

TAXILE.

Seigneur, sans se montrer lâche ni téméraire,
Par quelque vain hommage on peut le satisfaire.
Flattons par des respects ce prince ambitieux
Que son bouillant orgueil appelle en d'autres lieux.
C'est un torrent qui passe et dont la violence
Sur tout ce qui l'arrête exerce sa puissance ;
Qui, grossi du débris de cent peuples divers,
Veut du bruit de son cours remplir tout l'univers.
Que sert de l'irriter par un orgueil sauvage ?
D'un favorable accueil honorons son passage ;
Et, lui cédant des droits que nous reprendrons bien,
Rendons-lui des devoirs qui ne nous coûtent rien.

PORUS.

Qui ne nous coûtent rien, seigneur ? L'osez-vous croire ?
Compterai-je pour rien la perte de ma gloire ?
Votre empire et le mien seraient trop achetés,
S'ils coûtaient à Porus les moindres lâchetés.
Mais croyez-vous qu'un prince enflé de tant d'audace
De son passage ici ne laissât point de trace ?
Combien de rois, brisés à ce funeste écueil,
Ne règnent plus qu'autant qu'il plaît à son orgueil !
Nos couronnes, d'abord devenant ses conquêtes,
Tant que nous régnerions flotteraient sur nos têtes,
Et nos sceptres, en proie à ses moindres dédains,
Dès qu'il aurait parlé, tomberaient de nos mains.
Ne dites point qu'il court de province en province.
Jamais de ses liens il ne dégage un prince ;

Et pour mieux asservir les peuples sous ses lois,
Souvent dans la poussière il leur cherche des rois [1].
Mais ces indignes soins touchent peu mon courage ·
Votre seul intérêt m'inspire ce langage.
Porus n'a point de part dans tout cet entretien ;
Et, quand la gloire parle, il n'écoute plus rien.

TAXILE.

J'écoute, comme vous, ce que l'honneur m'inspire,
Seigneur ; mais il m'engage à sauver mon empire.

PORUS.

Si vous voulez sauver l'un et l'autre aujourd'hui,
Prévenons Alexandre, et marchons contre lui.

TAXILE.

L'audace et le mépris sont d'infidèles guides.

PORUS.

La honte suit de près les courages timides.

TAXILE.

Le peuple aime les rois qui savent l'épargner.

PORUS.

Il estime encor plus ceux qui savent régner.

TAXILE.

Ces conseils ne plairont qu'à des âmes hautaines.

PORUS.

Ils plairont à des rois, et peut-être à des reines.

TAXILE.

La reine, à vous ouïr, n'a des yeux que pour vous.

PORUS.

Un esclave est pour elle un objet de courroux.

TAXILE.

Mais croyez-vous, seigneur, que l'amour vous ordonne
D'exposer avec vous son peuple et sa personne ?
Non, non, sans vous flatter, avouez qu'en ce jour
Vous suivez votre haine, et non pas votre amour.

PORUS.

Hé bien ! je l'avouerai, que ma juste colère
Aime la guerre autant que la paix vous est chère ;
J'avouerai que, brûlant d'une noble chaleur,
Je vais contre Alexandre éprouver ma valeur.

---

1. Allusion à Abdalonyme, pauvre homme qui, pour vivre, se louait comme jardinier, et qu'Alexandre éleva au trône de Tyr : à la vérité les rois de Tyr étaient ses lointains ancêtres. Cf. Quinte-Curce, IV, I.

Du bruit de ses exploits mon âme importunée
Attend depuis longtemps cette heureuse journée.
Avant qu'il me cherchât, un orgueil inquiet
M'avait déjà rendu son ennemi secret.
Dans le noble transport de cette jalousie,
Je le trouvais trop lent à traverser l'Asie ;
Je l'attirais ici par des vœux si puissants
Que je portais envie au bonheur des Persans ·
Et maintenant encor, s'il trompait mon courage,
Pour sortir de ces lieux s'il cherchait un passage,
Vous me verriez moi-même, armé pour l'arrêter
Lui refuser la paix qu'il nous veut présenter [1].

TAXILE.

Oui, sans doute, une ardeur si haute et si constante
Vous promet dans l'histoire une place éclatante ;
Et sous ce grand dessein dussiez-vous succomber
Au moins c'est avec bruit qu'on vous verra tomber.
La reine vient. Adieu. Vantez lui votre zèle ;
Découvrez cet orgueil qui vous rend digne d'elle.
Pour moi, je troublerais un si noble entretien,
Et vos cœurs rougiraient des faiblesses du mien.

SCÈNE III : PORUS, AXIANE.

AXIANE.

Quoi ! Taxile me fuit ? Quelle cause inconnue...

PORUS.

Il fait bien de cacher sa honte à votre vue ;
Et, puisqu'il n'ose plus s'exposer aux hasards,
De quel front pourrait-il soutenir vos regards ?
Mais laissons-le, madame : et puisqu'il veut se rendre,
Qu'il aille avec sa sœur adorer Alexandre.
Retirons-nous d'un camp où, l'encens à la main,
Le fidèle Taxile attend son souverain.

AXIANE.

Mais, seigneur, que dit-il ?

PORUS.

        Il en fait trop paraître :
Cet esclave déjà m'ose vanter son maître ;
Il veut que je le serve...

---

1. *Var.* Lui refuser la paix qu'il vous veut présenter (1676).

AXIANE.

                   Ah ! sans vous emporter,
Souffrez que mes efforts tâchent de l'arrêter.
Ses soupirs, malgré moi, m'assurent qu'il m'adore.
Quoi qu'il en soit, souffrez que je lui parle encore :
Et ne le forçons point, par ce cruel mépris,
D'achever un dessein qu'il peut n'avoir pas pris.

PORUS.

Hé quoi ! vous en doutez ? et votre âme s'assure
Sur la foi d'un amant infidèle et parjure,
Qui veut à son tyran vous livrer aujourd'hui,
Et croit, en vous donnant, vous obtenir de lui ?
Hé bien ! aidez-le donc à vous trahir vous-même.
Il vous peut arracher à mon amour extrême ;
Mais il ne peut m'ôter, par ses efforts jaloux,
La gloire de combattre et de mourir pour vous.

AXIANE.

Et vous croyez qu'après une telle insolence
Mon amitié, seigneur, serait sa récompense ?
Vous croyez que mon cœur, s'engageant sous sa loi,
Je souscrirais au don qu'on lui ferait de moi ?
Pouvez-vous, sans rougir, m'accuser d'un tel crime ?
Ai-je fait pour ce prince éclater tant d'estime ?
Entre Taxile et vous s'il fallait prononcer,
Seigneur, le croyez-vous qu'on me vit balancer ?
Sais-je pas que Taxile est une âme incertaine,
Que l'amour le retient quand la crainte l'entraîne ?
Sais-je pas que, sans moi, sa timide valeur
Succomberait bientôt aux ruses de sa sœur ?
Vous savez qu'Alexandre en fit sa prisonnière,
Et qu'enfin cette sœur retourna vers son frère :
Mais je connus bientôt qu'elle avait entrepris
De l'arrêter au piège où son cœur était pris.

PORUS.

Et vous pouvez encor demeurer auprès d'elle ?
Que n'abandonnez-vous cette sœur criminelle ?
Pourquoi, par tant de soins, voulez-vous épargner
Un prince...

AXIANE.

              C'est pour vous que je le veux gagner.
Vous verrai-je, accablé du soin de nos provinces,
Attaquer seul un roi vainqueur de tant de princes ?

Je vous veux dans Taxile offrir un défenseur
Qui combatte Alexandre en dépit de sa sœur.
Que n'avez-vous pour moi cette ardeur empressée ?
Mais d'un soin si commun votre âme est peu blessée :
Pourvu que ce grand cœur périsse noblement,
Ce qui suivra sa mort le touche faiblement.
Vous me voulez livrer, sans secours, sans asile,
Au courroux d'Alexandre, à l'amour de Taxile,
Qui, me traitant bientôt en superbe vainqueur,
Pour prix de votre mort demandera mon cœur.
Hé bien ! seigneur, allez, contentez votre envie ;
Combattez ; oubliez le soin de votre vie ;
Oubliez que le ciel, favorable à vos vœux,
Vous préparait peut-être un sort assez heureux.
Peut-être qu'à son tour Axiane charmée
Allait... Mais non, seigneur, courez vers votre armée :
Un si long entretien vous serait ennuyeux ;
Et c'est vous retenir trop longtemps en ces lieux.

PORUS.

Ah, madame ! arrêtez, et connaissez ma flamme ;
Ordonnez de mes jours, disposez de mon âme :
La gloire y peut beaucoup, je ne m'en cache pas ;
Mais que n'y peuvent point tant de divins appas !
Je ne vous dirai point que pour vaincre Alexandre
Vos soldats et les miens allaient tout entreprendre ;
Que c'était pour Porus un bonheur sans égal
De triompher tout seul aux yeux de son rival.
Je ne vous dis plus rien. Parlez en souveraine :
Mon cœur met à vos pieds et sa gloire et sa haine.

AXIANE.

Ne craignez rien ; ce cœur, qui veut bien m'obéir,
N'est pas entre des mains qui le puissent trahir :
Non, je ne prétends pas, jalouse de sa gloire,
Arrêter un héros qui court à la victoire.
Contre un fier ennemi précipitez vos pas :
Mais de vos alliés ne vous séparez pas.
Ménagez-les, seigneur ; et, d'une âme tranquille,
Laissez agir mes soins sur l'esprit de Taxile ;
Montrez en sa faveur des sentiments plus doux ;
Je le vais engager à combattre pour vous.

PORUS.

Hé bien, madame, allez, j'y consens avec joie.
Voyons Éphestion, puisqu'il faut qu'on le voie.
Mais, sans perdre l'espoir de le suivre de près,
J'attends Éphestion, et le combat après.

ACTE DEUXIÈME

SCÈNE PREMIÈRE : CLÉOFILE. ÉPHESTION.

ÉPHESTION.

Oui, tandis que vos rois délibèrent ensemble,
Et que tout se prépare au conseil qui s'assemble,
Madame, permettez que je vous parle aussi
Des secrètes raisons qui m'amènent ici.
Fidèle confident du beau feu de mon maître,
Souffrez que je l'explique aux yeux qui l'ont fait naître,
Et que pour ce héros j'ose vous demander
Le repos qu'à vos rois il veut bien accorder.
Après tant de soupirs, que faut-il qu'il espère ?
Attendez-vous encore après l'aveu d'un frère ?
Voulez-vous que son cœur, incertain et confus,
Ne se donne jamais sans craindre vos refus ?
Faut-il mettre à vos pieds le reste de la terre ?
Faut-il donner la paix ? faut-il faire la guerre ?
Prononcez : Alexandre est tout prêt d'y courir,
Ou pour vous mériter, ou pour vous conquérir.

CLÉOFILE.

Puis-je croire qu'un prince au comb e de la gloire
De mes faibles attraits garde encor la mémoire ;
Que, traînant après lui la victoire et l'effroi,
Il se puisse abaisser à soupirer pour moi ?
Des captifs comme lui brisent bientôt leur chaîne :
A de plus hauts desseins la gloire les entraîne ;
Et l'amour dans leurs cœurs, interrompu. troublé,
Sous le faix des lauriers est bientôt accablé.
Tandis que ce héros me tint sa prisonnière,
J'ai pu toucher son cœur d'une atteinte légère ;

Mais je pense, seigneur, qu'en rompant mes liens,
Alexandre à son tour brisa bientôt les siens.

ÉPHESTION.

Ah ! si vous l'aviez vu, brûlant d'impatience,
Compter les tristes jours d'une si longue absence,
Vous sauriez que, l'amour précipitant ses pas,
Il ne cherchait que vous en courant aux combats.
C'est pour vous qu'on l'a vu, vainqueur de tant de princes,
D'un cours impétueux traverser vos provinces
Et briser, en passant, sous l'effort de ses coups,
Tout ce qui l'empêchait de s'approcher de vous.
On voit en même champ vos drapeaux et les nôtres ;
De ses retranchements il découvre les vôtres
Mais, après tant d'exploits, ce timide vainqueur
Craint qu'il ne soit encor bien loin de votre cœur.
Que lui sert de courir de contrée en contrée,
S'il faut que de ce cœur vous lui fermiez l'entrée ;
Si, pour ne point répondre à de sincères vœux,
Vous cherchez chaque jour à douter de ses feux ;
Si votre esprit, armé de mille défiances...

CLÉOFILE.

Hélas ! de tels soupçons sont de faibles défenses :
Et nos cœurs, se formant mille soins superflus,
Doutent toujours du bien qu'ils souhaitent le plus.
Oui, puisque ce héros veut que j'ouvre mon âme,
J'écoute avec plaisir le récit de sa flamme.
Je craignais que le temps n'en eût borné le cours :
Je souhaite qu'il m'aime, et qu'il m'aime toujours.
Je dis plus : quand son bras força notre frontière,
Et dans les murs d'Omphis m'arrêta prisonnière,
Mon cœur, qui le voyait maître de l'univers,
Se consolait déjà de languir dans ses fers ;
Et, loin de murmurer contre un destin si rude,
Il s'en fit, je l'avoue, une douce habitude ;
Et de sa liberté perdant le souvenir,
Même en la demandant, craignit de l'obtenir :
Jugez si son retour me doit combler de joie.
Mais tout couvert de sang veut-il que je le voie ?
Est-ce comme ennemi qu'il se vient présenter ?
Et ne me cherche-t-il que pour me tourmenter ?

ÉPHESTION.

Non, madame : vaincu du pouvoir de vos charmes,
Il suspend aujourd'hui la terreur de ses armes ;

Il présente la paix à des rois aveuglés
Et retire la main qui les eût accablés.
Il craint que la victoire, à ses vœux trop facile,
Ne conduise ses coups dans le sein de Taxile.
Son courage, sensible à vos justes douleurs,
Ne veut point de lauriers arrosés de vos pleurs.
Favorisez les soins où son amour l'engage ;
Exemptez sa valeur d'un si triste avantage ;
Et disposez des rois qu'épargne son courroux
A recevoir un bien qu'ils ne doivent qu'à vous.

CLÉOFILE.

N'en doutez point, seigneur : mon âme inquiétée
D'une crainte si juste est sans cesse agitée ;
Je tremble pour mon frère, et crains que son trépas
D'un ennemi si cher n'ensanglante le bras.
Mais en vain je m'oppose à l'ardeur qui l'enflamme,
Axiane et Porus tyrannisent son âme ;
Les charmes d'une reine et l'exemple d'un roi,
Dès que je veux parler, s'élèvent contre moi.
Que n'ai-je point à craindre en ce désordre extrême ?
Je crains pour lui, je crains pour Alexandre même.
Je sais qu'en l'attaquant cent rois se sont perdus ;
Je sais tous ses exploits ; mais je connais Porus.
Nos peuples qu'on a vu, triomphants à sa suite,
Repousser les efforts du Persan et du Scythe,
Et tout fiers des lauriers dont il les a chargés,
Vaincront à son exemple, ou périront vengés :
Et je crains...

ÉPHESTION.

      Ah ! quittez une crainte si vaine.
Laissez courir Porus où son malheur l'entraîne ;
Que l'Inde en sa faveur arme tous ses États,
Et que le seul Taxile en détourne ses pas !
Mais les voici.

CLÉOFILE.

      Seigneur, achevez votre ouvrage ;
Par vos sages conseils dissipez cet orage ;
Ou, s il faut qu'il éclate, au moins souvenez-vous
De le faire tomber sur d'autres que sur nous.

SCÈNE II : PORUS, TAXILE, ÉPHESTION.

ÉPHESTION.

Avant que le combat qui menace vos têtes
Mette tous vos États au rang de nos conquêtes,
Alexandre veut bien différer ses exploits
Et vous offrir la paix pour la dernière fois.
Vos peuples, prévenus de l'espoir qui vous flatte,
Prétendaient arrêter le vainqueur de l'Euphrate ;
Mais l'Hydaspe, malgré tant d'escadrons épars,
Voit enfin sur ses bords flotter nos étendards :
Vous les verriez plantés jusque sur vos tranchées,
Et de sang et de morts vos campagnes jonchées,
Si ce héros, couvert de tant d'autres lauriers,
N'eût lui-même arrêté l'ardeur de nos guerriers.
Il ne vient point ici, souillé du sang des princes,
D'un triomphe barbare effrayer vos provinces
Et, cherchant à briller d'une triste splendeur,
Sur le tombeau des rois élever sa grandeur.
Mais vous-mêmes, trompés d'un vain espoir de gloire,
N'allez point dans ses bras irriter la victoire ;
Et lorsque son courroux demeure suspendu,
Princes, contentez-vous de l'avoir attendu,
Ne différez point tant à lui rendre l'hommage
Que vos cœurs, malgré vous, rendent à son courage ;
Et, recevant l'appui que vous offre son bras,
D'un si grand défenseur honorez vos États.
Voilà ce qu'un grand roi veut bien vous faire entendre,
Prêt à quitter le fer, et prêt à le reprendre.
Vous savez son dessein : choisissez aujourd'hui,
Si vous voulez tout perdre ou tout tenir de lui.

TAXILE.

Seigneur, ne croyez point qu'une fierté barbare
Nous fasse méconnaître une vertu si rare ;
Et que dans leur orgueil nos peuples affermis
Prétendent, malgré vous, être vos ennemis.
Nous rendons ce qu'on doit aux illustres exemples :
Vous adorez des dieux qui nous doivent leurs temples ;
Des héros, qui chez vous passaient pour des mortels,
En venant parmi nous ont trouvé des autels [1].

---

1. Allusion aux voyages fabuleux de Bacchus dans les Indes.

Mais en vain l'on prétend, chez des peuples si braves,
Au lieu d'adorateurs se faire des esclaves :
Croyez-moi, quelque éclat qui les puisse toucher,
Ils refusent l'encens qu'on leur veut arracher.
Assez d'autres États, devenus vos conquêtes,
De leurs rois, sous le joug, ont vu ployer les têtes.
Après tous ces États qu'Alexandre a soumis,
N'est-il pas temps, seigneur, qu'il cherche des amis ?
Tout ce peuple captif, qui tremble au nom d'un maître,
Soutient mal un pouvoir qui ne fait que de naître.
Ils ont, pour s'affranchir, les yeux toujours ouverts ;
Votre empire n'est plein que d'ennemis couverts ;
Ils pleurent en secret leurs rois sans diadèmes ;
Vos fers trop étendus se relâchent d'eux-mêmes ;
Et déjà dans leur cœur les Scythes mutinés
Vont sortir de la chaîne où vous nous destinez.
Essayez, en prenant notre amitié pour gage,
Ce que peut une foi qu'aucun serment n'engage ;
Laissez un peuple au moins qui puisse quelquefois
Applaudir sans contrainte au bruit de vos exploits.
Je reçois à ce prix l'amitié d'Alexandre ;
Et je l'attends déjà comme un roi doit attendre
Un héros dont la gloire accompagne les pas,
Qui peut tout sur mon cœur, et rien sur mes États.

PORUS.

Je croyais, quand l'Hydaspe, assemblant ses provinces,
Au secours de ses bords fit voler tous ses princes,
Qu'il n'avait avec moi, dans des desseins si grands,
Engagé que des rois ennemis des tyrans ;
Mais puisqu'un roi, flattant la main qui nous menace,
Parmi ses alliés brigue une indigne place,
C'est à moi de répondre aux vœux de mon pays
Et de parler pour ceux que Taxile a trahis.
Que vient chercher ici le roi qui vous envoie ?
Quel est ce grand secours que son bras nous octroie ?
De quel front ose-t-il prendre sous son appui
Des peuples qui n'ont point d'autre ennemi que lui ?
Avant que sa fureur ravageât tout le monde,
L'Inde se reposait dans une paix profonde ;
Et si quelques voisins en troublaient les douceurs,
Il portait dans son sein d'assez bons défenseurs.
Pourquoi nous attaquer ? Par quelle barbarie
A-t-on de votre maître excité la furie ?

Vit-on jamais chez lui nos peuples en courroux
Désoler un pays inconnu parmi nous ?
Faut-il que tant d'États, de déserts, de rivières,
Soient entre nous et lui d'impuissantes barrières ?
Et ne saurait-on vivre au bout de l'univers
Sans connaître son nom et le poids de ses fers ?
Quelle étrange valeur, qui, ne cherchant qu'à nuire,
Embrase tout sitôt qu'elle commence à luire ;
Qui n'a que son orgueil pour règle et pour raison :
Qui veut que l'univers ne soit qu'une prison,
Et que, maître absolu de tous tant que nous sommes,
Ses esclaves en nombre égalent tous les hommes !
Plus d'États, plus de rois : ses sacrilèges mains
Dessous un même joug rangent tous les humains.
Dans son avide orgueil je sais qu'il nous dévore :
De tant de souverains nous seuls régnons encore.
Mais, que dis-je, nous seuls ? Il ne reste que moi
Où l'on découvre encor les vestiges d'un roi.
Mais c'est pour mon courage une illustre matière.
Je vois d'un œil content trembler la terre entière,
Afin que par moi seul les mortels secourus,
S'ils sont libres, le soient de la main de Porus ;
Et qu'on dise partout, dans une paix profonde :
« Alexandre vainqueur eût dompté tout le monde :
Mais un roi l'attendait au bout de l'univers,
Par qui le monde entier a vu briser ses fers. »

ÉPHESTION:

Votre projet du moins nous marque un grand courage ;
Mais, seigneur, c'est bien tard s'opposer à l'orage :
Si le monde penchant n'a plus que cet appui,
Je le plains, et vous plains vous-même autant que lui.
Je ne vous retiens point ; marchez contre mon maître.
Je voudrais seulement qu'on vous l'eût fait connaître ;
Et que la renommée eût voulu, par pitié,
De ses exploits au moins vous conter la moitié ;
Vous verriez...

PORUS.

     Que verrais-je, et que pourrais-je apprendre
Qui m'abaisse si fort au-dessous d'Alexandre ?
Serait-ce sans effort les Persans subjugués.
Et vos bras tant de fois de meurtres fatigués ?
Quelle gloire, en effet, d'accabler la faiblesse
D'un roi déjà vaincu par sa propre mollesse ;

D'un peuple sans vigueur et presque inanimé.
Qui gémissait sous l'or dont il était armé,
Et qui, tombant en foule au lieu de se défendre.
N'opposait que des morts au grand cœur d'Alexandre ?
Les autres, éblouis de ses moindres exploits,
Sont venus à genoux lui demander des lois :
Et leur crainte écoutant je ne sais quels oracles,
Ils n'ont pas cru qu'un dieu pût trouver des obstacles.
Mais nous, qui d'un autre œil jugeons des conquérants,
Nous savons que les dieux ne sont pas des tyrans ;
Et de quelque façon qu'un esclave le nomme,
Le fils de Jupiter passe ici pour un homme.
Nous n'allons point de fleurs parfumer son chemin ;
Il nous trouve partout les armes à la main ;
Il voit à chaque pas arrêter ses conquêtes ;
Un seul rocher ici lui coûte plus de têtes [1],
Plus de soins, plus d'assauts, et presque plus de temps,
Que n'en coûte à son bras l'empire des Persans.
Ennemis du repos qui perdit ces infâmes,
L'or qui naît sous nos pas ne corrompt point nos âmes.
La gloire est le seul bien qui nous puisse tenter,
Et le seul que mon cœur cherche à lui disputer ;
C'est elle...

ÉPHESTION, en se levant.

Et c'est aussi ce que cherche Alexandre.
A de moindres objets son cœur ne peut descendre.
C'est ce qui, l'arrachant du sein de ses États,
Au trône de Cyrus lui fit porter ses pas,
Et, du plus ferme empire ébranlant les colonnes,
Attaquer, conquérir, et donner les couronnes.
Et, puisque votre orgueil ose lui disputer
La gloire du pardon qu'il vous fait présenter,
Vos yeux, dès aujourd'hui témoins de sa victoire,
Verront de quelle ardeur il combat pour la gloire :
Bientôt le fer en main vous le verrez marcher.

PORUS.

Allez donc : je l'attends, ou je vais le chercher.

SCÈNE III : PORUS, TAXILE.

TAXILE.

Quoi ! vous voulez au gré de votre impatience...

---

1. Allusion au combat qui arrêta longtemps Alexandre devant le rocher
d'Aorne, au pied duquel coule l'Indus. Cf. Quinte-Curce, VIII, XI.

PORUS.

Non, je ne prétends point troubler votre alliance :
Éphestion, aigri seulement contre moi,
De vos soumissions rendra compte à son roi.
Les troupes d'Axiane, à me suivre engagées,
Attendent le combat sous mes drapeaux rangées ;
De son trône et du mien je soutiendrai l'éclat,
Et vous serez, seigneur, le juge du combat ;
A moins que votre cœur, animé d'un beau zèle,
De vos nouveaux amis n'embrasse la querelle.

SCÈNE IV : AXIANE, PORUS, TAXILE.

AXIANE, *à Taxile.*

Ah ! que dit-on de vous, seigneur ? Nos ennemis
Se vantent que Taxile est à moitié soumis ;
Qu'il ne marchera point contre un roi qu'il respecte.

TAXILE.

La foi d'un ennemi doit être un peu suspecte,
Madame ; avec le temps ils me connaîtront mieux.

AXIANE.

Démentez donc, seigneur, ce bruit injurieux.
De ceux qui l'ont semé confondez l'insolence.
Allez, comme Porus, les forcer au silence,
Et leur faire sentir, par un juste courroux,
Qu'ils n'ont point d'ennemi plus funeste que vous.

TAXILE.

Madame, je m'en vais disposer mon armée ;
Écoutez moins ce bruit qui vous tient alarmée.
Porus fait son devoir, et je ferai le mien.

SCÈNE V : AXIANE, PORUS.

AXIANE.

Cette sombre froideur ne m'en dit pourtant rien,
Lâche ; et ce n'est point là, pour me le faire croire,
La démarche d'un roi qui court à la victoire.
Il n'en faut plus douter, et nous sommes trahis :
Il immole à sa sœur sa gloire et son pays ;
Et sa haine, seigneur, qui cherche à vous abattre,
Attend pour éclater que nous allions combattre.

PORUS.

Madame, en le perdant je perds un faible appui ;
Je le connaissais trop pour m'assurer sur lui.
Mes yeux sans se troubler ont vu son inconstance ;
Je craignais beaucoup plus sa molle résistance.
Un traître, en nous quittant pour complaire à sa sœur,
Nous affaiblit bien moins qu'un lâche défenseur.

AXIANE.

Et cependant, seigneur, qu'allez-vous entreprendre ?
Vous marchez sans compter les forces d'Alexandre ;
Et, courant presque seul au-devant de leurs coups,
Contre tant d'ennemis vous n'opposez que vous.

PORUS.

Hé quoi ! voudriez-vous qu'à l'exemple d'un traître
Ma frayeur conspirât à vous donner un maître ?
Que Porus, dans un camp se laissant arrêter,
Refusât le combat qu'il vient de présenter ?
Non, non, je n'en crois rien. Je connais mieux, madame,
Le beau feu que la gloire allume dans votre âme.
C'est vous, je m'en souviens, dont les puissants appas
Excitaient tous nos rois, les traînaient aux combats ;
Et de qui la fierté, refusant de se rendre,
Ne voulait pour amant qu'un vainqueur d'Alexandre.
Il faut vaincre, et j'y cours, bien moins pour éviter
Le titre de captif que pour le mériter.
Oui, madame, je vais, dans l'ardeur qui m'entraîne,
Victorieux ou mort, mériter votre chaîne ;
Et puisque mes soupirs s'expliquaient vainement
A ce cœur que la gloire occupe seulement,
Je m'en vais, par l'éclat qu'une victoire donne,
Attacher de si près la gloire à ma personne
Que je pourrai peut-être amener votre cœur
De l'amour de la gloire à l'amour du vainqueur.

AXIANE.

Hé bien ! seigneur, allez. Taxile aura peut-être
Des sujets dans son camp plus braves que leur maître ;
Je vais les exciter par un dernier effort.
Après, dans votre camp j'attendrai votre sort.
Ne vous informez point de l'état de mon âme :
Triomphez et vivez.

PORUS.

       Qu'attendez-vous, madame ?
Pourquoi, dès ce moment, ne puis-je pas savoir
Si mes tristes soupirs ont pu vous émouvoir ?
Voulez-vous, car le sort, adorable Axiane,
A ne vous plus revoir peut-être me condamne,
Voulez-vous qu'en mourant un prince infortuné
Ignore à quelle gloire il était destiné ?
Parlez.

AXIANE.

    Que vous dirai-je ?

PORUS.

       Ah ! divine princesse,
Si vous sentiez pour moi quelque heureuse faiblesse,
Ce cœur, qui me promet tant d'estime en ce jour,
Me pourrait bien encor promettre un peu d'amour.
Contre tant de soupirs peut-il bien se défendre ?
Peut-il...

AXIANE.

    Allez, seigneur, marchez contre Alexandre.
La victoire est à vous, si ce fameux vainqueur
Ne se défend pas mieux contre vous que mon cœur.

ACTE TROISIÈME

SCÈNE PREMIÈRE : AXIANE, CLÉOFILE.

AXIANE.

Quoi ! madame, en ces lieux on me tient enfermée ?
Je ne puis au combat voir marcher mon armée ?
Et, commençant par moi sa noire trahison,
Taxile de son camp me fait une prison ?
C'est donc là cette ardeur qu'il me faisait paraître ?
Cet humble adorateur se déclare mon maître ;
Et déjà son amour, lassé de ma rigueur,
Captive ma personne au défaut de mon cœur.

CLÉOFILE.

Expliquez mieux les soins et les justes alarmes
D'un roi qui pour vainqueur ne connaît que vos charmes ;

Et regardez, madame, avec plus de bonté
L'ardeur qui l'intéresse à votre sûreté.
Tandis qu'autour de nous deux puissantes armées,
D'une égale chaleur au combat animées,
De leur fureur partout font voler les éclats,
De quel autre côté conduiriez-vous vos pas ?
Où pourriez-vous ailleurs éviter la tempête ?
Un plein calme en ces lieux assure votre tête :
Tout est tranquille...

AXIANE.

      Et c'est cette tranquillité
Dont je ne puis souffrir l'indigne sûreté.
Quoi ! lorsque mes sujets, mourant dans une plaine,
Sur les pas de Porus combattent pour leur reine,
Qu'au prix de tout leur sang ils signalent leur foi,
Que le cri des mourants vient presque jusqu'à moi,
On me parle de paix : et le camp de Taxile
Garde dans ce désordre une assiette tranquille !
On flatte ma douleur d'un calme injurieux ?
Sur des objets de joie on arrête mes yeux ?

CLÉOFILE.

Madame, voulez-vous que l'amour de mon frère
Abandonne au péril une tête si chère ?
Il sait trop les hasards...

AXIANE.

      Et pour m'en détourner
Ce généreux amant me fait emprisonner !
Et, tandis que pour moi son rival se hasarde,
Sa paisible valeur me sert ici de garde !

CLÉOFILE.

Que Porus est heureux ! le moindre éloignement
A votre impatience est un cruel tourment ;
Et, si l'on vous croyait, le soin qui vous travaille
Vous le ferait chercher jusqu'au champ de bataille.

AXIANE.

Je ferais plus, madame : un mouvement si beau
Me le ferait chercher jusque dans le tombeau,
Perdre tous mes États et voir d'un œil tranquille
Alexandre en payer le cœur de Cléofile.

CLÉOFILE.

Si vous cherchez Porus, pourquoi m'abandonner ?
Alexandre en ces lieux pourra le ramener.
Permettez que, veillant au soin de votre tête,
A cet heureux amant l'on garde sa conquête.

AXIANE.

Vous triomphez, madame ; et déjà votre cœur
Vole vers Alexandre et le nomme vainqueur ;
Mais, sur la seule foi d'un amour qui vous flatte,
Peut-être avant le temps ce grand orgueil éclate :
Vous poussez un peu loin vos vœux précipités,
Et vous croyez trop tôt ce que vous souhaitez.
Oui, oui...

CLÉOFILE.

      Mon frère vient ; et nous allons apprendre
Qui de nous deux, madame, aura pu se méprendre.

AXIANE

Ah ! je n'en doute plus ; et ce front satisfait
Dit assez à mes yeux que Porus est défait.

SCÈNE II : TAXILE, AXIANE, CLÉOFILE.

TAXILE.

Madame, si Porus, avec moins de colère,
Eût suivi les conseils d'une amitié sincère,
Il m'aurait en effet épargné la douleur
De vous venir moi-même annoncer son malheur.

AXIANE.

Quoi ! Porus...

TAXILE.

      C'en est fait ; et sa valeur trompée
Des maux que j'ai prévus se voit enveloppée.
Ce n'est pas (car mon cœur, respectant sa vertu,
N'accable point encore un rival abattu),
Ce n'est pas que son bras, disputant la victoire,
N'en ait aux ennemis ensanglanté la gloire ;
Qu'elle-même, attachée à ses faits éclatants,
Entre Alexandre et lui n'ait douté quelque temps.
Mais enfin contre moi sa vaillance irritée
Avec trop de chaleur s'était précipitée.
J'ai vu ses bataillons rompus et renversés,
Vos soldats en désordre, et les siens dispersés ;

Et lui-même, à la fin, entraîné dans leur fuite,
Malgré lui du vainqueur éviter la poursuite ;
Et, de son vain courroux trop tard désabusé,
Souhaiter le secours qu'il avait refusé.

AXIANE.

Qu'il avait refusé ? Quoi donc ! pour ta patrie,
Ton indigne courage attend que l'on te prie ?
Il faut donc, malgré toi, te traîner aux combats,
Et te forcer toi-même à sauver tes États ?
L'exemple de Porus, puisqu'il faut qu'on t'y porte,
Dis-moi, n'était-ce pas une voix assez forte ?
Ce héros en péril, ta maîtresse en danger,
Tout l'État périssant n'a pu t'encourager ?
Va, tu sers bien le maître à qui ta sœur te donne.
Achève et fais de moi ce que sa haine ordonne.
Garde à tous les vaincus un traitement égal,
Enchaîne ta maîtresse, en livrant ton rival.
Aussi bien c'en est fait : sa disgrâce et ton crime
Ont placé dans mon cœur ce héros magnanime.
Je l'adore ! et je veux, avant la fin du jour,
Déclarer à la fois ma haine et mon amour ;
Lui vouer, à tes yeux, une amitié fidèle,
Et te jurer, aux siens, une haine immortelle.
Adieu. Tu me connais : aime-moi si tu veux.

TAXILE.

Ah ! n'espérez de moi que de sincères vœux,
Madame ; n'attendez ni menaces ni chaînes.
Alexandre sait mieux ce qu'on doit à des reines.
Souffrez que sa douceur vous oblige à garder
Un trône que Porus devait moins hasarder ;
Et moi-même en aveugle on me verrait combattre
La sacrilège main qui le voudrait abattre.

AXIANE.

Quoi ! par l'un de vous deux mon sceptre raffermi
Deviendrait dans mes mains le don d'un ennemi !
Et sur mon propre trône on me verrait placée
Par le même tyran qui m'en aurait chassée !

TAXILE.

Des reines et des rois vaincus par sa valeur
Ont laissé par ses soins adoucir leur malheur.
Voyez de Darius et la femme et la mère :
L'une le traite en fils, l'autre le traite en frère

AXIANE.

Non, non, je ne sais point vendre mon amitié,
Caresser un tyran et régner par pitié.
Penses-tu que j'imite une faible Persane ;
Qu'à la cour d'Alexandre on retienne Axiane ;
Et qu'avec mon vainqueur, courant tout l'univers,
J'aille vanter partout la douceur de ses fers ?
S'il donne les États, qu'il te donne les nôtres ;
Qu'il te pare, s'il veut, des dépouilles des autres.
Règne : Porus ni moi n'en serons point jaloux ;
Et tu seras encor plus esclave que nous.
J'espère qu'Alexandre, amoureux de sa gloire,
Et fâché que ton crime ait souillé sa victoire,
S'en lavera bientôt par ton propre trépas.
Des traîtres comme toi font souvent des ingrats :
Et de quelques faveurs que sa main t'éblouisse,
Du perfide Bessus regarde le supplice [1].
Adieu.

SCÈNE III : CLÉOFILE, TAXILE.

CLÉOFILE.

Cédez, mon frère, à ce bouillant transport :
Alexandre et le temps vous rendront le plus fort ;
Et cet âpre courroux, quoi qu'elle en puisse dire,
Ne s'obstinera point au refus d'un empire.
Maître de ses destins, vous l'êtes de son cœur.
Mais, dites-moi, vos yeux ont-ils vu le vainqueur ?
Quel traitement, mon frère, en devons-nous attendre ?
Qu'a-t-il dit ?

TAXILE.

Oui, ma sœur, j'ai vu votre Alexandre.
D'abord ce jeune éclat qu'on remarque en ses traits
M'a semblé démentir le nombre de ses faits.
Mon cœur, plein de son nom, n'osait, je le confesse,
Accorder tant de gloire avec tant de jeunesse ;
Mais de ce même front l'héroïque fierté,
Le feu de ses regards, sa haute majesté,
Font connaître Alexandre ; et certes son visage
Porte de sa grandeur l'infaillible présage ;
Et sa présence auguste appuyant ses projets,
Ses yeux, comme son bras, font partout des sujets.

---

1. Alexandre fit battre de verges, puis écarteler, ce Bessus, satrape de
Bactriane, qui avait assassiné Darius.

Il sortait du combat. Ébloui de sa gloire.
Je croyais dans ses yeux voir briller la victoire.
Toutefois, à ma vue, oubliant sa fierté,
Il a fait à son tour éclater sa bonté.
Ses transports ne m'ont point déguisé sa tendresse :
« Retournez, m'a-t-il dit, auprès de la princesse ;
Disposez ses beaux yeux à revoir un vainqueur
Qui va mettre à ses pieds sa victoire et son cœur. »
Il marche sur mes pas. Je n'ai rien à vous dire,
Ma sœur : de votre sort je vous laisse l'empire.
Je vous confie encor la conduite du mien.

CLÉOFILE.

Vous aurez tout pouvoir, ou je ne pourrai rien.
Tout va vous obéir, si le vainqueur m'écoute.

TAXILE.

Je vais donc... Mais on vient. C'est lui-même sans doute.

SCÈNE IV : ALEXANDRE, TAXILE, CLÉOFILE,
   ÉPHESTION ; SUITE D'ALEXANDRE.

ALEXANDRE.

Allez, Éphestion. Que l'on cherche Porus ;
Qu'on épargne sa vie et le sang des vaincus.

SCÈNE V : ALEXANDRE, TAXILE, CLÉOFILE.

ALEXANDRE, à *Taxile*.

Seigneur, est-il donc vrai qu'une reine aveuglée
Vous préfère d'un roi la valeur déréglée ?
Mais ne le craignez point : son empire est à vous ;
D'une ingrate, à ce prix, fléchissez le courroux.
Maître de deux États, arbitre des siens mêmes.
Allez avec vos vœux offrir trois diadèmes.

TAXILE.

Ah ! c'en est trop, seigneur ! Prodiguez un peu moins...

ALEXANDRE.

Vous pourrez à loisir reconnaître mes soins.
Ne tardez point, allez où l'amour vous appelle ;
Et couronnez vos feux d'une palme si belle.

SCÈNE VI : ALEXANDRE, CLÉOFILE.

ALEXANDRE.

Madame, à son amour je promets mon appui.
Ne puis-je rien pour moi quand je puis tout pour lui ?

Si prodigue envers lui des fruits de la victoire,
N'en aurai-je pour moi qu'une stérile gloire ?
Les sceptres devant vous ou rendus ou donnés,
De mes propres lauriers mes amis couronnés,
Les biens que j'ai conquis répandus sur leurs têtes,
Font voir que je soupire après d'autres conquêtes.
Je vous avais promis que l'effort de mon bras
M'approcherait bientôt de vos divins appas ;
Mais, dans ce même temps, souvenez-vous, madame,
Que vous me promettiez quelque place en votre âme.
Je suis venu : l'amour a combattu pour moi ;
La victoire elle-même a dégagé ma foi ;
Tout cède autour de vous : c'est à vous de vous rendre ;
Votre cœur l'a promis ; voudra-t-il s'en défendre ?
Et lui seul pourrait-il échapper aujourd'hui
A l'ardeur d'un vainqueur qui ne cherche que lui ?

CLÉOFILE.

Non, je ne prétends pas que ce cœur inflexible
Garde seul contre vous le titre d'invincible.
Je rends ce que je dois à l'éclat des vertus
Qui tiennent sous vos pieds cent peuples abattus.
Les Indiens domptés sont vos moindres ouvrages ;
Vous inspirez la crainte aux plus fermes courages ;
Et, quand vous le voudrez, vos bontés, à leur tour,
Dans les cœurs les plus durs inspireront l'amour.
Mais, seigneur, cet éclat, ces victoires, ces charmes,
Me troublent bien souvent par de justes alarmes :
Je crains que, satisfait d'avoir conquis un cœur,
Vous ne l'abandonniez à sa triste langueur ;
Qu'insensible à l'ardeur que vous aurez causée,
Votre âme ne dédaigne une conquête aisée.
On attend peu d'amour d'un héros tel que vous :
La gloire fit toujours vos transports les plus doux ;
Et peut-être, au moment que ce grand cœur soupire,
La gloire de me vaincre est tout ce qu'il désire.

ALEXANDRE.

Que vous connaissez mal les violents désirs
D'un amour qui vers vous porte tous mes soupirs !
J'avouerai qu'autrefois, au milieu d'une armée,
Mon cœur ne soupirait que pour la renommée ;
Les peuples et les rois, devenus mes sujets,
Étaient seuls, à mes vœux, d'assez dignes objets.

Les beautés de la Perse à mes yeux présentées,
Aussi bien que ses rois, ont paru surmontées :
Mon cœur, d'un fier mépris, armé contre leurs traits,
N'a pas du moindre hommage honoré leurs attraits.
Amoureux de la gloire, et partout invincible,
Il mettait son bonheur à paraître insensible.
Mais, hélas ! que vos yeux, ces aimables tyrans,
Ont produit sur mon cœur des effets différents !
Ce grand nom de vainqueur n'est plus ce qu'il souhaite ;
Il vient avec plaisir avouer sa défaite :
Heureux, si, votre cœur se laissant émouvoir,
Vos beaux yeux à leur tour avouaient leur pouvoir !
Voulez-vous donc toujours douter de leur victoire,
Toujours de mes exploits me reprocher la gloire ?
Comme si les beaux nœuds où vous me tenez pris
Ne devaient arrêter que de faibles esprits.
Par des faits tout nouveaux je m'en vais vous apprendre
Tout ce que peut l'amour sur le cœur d'Alexandre :
Maintenant que mon bras, engagé sous vos lois,
Doit soutenir mon nom et le vôtre à la fois,
J'irai rendre fameux, par l'éclat de la guerre,
Des peuples inconnus au reste de la terre,
Et vous faire dresser des autels en des lieux
Où leurs sauvages mains en refusent aux dieux.

CLÉOFILE.

Oui, vous y traînerez la victoire captive ;
Mais je doute, seigneur, que l'amour vous y suive.
Tant d'États, tant de mers, qui vont nous désunir
M'effaceront bientôt de votre souvenir.
Quand l'Océan troublé vous verra sur son onde
Achever quelque jour la conquête du monde ;
Quand vous verrez les rois tomber à vos genoux,
Et la terre en tremblant se taire devant vous,
Songerez-vous, seigneur, qu'une jeune princesse
Au fond de ses États vous regrette sans cesse,
Et rappelle en son cœur les moments bienheureux
Où ce grand conquérant l'assurait de ses feux ?

ALEXANDRE.

Hé quoi ! vous croyez donc qu'à moi-même barbare
J'abandonne en ces lieux une beauté si rare ?
Mais vous-même plutôt voulez-vous renoncer
Au trône de l'Asie où je veux vous placer ?

CLÉOFILE.

Seigneur, vous le savez, je dépends de mon frère.

ALEXANDRE.

Ah ! s'il disposait seul du bonheur que j'espère,
Tout l'empire de l'Inde asservi sous ses lois
Bientôt en ma faveur irait briguer son choix.

CLÉOFILE.

Mon amitié pour lui n'est point intéressée.
Apaisez seulement une reine offensée ;
Et ne permettez pas qu'un rival aujourd'hui,
Pour vous avoir bravé, soit plus heureux que lui.

ALEXANDRE.

Porus était sans doute un rival magnanime :
Jamais tant de valeur n'attira mon estime.
Dans l'ardeur du combat je l'ai vu, je l'ai joint ;
Et je puis dire encor qu'il ne m'évitait point.
Nous nous cherchions l'un l'autre. Une fierté si belle
Allait entre nous deux finir notre querelle,
Lorsqu'un gros de soldats, se jetant entre nous,
Nous a fait dans la foule ensevelir nos coups.

SCÈNE VII : ALEXANDRE, CLÉOFILE, ÉPHESTION.

ALEXANDRE.

Hé bien, ramène-t-on ce prince téméraire ?

ÉPHESTION.

On le cherche partout ; mais, quoi qu'on puisse faire,
Seigneur, jusques ici sa fuite ou son trépas
Dérobe ce captif aux soins de vos soldats.
Mais un reste des siens entourés dans leur fuite,
Et du soldat vainqueur arrêtant la poursuite,
A nous vendre leur mort semblent se préparer [1].

ALEXANDRE.

Désarmez les vaincus sans les désespérer.
Madame, allons fléchir une fière princesse,
Afin qu'à mon amour Taxile s'intéresse ;
Et puisque mon repos doit dépendre du sien,
Achevons son bonheur pour établir le mien.

---

1. *Var.* A lui vendre leur mort semblent se préparer (1676).

ACTE QUATRIÈME

SCÈNE PREMIÈRE.

AXIANE, *seule.*

N'entendrons-nous jamais que des cris de victoire
Qui de mes ennemis me reprochent la gloire ?
Et ne pourrai-je au moins, en de si grands malheurs,
M'entretenir moi seule avecque mes douleurs ?
D'un odieux amant sans cesse poursuivie,
On prétend, malgré moi, m'attacher à la vie :
On m'observe, on me suit. Mais, Porus, ne crois pas
Qu'on me puisse empêcher de courir sur tes pas.
Sans doute à nos malheurs ton cœur n'a pu survivre.
En vain tant de soldats s'arment pour te poursuivre :
On te découvrirait au bruit de tes efforts ;
Et s'il te faut chercher, ce n'est qu'entre les morts.
Hélas ! en me quittant, ton ardeur redoublée
Semblait prévoir les maux dont je suis accablée,
Lorsque tes yeux, aux miens découvrant ta langueur,
Me demandaient quel rang tu tenais dans mon cœur ;
Que, sans t'inquiéter du succès de tes armes,
Le soin de ton amour te causait tant d'alarmes.
Et pourquoi te cachais-je avec tant de détours
Un secret si fatal au repos de tes jours ?
Combien de fois tes yeux, forçant ma résistance,
Mon cœur s'est-il vu prêt de rompre le silence !
Combien de fois, sensible à tes ardents désirs,
M'est-il, en ta présence, échappé des soupirs !
Mais je voulais encor douter de ta victoire ;
J'expliquais mes soupirs en faveur de la gloire,
Je croyais n'aimer qu'elle. Ah ! pardonne, grand roi,
Je sens bien aujourd'hui que je n'aimais que toi.
J'avouerai que la gloire eut sur moi quelque empire ;
Je te l'ai dit cent fois. Mais je devais te dire
Que toi seul, en effet, m'engageas sous ses lois.
J'appris à la connaître en voyant tes exploits ;
Et de quelque beau feu qu'elle m'eût enflammée,
En un autre que toi je l'aurais moins aimée.
Mais que sert de pousser des soupirs superflus
Qui se perdent en l'air et que tu n'entends plus ?

Il est temps que mon âme, au tombeau descendue,
Te jure une amitié si longtemps attendue ;
Il est temps que mon cœur, pour gage de sa foi,
Montre qu'il n'a pu vivre un moment après toi.
Aussi bien, penses-tu que je voulusse vivre
Sous les lois d'un vainqueur à qui ta mort nous livre ?
Je sais qu'il se dispose à me venir parler ;
Qu'en me rendant mon sceptre il veut me consoler.
Il croit peut-être, il croit que ma haine étouffée
A sa fausse douceur servira de trophée !
Qu'il vienne. Il me verra, toujours digne de toi,
Mourir en reine ainsi que tu mourus en roi.

SCÈNE II : ALEXANDRE, AXIANE.

AXIANE.

Hé bien, seigneur, hé bien, trouvez-vous quelques charmes
A voir couler des pleurs que font verser vos armes ?
Ou si vous m'enviez, en l'état où je suis,
La triste liberté de pleurer mes ennuis ?

ALEXANDRE.

Votre douleur est libre autant que légitime :
Vous regrettez, madame, un prince magnanime.
Je fus son ennemi ; mais je ne l'étais pas
Jusqu'à blâmer les pleurs qu'on donne à son trépas.
Avant que sur ses bords l'Inde me vît paraître,
L'éclat de sa vertu me l'avait fait connaître ;
Entre les plus grands rois il se fit remarquer.
Je savais...

AXIANE.

Pourquoi donc le venir attaquer ?
Par quelle loi faut-il qu'aux deux bouts de la terre
Vous cherchiez la vertu pour lui faire la guerre ?
Le mérite à vos yeux ne peut-il éclater
Sans pousser votre orgueil à le persécuter ?

ALEXANDRE.

Oui, j'ai cherché Porus ; mais, quoi qu'on puisse dire,
Je ne le cherchais pas afin de le détruire.
J'avouerai que, brûlant de signaler mon bras,
Je me laissai conduire au bruit de ses combats,
Et qu'au seul nom d'un roi jusqu'alors invincible,
A de nouveaux exploits mon cœur devint sensible.

Tandis que je croyais, par mes combats divers,
Attacher sur moi seul les yeux de l'univers,
J'ai vu de ce guerrier la valeur répandue
Tenir la renommée entre nous suspendue ;
Et, voyant de son bras voler partout l'effroi,
L'Inde sembla m'ouvrir un champ digne de moi.
Lassé de voir des rois vaincus sans résistance,
J'appris avec plaisir le bruit de sa vaillance.
Un ennemi si noble a su m'encourager ;
Je suis venu chercher la gloire et le danger.
Son courage, madame, a passé mon attente.
La victoire, à me suivre autrefois si constante,
M'a presque abandonné pour suivre vos guerriers.
Porus m'a disputé jusqu'aux moindres lauriers ;
Et j'ose dire encor qu'en perdant la victoire
Mon ennemi lui-même a vu croître sa gloire :
Qu'une chute si belle élève sa vertu,
Et qu'il ne voudrait pas n'avoir point combattu.

AXIANE.

Hélas ! il fallait bien qu'une si noble envie
Lui fît abandonner tout le soin de sa vie,
Puisque, de toutes parts trahi, persécuté,
Contre tant d'ennemis il s'est précipité.
Mais vous, s'il était vrai que son ardeur guerrière
Eût ouvert à la vôtre une illustre carrière,
Que n'avez-vous, seigneur, dignement combattu ?
Fallait-il par la ruse attaquer sa vertu,
Et, loin de remporter une gloire parfaite,
D'un autre que de vous attendre sa défaite ?
Triomphez ; mais sachez que Taxile en son cœur
Vous dispute déjà ce beau nom de vainqueur ;
Que le traître se flatte, avec quelque justice,
Que vous n'avez vaincu que par son artifice :
Et c'est à ma douleur un spectacle assez doux
De le voir partager cette gloire avec vous.

ALEXANDRE.

En vain votre douleur s'arme contre ma gloire :
Jamais on ne m'a vu dérober la victoire,
Et par ces lâches soins, qu'on ne peut m'imputer,
Tromper mes ennemis au lieu de les dompter.
Quoique partout, ce semble, accablé sous le nombre,
Je n'ai pu me résoudre à me cacher dans l'ombre :

Ils n'ont de leur défaite accusé que mon bras ;
Et le jour a partout éclairé mes combats :
Il est vrai que je plains le sort de vos provinces ;
J'ai voulu prévenir la perte de vos princes ;
Mais, s'ils avaient suivi mes conseils et mes vœux,
Je les aurais sauvés ou combattus tous deux.
Oui, croyez...

AXIANE.

   Je crois tout. Je vous crois invincible.
Mais, seigneur, suffit-il que tout vous soit possible ?
Ne tient-il qu'à jeter tant de rois dans les fers,
Qu'à faire impunément gémir tout l'univers ?
Et que vous avaient fait tant de villes captives,
Tant de morts dont l'Hydaspe a vu couvrir ses rives ?
Qu'ai-je fait pour venir accabler en ces lieux
Un héros sur qui seul j'ai pu tourner les yeux ?
A-t-il de votre Grèce inondé les frontières ?
Avons-nous soulevé des nations entières
Et contre votre gloire excité leur courroux ?
Hélas ! nous l'admirions sans en être jaloux.
Contents de nos États, et charmés l'un de l'autre,
Nous attendions un sort plus heureux que le vôtre.
Porus bornait ses vœux à conquérir un cœur
Qui peut-être aujourd'hui l'eût nommé son vainqueur.
Ah ! n'eussiez-vous versé qu'un sang si magnanime,
Quand on ne vous pourrait reprocher que ce crime,
Ne vous sentez-vous pas, seigneur, bien malheureux
D'être venu si loin rompre de si beaux nœuds ?
Non, de quelque douceur que se flatte votre âme,
Vous n'êtes qu'un tyran.

ALEXANDRE.

   Je le vois bien, madame,
Vous voulez que, saisi d'un indigne courroux,
En reproches honteux j'éclate contre vous.
Peut-être espérez-vous que ma douceur lassée
Donnera quelque atteinte à sa gloire passée.
Mais quand votre vertu ne m'aurait point charmé,
Vous attaquez, madame, un vainqueur désarmé.
Mon âme, malgré vous à vous plaindre engagée,
Respecte le malheur où vous êtes plongée.
C'est ce trouble fatal qui vous ferme les yeux,
Qui ne regarde en moi qu'un tyran odieux.

Sans lui vous avoueriez que le sang et les larmes
N'ont pas toujours souillé la gloire de mes armes ;
Vous verriez...

AXIANE.

      Ah ! seigneur, puis-je ne les point voir,
Ces vertus dont l'éclat aigrit mon désespoir ?
N'ai-je pas vu partout la victoire modeste
Perdre avec vous l'orgueil qui la rend si funeste ?
Ne vois-je pas le Scythe et le Perse abattus
Se plaire sous le joug et vanter vos vertus,
Et disputer enfin, par une aveugle envie,
A vos propres sujets le soin de votre vie ?
Mais que sert à ce cœur que vous persécutez
De voir partout ailleurs adorer vos bontés ?
Pensez-vous que ma haine en soit moins violente
Pour voir baiser partout la main qui me tourmente ?
Tant de rois par vos soins vengés ou secourus,
Tant de peuples contents, me rendent-ils Porus ?
Non, seigneur ; je vous hais d'autant plus qu'on vous aime,
D'autant plus qu'il me faut vous admirer moi-même,
Que l'univers entier m'en impose la loi,
Et que personne enfin ne vous hait avec moi.

ALEXANDRE.

J'excuse les transports d'une amitié si tendre ;
Mais, madame, après tout, ils doivent me surprendre :
Si la commune voix ne m'a point abusé,
Porus d'aucun regard ne fut favorisé :
Entre Taxile et lui votre cœur en balance,
Tant qu'ont duré ses jours, a gardé le silence ;
Et lorsqu'il ne peut plus vous entendre aujourd'hui,
Vous commencez, madame, à prononcer pour lui.
Pensez-vous que, sensible à cette ardeur nouvelle,
Sa cendre exige encor que vous brûliez pour elle ?
Ne vous accablez point d'inutiles douleurs ;
Des soins plus importants vous appellent ailleurs.
Vos larmes ont assez honoré sa mémoire :
Régnez : et de ce rang soutenez mieux la gloire ;
Et, redonnant le calme à vos sens désolés,
Rassurez vos États par sa chute ébranlés.
Parmi tant de grands rois choisissez-leur un maître.
Plus ardent que jamais, Taxile...

AXIANE.

      Quoi ! le traître ?

ALEXANDRE.

Hé ! de grâce, prenez des sentiments plus doux ;
Aucune trahison ne le souille envers vous.
Maître de ses États, il a pu se résoudre
A se mettre avec eux à couvert de la foudre.
Ni serment ni devoir ne l'avaient engagé
A courir dans l'abîme où Porus s'est plongé.
Enfin souvenez-vous qu'Alexandre lui-même
S'intéresse au bonheur d'un prince qui vous aime.
Songez que, réunis par un si juste choix,
L'Inde et l'Hydaspe entiers couleront sous vos lois ;
Que pour vos intérêts tout me sera facile,
Quand je les verrai joints avec ceux de Taxile.
Il vient. Je ne veux point contraindre ses soupirs ;
Je le laisse lui-même expliquer ses désirs :
Ma présence à vos yeux n'est déjà que trop rude :
L'entretien des amants cherche la solitude ;
Je ne vous trouble point.

SCÈNE III : AXIANE, TAXILE.

AXIANE.

       Approche, puissant roi,
Grand monarque de l'Inde ; on parle ici de toi.
On veut en ta faveur combattre ma colère ;
On dit que tes désirs n'aspirent qu'à me plaire ,
Que mes rigueurs ne font qu'affermir ton amour :
On fait plus, et l'on veut que je t'aime à mon tour.
Mais sais-tu l'entreprise où s'engage ta flamme ?
Sais-tu par quels secrets on peut toucher mon âme ?
Es-tu prêt...

TAXILE.

      Ah ! madame, éprouvez seulement
Ce que peut sur mon cœur un espoir si charmant.
Que faut-il faire ?

AXIANE.

      Il faut, s'il est vrai que l'on m'aime,
Aimer la gloire autant que je l'aime moi-même,
Ne m'expliquer ses vœux que par mille beaux faits,
Et haïr Alexandre autant que je le hais ;
Il faut marcher sans crainte au milieu des alarmes ,
Il faut combattre, vaincre ou périr sous les armes.

Jette, jette les yeux sur Porus et sur toi.
Et juge qui des deux était digne de moi.
Oui, Taxile, mon cœur, douteux en apparence,
D'un esclave et d'un roi faisait la différence.
Je l'aimai ; je l'adore, et puisqu'un sort jaloux
Lui défend de jouir d'un spectacle si doux,
C'est toi que je choisis pour témoin de sa gloire.
Mes pleurs feront toujours revivre sa mémoire ;
Toujours tu me verras, au fort de mon ennui,
Mettre tout mon plaisir à te parler de lui.

TAXILE.

Ainsi je brûle en vain pour une âme glacée ;
L'image de Porus n'en peut être effacée.
Quand j'irais, pour vous plaire, affronter le trépas,
Je me perdrais, madame, et ne vous plairais pas :
Je ne puis donc...

AXIANE.

             Tu peux recouvrer mon estime ;
Dans le sang ennemi tu peux laver ton crime.
L'occasion te rit. Porus dans le tombeau
Rassemble ses soldats autour de son drapeau ;
Son ombre seule encor semble arrêter leur fuite.
Les tiens même, les tiens, honteux de ta conduite,
Font lire sur leurs fronts justement courroucés
Le repentir du crime où tu les as forcés.
Va seconder l'ardeur du feu qui les dévore,
Venge nos libertés qui respirent encore ;
De mon trône et du tien deviens le défenseur :
Cours, et donne à Porus un digne successeur...
Tu ne me réponds rien ? Je vois sur ton visage
Qu'un si noble dessein étonne ton courage.
Je te propose en vain l'exemple d'un héros ;
Tu veux servir. Va, sers ; et me laisse en repos.

TAXILE.

Madame, c'en est trop. Vous oubliez peut-être
Que, si vous m'y forcez, je puis parler en maître ;
Que je puis me lasser de souffrir vos dédains ;
Que vous et vos États, tout est entre mes mains ;
Qu'après tant de respects, qui vous rendent plus fière,
Je pourrai...

AXIANE.

    Je t'entends. Je suis ta prisonnière :

Tu veux peut-être encor captiver mes désirs ;
Que mon cœur, en tremblant, réponde à tes soupirs.
Hé bien ! dépouille enfin cette douceur contrainte ;
Appelle à ton secours la terreur et la crainte ;
Parle en tyran tout prêt à me persécuter ;
Ma haine ne peut croître, et tu peux tout tenter.
Surtout ne me fais point d'inutiles menaces.
Ta sœur vient t'inspirer ce qu'il faut que tu fasses.
Adieu. Si ses conseils et mes vœux en sont crus.
Tu m'aideras bientôt à rejoindre Porus.

TAXILE.

Ah ! plutôt...

SCÈNE IV : TAXILE, CLÉOFILE.

CLÉOFILE.

Ah ! quittez cette ingrate princesse,
Dont la haine a juré de nous troubler sans cesse,
Qui met tout son plaisir à vous désespérer.
Oubliez...

TAXILE.

Non, ma sœur, je la veux adorer.
Je l'aime ; et quand les vœux que je pousse pour elle
N'en obtiendraient jamais qu'une haine immortelle,
Malgré tous ses mépris, malgré tous vos discours,
Malgré moi-même, il faut que je l'aime toujours.
Sa colère, après tout, n'a rien qui me surprenne :
C'est à vous, c'est à moi qu'il faut que je m'en prenne.
Sans vous, sans vos conseils, ma sœur, qui m'ont trahi,
Si je n'étais aimé, je serais moins haï ;
Je la verrais, sans vous, par mes soins défendue,
Entre Porus et moi demeurer suspendue ;
Et ne serait-ce pas un bonheur trop charmant
Que de l'avoir réduite à douter un moment ?
Non, je ne puis plus vivre accablé de sa haine ;
Il faut que je me jette aux pieds de l'inhumaine.
J'y cours : je vais m'offrir à servir son courroux,
Même contre Alexandre, et même contre vous.
Je sais de quelle ardeur vous brûlez l'un pour l'autre ;
Mais c'est trop oublier mon repos pour le vôtre ;
Et, sans m'inquiéter du succès de vos feux,
Il faut que tout périsse ou que je sois heureux.

CLÉOFILE.

Allez donc, retournez sur le champ de bataille ;
Ne laissez point languir l'ardeur qui vous travaille.
A quoi s'arrête ici ce courage inconstant ?
Courez, on est aux mains ; et Porus vous attend.

TAXILE.

Quoi ! Porus n'est point mort ? Porus vient de paraître ?

CLÉOFILE.

C'est lui. De si grands coups le font trop reconnaître.
Il l'avait bien prévu : le bruit de son trépas
D'un vainqueur trop crédule a retenu le bras.
Il vient surprendre ici leur valeur endormie,
Troubler une victoire encor mal affermie ;
Il vient, n'en doutez point, en amant furieux,
Enlever sa maîtresse ou périr à ses yeux.
Que dis-je ? Votre camp, séduit par cette ingrate,
Prêt à suivre Porus, en murmures éclate.
Allez, vous-même, allez, en généreux amant,
Au secours d'un rival aimé si tendrement.
Adieu.

SCÈNE V.

TAXILE, *seul.*

    Quoi ! la fortune, obstinée à me nuire,
Ressuscite un rival armé pour me détruire !
Cet amant reverra les yeux qui l'ont pleuré,
Qui, tout mort qu'il était, me l'avaient préféré ?
Ah ! c'en est trop. Voyons ce que le sort m'apprête,
A qui doit demeurer cette noble conquête.
Allons. N'attendons pas, dans un lâche courroux,
Qu'un si grand différend se termine sans nous.

ACTE CINQUIÈME

SCÈNE PREMIÈRE : ALEXANDRE, CLÉOFILE.

ALEXANDRE.

Quoi ! vous craignez Porus même après sa défaite ?
Ma victoire à vos yeux semblait-elle imparfaite ?

Non, non : c'est un captif qui n'a pu m'échapper,
Que mes ordres partout ont fait envelopper.
Loin de le craindre encor, ne songez qu'à le plaindre.

CLÉOFILE.

Et c'est en cet état que Porus est à craindre.
Quelque brave qu'il fût, le bruit de sa valeur
M'inquiétait bien moins que ne fait son malheur.
Tant qu'on l'a vu suivi d'une puissante armée,
Ses forces, ses exploits ne m'ont point alarmée ;
Mais, seigneur, c'est un roi malheureux et soumis ;
Et dès lors je le compte au rang de vos amis.

ALEXANDRE.

C'est un rang où Porus n'a plus droit de prétendre :
Il a trop recherché la haine d'Alexandre.
Il sait bien qu'à regret je m'y suis résolu ;
Mais enfin je le hais autant qu'il l'a voulu.
Je dois même un exemple au reste de la terre :
Je dois venger sur lui tous les maux de la guerre,
Le punir des malheurs qu'il a pu prévenir,
Et de m'avoir forcé moi-même à le punir.
Vaincu deux fois, haï de ma belle princesse...

CLÉOFILE.

Je ne hais point Porus, seigneur, je le confesse ;
Et s'il m'était permis d'écouter aujourd'hui
La voix de ses malheurs qui me parle pour lui,
Je vous dirais qu'il fut le plus grand de nos princes ;
Que son bras fut longtemps l'appui de nos provinces ;
Qu'il a voulu peut-être, en marchant contre vous,
Qu'on le crût digne au moins de tomber sous vos coups,
Et qu'un même combat, signalant l'un et l'autre,
Son nom volât partout à la suite du vôtre.
Mais si je le défends, des soins si généreux
Retombent sur mon frère et détruisent ses vœux.
Tant que Porus vivra, que faut-il qu'il advienne ?
Sa perte est infaillible, et peut-être la mienne.
Oui, oui, si son amour ne peut rien obtenir,
Il m'en rendra coupable et m'en voudra punir.
Et maintenant encor que votre cœur s'apprête
A voler de nouveau de conquête en conquête,
Quand je verrai le Gange entre mon frère et vous,
Qui retiendra, seigneur, son injuste courroux ?

Mon âme, loin de vous, languira solitaire.
Hélas ! s'il condamnait mes soupirs à se taire,
Que deviendrait alors ce cœur infortuné ?
Où sera le vainqueur à qui je l'ai donné ?

ALEXANDRE.

Ah ! c'en est trop, madame : et si ce cœur se donne,
Je saurai le garder, quoi que Taxile ordonne,
Bien mieux que tant d'États qu'on m'a vu conquérir,
Et que je n'ai gardés que pour vous les offrir.
Encore une victoire, et je reviens, madame,
Borner toute ma gloire à régner sur votre âme,
Vous obéir, moi-même, et mettre entre vos mains
Le destin d'Alexandre et celui des humains,
Le Mallien m'attend, prêt à me rendre hommage [1].
Si près de l'Océan, que faut-il davantage
Que d'aller me montrer à ce fier élément,
Comme vainqueur du monde, et comme votre amant ?
Alors...

CLÉOFILE.

        Mais quoi ! seigneur, toujours guerre sur guerre ?
Cherchez-vous des sujets au delà de la terre ?
Voulez-vous pour témoins de vos faits éclatants
Des pays inconnus même à leurs habitants ?
Qu'espérez-vous combattre en des climats si rudes ?
Ils vous opposeront de vastes solitudes,
Des déserts que le ciel refuse d'éclairer,
Où la nature semble elle-même expirer.
Et peut-être le sort, dont la secrète envie
N'a pu cacher le cours d'une si belle vie,
Vous attend dans ces lieux et veut que dans l'oubli
Votre tombeau du moins demeure enseveli.
Pensez-vous y traîner les restes d'une armée
Vingt fois renouvelée et vingt fois consumée ?
Vos soldats, dont la vue excite la pitié,
D'eux-mêmes en cent lieux ont laissé la moitié,
Et leurs gémissements vous font assez connaître...

ALEXANDRE.

Ils marcheront, madame, et je n'ai qu'à paraître,
Ces cœurs qui dans un camp, d'un vain loisir déçus,
Comptent en murmurant les coups qu'ils ont reçus,

---

1. Les Malliens, peuple de l'Inde au delà du Gange.

Revivront pour me suivre et, blâmant leurs murmures,
Brigueront à mes yeux de nouvelles blessures.
Cependant de Taxile appuyons les soupirs :
Son rival ne peut plus traverser ses désirs.
Je vous l'ai dit, madame, et j'ose encor vous dire...

CLÉOFILE.

Seigneur, voici la reine.

SCÈNE II : ALEXANDRE, AXIANE, CLÉOFILE.

ALEXANDRE.

Eh bien ! Porus respire !
Le ciel semble, madame, écouter vos souhaits ;
Il vous le rend...

AXIANE.

Hélas ! il me l'ôte à jamais !
Aucun reste d'espoir ne peut flatter ma peine :
Sa mort était douteuse, elle devient certaine :
Il y court ; et peut-être il ne s'y vient offrir
Que pour me voir encore, et pour me secourir.
Mais que ferait-il seul contre toute une armée ?
En vain ses grands efforts l'ont d'abord alarmée ;
En vain quelques guerriers, qu'anime son grand cœur,
Ont ramené l'effroi dans le camp du vainqueur :
Il faut bien qu'il succombe, et qu'enfin son courage
Tombe sur tant de morts qui ferment son passage.
Encor, si je pouvais, en sortant de ces lieux,
Lui montrer Axiane et mourir à ses yeux !
Mais Taxile m'enferme ; et cependant le traître
Du sang de ce héros est allé se repaître :
Dans les bras de la mort il le va regarder,
Si toutefois encore il ose l'aborder.

ALEXANDRE.

Non, madame, mes soins ont assuré sa vie :
Son retour va bientôt contenter votre envie.
Vous le verrez.

AXIANE.

Vos soins s'étendraient jusqu'à lui ?
Le bras qui l'accablait deviendrait son appui ?
J'attendrais son salut de la main d'Alexandre ?
Mais quel miracle enfin n'en dois-je point attendre ?

Je m'en souviens, seigneur, vous me l'avez promis,
Qu'Alexandre vainqueur n'avait plus d'ennemis.
Ou plutôt ce guerrier ne fut jamais le vôtre :
La gloire également vous arma l'un et l'autre.
Contre un si grand courage il voulut s'éprouver,
Et vous ne l'attaquiez qu'afin de le sauver.

ALEXANDRE.

Ses mépris redoublés qui bravent ma colère
Mériteraient sans doute un vainqueur plus sévère :
Son orgueil en tombant semble s'être affermi ;
Mais je veux bien cesser d'être son ennemi :
J'en dépouille, madame, et la haine et le titre.
De mes ressentiments je fais Taxile arbitre :
Seul il peut, à son choix, le perdre ou l'épargner :
Et c'est lui seul enfin que vous devez gagner.

AXIANE.

Moi, j'irais à ses pieds mendier un asile ?
Et vous me renvoyez aux bontés de Taxile ?
Vous voulez que Porus cherche un appui si bas ?
Ah ! seigneur ! votre haine a juré son trépas.
Non, vous ne le cherchiez qu'afin de le détruire.
Qu'une âme généreuse est facile à séduire !
Déjà mon cœur crédule, oubliant son courroux,
Admirait des vertus qui ne sont point en vous.
Armez-vous donc, seigneur, d'une valeur cruelle ;
Ensanglantez la fin d'une course si belle :
Après tant d'ennemis qu'on vous vit relever,
Perdez le seul enfin que vous deviez sauver.

ALEXANDRE.

Eh bien ! aimez Porus sans détourner sa perte ;
Refusez la faveur qui vous était offerte ;
Soupçonnez ma pitié d'un sentiment jaloux :
Mais enfin, s'il périt, n'en accusez que vous.
Le voici. Je veux bien le consulter lui-même :
Que Porus de son sort soit l'arbitre suprême.

SCÈNE III :
PORUS, ALEXANDRE, AXIANE, CLÉOFILE,
ÉPHESTION, GARDES D'ALEXANDRE.

ALEXANDRE.

Eh bien, de votre orgueil, Porus, voilà le fruit !
Où sont ces beaux succès qui vous avaient séduit ?

Cette fierté si haute est enfin abaissée.
Je dois une victime à ma gloire offensée :
Rien ne peut vous sauver. Je veux bien toutefois
Vous offrir un pardon refusé tant de fois.
Cette reine, elle seule, à mes bontés rebelle,
Aux dépens de vos jours veut vous être fidèle,
Et que sans balancer vous mouriez seulement
Pour porter au tombeau le nom de son amant.
N'achetez point si cher une gloire inutile :
Vivez ; mais consentez au bonheur de Taxile.

PORUS.

Taxile ?

ALEXANDRE.

Oui.

PORUS.

Tu fais bien, et j'approuve tes soins ;
Ce qu'il a fait pour toi ne mérite pas moins :
C'est lui qui m'a des mains arraché la victoire ;
Il t'a donné sa sœur ; il t'a vendu sa gloire ;
Il t'a livré Porus. Que feras-tu jamais
Qui te puisse acquitter d'un seul de ses bienfaits ?
Mais j'ai su prévenir le soin qui te travaille :
Va le voir expirer sur le champ de bataille.

ALEXANDRE.

Quoi ! Taxile ?

CLÉOFILE.

Qu'entends-je ?

ÉPHESTION.

Oui, seigneur, il est mort.
Il s'est livré lui-même aux rigueurs de son sort.
Porus était vaincu ; mais, au lieu de se rendre,
Il semblait attaquer, et non pas se défendre.
Ses soldats, à ses pieds étendus et mourants,
Le mettaient à l'abri de leurs corps expirants.
Là, comme dans un fort, son audace enfermée
Se soutenait encor contre toute une armée ;
Et, d'un bras qui portait la terreur et la mort,
Aux plus hardis guerriers en défendait l'abord.
Je l'épargnais toujours. Sa vigueur affaiblie
Bientôt en mon pouvoir aurait laissé sa vie,
Quand sur ce champ fatal Taxile descendu :
« Arrêtez, c'est à moi que ce captif est dû.

C'en est fait, a-t-il dit, et ta perte est certaine,
Porus ; il faut périr ou me céder la reine. »
Porus, à cette voix ranimant son courroux,
A relevé ce bras lassé de tant de coups ;
Et cherchant son rival d'un œil fier et tranquille :
« N'entends-je pas, dit-il, l'infidèle Taxile,
Ce traître à sa patrie, à sa maîtresse, à moi ?
Viens, lâche, poursuit-il, Axiane est à toi :
Je veux bien te céder cette illustre conquête ;
Mais il faut que ton bras l'emporte avec ma tête.
Approche ! » A ce discours, ces rivaux irrités
L'un sur l'autre à la fois se sont précipités.
Nous nous sommes en foule opposés à leur rage ;
Mais Porus parmi nous court et s'ouvre un passage,
Joint Taxile, le frappe ; et, lui perçant le cœur,
Content de sa victoire, il se rend au vainqueur.

CLÉOFILE.

Seigneur, c'est donc à moi de répandre des larmes ;
C'est sur moi qu'est tombé tout le faix de vos armes.
Mon frère a vainement recherché votre appui,
Et votre gloire, hélas ! n'est funeste qu'à lui.
Que lui sert au tombeau l'amitié d'Alexandre ?
Sans le venger, seigneur, l'y verrez-vous descendre ?
Souffrirez-vous qu'après l'avoir percé de coups,
On en triomphe aux yeux de sa sœur et de vous ?

AXIANE.

Oui, seigneur, écoutez les pleurs de Cléofile.
Je la plains. Elle a droit de regretter Taxile.
Tous ses efforts en vain l'ont voulu conserver ;
Elle en a fait un lâche et ne l'a pu sauver.
Ce n'est point que Porus ait attaqué son frère :
Il s'est offert lui-même à sa juste colère.
Au milieu du combat que venait-il chercher ?
Au courroux du vainqueur venait-il l'arracher ?
Il venait accabler dans son malheur extrême
Un roi que respectait la victoire elle-même.
Mais pourquoi vous ôter un prétexte si beau ?
Que voulez-vous de plus ? Taxile est au tombeau.
Immolez-lui, seigneur, cette grande victime,
Vengez-vous. Mais songez que j'ai part à son crime.
Oui, oui, Porus, mon cœur n'aime point à demi ;
Alexandre le sait, Taxile en a gémi :

Vous seul. vous l'ignoriez ; mais ma joie est extrême
De pouvoir en mourant vous le dire à vous-même.

PORUS.

Alexandre, il est temps que tu sois satisfait.
Tout vaincu que j'étais, tu vois ce que j'ai fait.
Crains Porus ; crains encor cette main désarmée
Qui venge sa défaite au milieu d'une armée.
Mon nom peut soulever de nouveaux ennemis,
Et réveiller cent rois dans leurs fers endormis.
Étouffe dans mon sang ces semences de guerre ;
Va vaincre en sûreté le reste de la terre.
Aussi bien n'attends pas qu'un cœur comme le mien
Reconnaisse un vainqueur et te demande rien.
Parle : et, sans espérer que je blesse ma gloire,
Voyons comme tu sais user de la victoire.

ALEXANDRE.

Votre fierté, Porus, ne se peut abaisser :
Jusqu'au dernier soupir vous m'osez menacer.
En effet, ma victoire en doit être alarmée,
Votre nom peut encor plus que toute une armée :
Je m'en dois garantir. Parlez donc, dites-moi.
Comment prétendez-vous que je vous traite ?

PORUS.

En roi.

ALEXANDRE.

Eh bien ! c'est donc en roi qu'il faut que je vous traite.
Je ne laisserai point ma victoire imparfaite ;
Vous l'avez souhaité, vous ne vous plaindrez pas.
Régnez toujours, Porus, je vous rends vos États.
Avec mon amitié recevez Axiane :
A des liens si doux tous deux je vous condamne.
Vivez, régnez tous deux ; et, seuls de tant de rois,
Jusques aux bords du Gange allez donner vos lois.
    (*A Cléofile.*)
Ce traitement, madame, a droit de vous surprendre ;
Mais enfin c'est ainsi que se venge Alexandre.
Je vous aime ; et mon cœur, touché de vos soupirs,
Voudrait par mille morts venger vos déplaisirs.
Mais vous-même pourriez prendre pour une offense
La mort d'un ennemi qui n'est plus en défense :
Il en triompherait ; et, bravant ma rigueur,
Porus dans le tombeau descendrait en vainqueur.

Souffrez que, jusqu'au bout achevant ma carrière,
J'apporte à vos beaux yeux ma vertu toute entière.
Laissez régner Porus couronné par mes mains :
Et commandez vous-même au reste des humains.
Prenez les sentiments que ce rang vous inspire ;
Faites, dans sa naissance, admirer votre empire ;
Et regardant l'éclat qui se répand sur vous,
De la sœur de Taxile oubliez le courroux.

AXIANE.

Oui madame, régnez ; et souffrez que moi-même
J'admire le grand cœur d'un héros qui vous aime.
Aimez et possédez l'avantage charmant
De voir toute la terre adorer votre amant.

PORUS.

Seigneur, jusqu'à ce jour l'univers en alarmes
Me forçait d'admirer le bonheur de vos armes ;
Mais rien ne me forçait en ce commun effroi
De reconnaître en vous plus de vertus qu'en moi.
Je me rends ; je vous cède une pleine victoire :
Vos vertus, je l'avoue, égalent votre gloire.
Allez, seigneur, rangez l'univers sous vos lois ;
Il me verra moi-même appuyer vos exploits ;
Je vous suis ; et je crois devoir tout entreprendre
Pour lui donner un maître aussi grand qu'Alexandre.

CLÉOFILE.

Seigneur, que vous peut dire un cœur triste, abattu ?
Je ne murmure point contre votre vertu.
Vous rendez à Porus la vie et la couronne :
Je veux croire qu'ainsi votre gloire l'ordonne ;
Mais ne me pressez point : en l'état où je suis,
Je ne puis que me taire et pleurer mes ennuis.

ALEXANDRE.

Oui, madame, pleurons un ami si fidèle ;
Faisons en soupirant éclater notre zèle,
Et qu'un tombeau superbe instruise l'avenir
Et de votre douleur et de mon souvenir.

ANDROMAQVE

TRAGEDIE.

A PARIS,

Chez THÉODORE GIRARD, dans la gran
Salle du Palais, du cofté de la Cour
des Aydes, à l'Ennic.

M. DC. LXVIII

Auec Priuilege du Roy.

TITRE DE L'ÉDITION
ORIGINALE DE 1668.

PERSONNAGES

ANDROMAQUE, veuve d'Hector, captive de Pyrrhus.
PYRRHUS, fils d'Achille, roi d'Épire.
ORESTE, fils d'Agamemnon.
HERMIONE, fille d'Hélène, accordée avec Pyrrhus.
PYLADE, ami d'Oreste.
CLÉONE, confidente d'Hermione.
CÉPHISE, confidente d'Andromaque.
PHŒNIX, gouverneur d'Achille, et ensuite de Pyrrhus.
SUITE D'ORESTE.

*La scène est à Buthrote, ville d'Épire, dans une salle du palais
de Pyrrhus.*

ANDROMAQUE

Tragédie - 1667

NOTICE HISTORIQUE ET ANALYTIQUE

Jouée le 17 novembre 1667 par la troupe royale chez la reine, et quelques jours après à l'Hôtel de Bourgogne, Andromaque renouvela le grand bruit du Cid. Les envieux lui opposèrent aussitôt des critiques, que soutinrent d'ailleurs les derniers partisans de Corneille. On ne pouvait guère attaquer la tragédie que dans le détail; car le sujet, qui présente une simplicité et une logique suprêmes, est en outre absolument original, si l'on néglige quelques traits de l'Andromaque d'Euripide et des Troyennes de Sénèque ainsi que de brefs échos de Pertharite. Aussi le censeur le plus important, Subligny, doit-il se contenter dans sa Folle Querelle (représentée par Molière le 18 mai 1668) d'exercer un pédantisme minutieux sur la correction du style et la vérité historique des caractères. Mais on trouve dans cette comédie satirique un précieux témoignage de l'enthousiasme du public. La tragédie qui marque une date si mémorable dans nos Lettres est la même qui sut affirmer le génie de Racine aux contemporains. Henriette d'Angleterre, Mme de Sévigné pleurèrent. Tout au long du grand siècle le succès d'Andromaque n'eut pas une faiblesse.

o o o

ACTE Ier. — *La veuve d'Hector, Andromaque, est avec son fils prison-nière à la cour de Pyrrhus, roi d'Epire. Celui-ci, qui devait épouser Hermione, fille de Ménélas, déjà rendue auprès de lui, aime Andro-maque d'un amour toujours repoussé. Cependant la Grèce, mécontente d'apprendre qu'Andromaque autrefois trompa Ulysse et put sauver le fils d'Hector, a décidé de réclamer au roi d'Epire le jeune Astyanax. Oreste apprend à son ami Pylade qu'il s'est fait élire ambassadeur, afin de revoir Hermione qu'il pensait jadis épouser et qu'il aime toujours. Nous voyons bientôt Pyrrhus refuser de livrer Astyanax, puis supplier Andromaque de songer à sauver son fils en acceptant son amour.*

ACTE II. — Au moment même où Hermione vient de promettre à Oreste de le suivre si Pyrrhus ne livre Astyanax et par là se lie à Andromaque, le roi vient annoncer qu'il cède aux Grecs : c'est qu'Andromaque s'est montrée trop attachée au souvenir d'Hector.

ACTE III. — Oreste, exaspéré, médite avec Pylade l'enlèvement d'Hermione, tandis que celle-ci se livre à la joie. Andromaque, repoussée par la jeune princesse dont elle implorait un secours pour Astyanax, se jette aux pieds de Pyrrhus, qui la met dans l'alternative de l'épouser ou de perdre son fils. Elle va chercher un conseil au tombeau d'Hector.

ACTE IV. — Andromaque confie à Céphise sa résolution de mourir dès qu'elle aura contracté l'union qui doit sauver son fils; Hermione pousse Oreste au meurtre de Pyrrhus, qu'elle menace d'ailleurs de sa vengeance.

ACTE V. — Oreste, venant annoncer que Pyrrhus est mort, est accueilli par les injures d'Hermione ; puis apprenant que celle-ci s'est tuée sur le corps du roi, il est soudain frappé de folie. Pylade l'entraîne.

VERS D'*ANDROMAQUE* FRÉQUEMMENT CITÉS

Oui, puisque je retrouve un ami si fidèle
Ma fortune va prendre une face nouvelle.
(I, I.)
Je passais jusqu'aux lieux où l'on garde mon fils.
. . . .
Je ne l'ai point encore embrassé d'aujourd'hui.
(I, IV.)
Ah ! je l'ai trop aimé pour ne le point haïr.
(II, I.)
Mon innocence enfin commence à me peser.
(III, I.)
Je t'aimais inconstant, qu'aurais-je fait fidèle ?
(IV, V.)
Pourquoi l'assassiner ? Qu'a-t-il fait ? A quel titre ?
Qui te l'a dit ?   (V, III.)

Pour qui sont ces serpents qui sifflent sur vos têtes ?
(V, V.)

A MADAME[1]

MADAME,

Ce n'est pas sans sujet que je mets votre illustre nom à la tête de cet ouvrage. Et de quel autre nom pourrais-je éblouir les yeux de mes lecteurs que de celui dont mes spectateurs ont été si heureusement éblouis? On savait que VOTRE ALTESSE ROYALE avait daigné prendre soin de la conduite de ma tragédie; on savait que vous m'aviez prêté quelques-unes de vos lumières pour y ajouter de nouveaux ornements; on savait enfin que vous l'aviez honorée de quelques larmes dès la première lecture que je vous en fis. Pardonnez-moi, MADAME, si j'ose me vanter de cet heureux commencement de sa destinée. Il me console bien glorieusement de la dureté de ceux qui ne voudraient pas s'en laisser toucher. Je leur permets de condamner l'*Andromaque* tant qu'ils voudront, pourvu qu'il me soit permis d'appeler de toutes les subtilités de leur esprit au cœur de VOTRE ALTESSE ROYALE.

Mais, MADAME, ce n'est pas seulement du cœur que vous jugez de la bonté d'un ouvrage, c'est avec une intelligence qu'aucune fausse lueur ne saurait tromper. Pouvons-nous mettre sur la scène une histoire que vous ne possédiez aussi bien que nous? Pouvons-nous faire jouer une intrigue dont vous ne pénétriez tous les ressorts? Et pouvons-nous concevoir des sentiments si nobles et si délicats qui ne soient infiniment au-dessous de la noblesse et de la délicatesse de vos pensées?

On sait, MADAME, et VOTRE ALTESSE ROYALE a beau s'en cacher, que, dans ce haut degré de gloire où la nature et la fortune ont pris plaisir de vous élever, vous ne dédaignez pas cette gloire obscure que les gens de lettres s'étaient réservée. Et il semble que vous ayez voulu

---

1. Henriette-Anne d'Angleterre, duchesse d'Orléans, belle-sœur de Louis XIV

avoir autant d'avantage sur notre sexe, par les connaissances et par la solidité de votre esprit, que vous excellez dans le vôtre par toutes les grâces qui vous environnent. La cour vous regarde comme l'arbitre de tout ce qui se fait d'agréable. Et nous, qui travaillons pour plaire au public, nous n'avons plus que faire de demander aux savants si nous travaillons selon les règles. La règle souveraine est de plaire à VOTRE ALTESSE ROYALE.

Voilà, sans doute, la moindre de vos excellentes qualités. Mais, MADAME, c'est la seule dont j'ai pu parler avec quelque connaissance : les autres sont trop élevées au-dessus de moi. Je n'en puis parler sans les rabaisser par la faiblesse de mes pensées, et sans sortir de la profonde vénération avec laquelle je suis,

MADAME,

DE VOTRE ALTESSE ROYALE,

Le très humble, très obéissant
et très fidèle serviteur,

RACINE.

PREMIÈRE PRÉFACE

Virgile, au troisième livre de l'*Énéide* : c'est Énée qui parle :

> Littoraque Epiri legimus, portuque subimus [1]
> Chaonio, et celsam Buthroti ascendimus urbem...
> Solemnes tum forte dapes, et tristia dona... [2]
> Libabat cineri Andromache, Manesque vocabat
> Hectoreum ad tumulum, viridi quem cespite inanem,
> Et geminas, causam lacrymis, sacraverat aras...
> Dejecit vultum, et demissa voce locuta est [3] :
> « O felix una ante alias Priameïa virgo,
> Hostilem ad tumulum, Trojæ sub mœnibus altis
> Jussa mori ! quæ sortitus non pertulit ullos,
> Nec victoris heri tetigit captiva cubile !
> Nos, patria incensa, diversa per æquora vectæ,
> Stirpis Achilleæ fastus, juvenemque superbum,
> Servitio enixæ, tulimus, qui deinde secutus
> Ledæam Hermionem, Lacedæmoniosque hymenæos...
> Ast illum, ereptæ magno inflammatus amore
> Conjugis, et scelerum Furiis agitatus, Orestes
> Excipit incautum, patriasque obtruncat ad aras [4]. »

Voilà, en peu de vers, tout le sujet de cette tragédie. Voilà le lieu de la scène, l'action qui s'y passe, les quatre principaux acteurs, et même leurs caractères. Excepté celui d'Hermione, dont la jalousie et les emportements sont assez marqués dans l'*Andromaque* d'Euripide.

---

1. Vers 292 et 293. — 2. V. 301. V. 303 à 305. — 3. V. 320 à 332. — 4. « Après avoir côtoyé le rivage d'Epire, nous entrons dans un port de la Chaonie, et gravissons la colline sur laquelle s'élève la ville de Buthrote... C'était le jour solennel où la triste Andromaque honorait les cendres de son époux par des offrandes et des libations funèbres. Elle invoquait les mânes d'Hector auprès de deux autels qu'elle lui avait consacrés, et d'un tombeau de gazon, vain monument qui réveillait sa douleur... Elle baissa les yeux, et d'une voix plaintive : « O Polyxène ! ô la plus heureuse des filles de Priam ! » condamnée à mourir sur le tombeau d'un ennemi au pied des hautes mu-« railles de Troie, tu ne souffris pas d'autres malheurs ; le sort ne te donna « point un maître, et, captive, tu n'entras pas dans le lit d'un vainqueur. Et « moi, j'ai vu ma patrie dévorée par les flammes ; j'ai été traînée de mer en « mer ; esclave, il m'a fallu supporter les dédains de la famille d'Achille et « les transports d'un guerrier superbe ! Devenue mère enfin, je me suis vue « abandonnée pour la fille d'Hélène et l'alliance du roi de Lacédémone... « Cependant, égaré par l'amour, tourmenté par les Furies, Oreste surprend « le ravisseur de son épouse, et l'immole au pied des autels de sa patrie. »

Mais véritablement mes personnages sont si fameux dans l'antiquité que, pour peu qu'on la connaisse, on verra fort bien que je les ai rendus tels que les anciens poètes nous les ont donnés. Aussi n'ai-je pas pensé qu'il me fût permis de rien changer à leurs mœurs. Toute la liberté que j'ai prise, ç'a été d'adoucir un peu la férocité de Pyrrhus, que Sénèque, dans sa *Troade,* et Virgile, dans le second [livre] de l'*Énéide*, ont poussée beaucoup plus loin que je n'ai cru le devoir faire.

Encore s'est-il trouvé des gens qui se sont plaints qu'il s'emportât contre Andromaque, et qu'il voulût épouser cette captive à quelque prix que ce fût. J'avoue qu'il n'est pas assez résigné à laivolonté de sa maîtresse, et que Céladon[1] a mieux connu que lui le parfait amour. Mais que faire? Pyrrhus n'avait pas lu nos romans. Il était violent de son naturel. Et tous les héros ne sont pas faits pour être des Céladons.

Quoi qu'il en soit, le public m'a été trop favorable pour m'embarrasser du chagrin particulier de deux ou trois personnes qui voudraient qu'on réformât tous les héros de l'antiquité pour en faire des héros parfaits. Je trouve leur intention fort bonne de vouloir qu'on ne mette sur la scène que des hommes impeccables. Mais je les prie de se souvenir que ce n'est pas à moi de changer les règles du théâtre. Horace nous recommande de dépeindre Achille farouche, inexorable, violent, tel qu'il était, et tel qu'on dépeint son fils. Et Aristote, bien éloigné de nous demander des héros parfaits, veut au contraire que les personnages tragiques, c'est-à-dire ceux dont le malheur fait la catastrophe de la tragédie, ne soient ni tout à fait bons, ni tout à fait méchants. Il ne veut pas qu'ils soient extrêmement bons, parce que la punition d'un homme de bien exciterait plutôt l'indignation que la pitié du spectateur; ni qu'ils soient méchants avec excès, parce qu'on n'a point pitié d'un scélérat. Il faut donc qu'ils aient une bonté médiocre, c'est-à-dire une vertu capable de faiblesse, et qu'ils tombent dans le malheur par quelque faute qui les fasse plaindre sans les faire détester (1668).

---

1. Berger du roman de l'*Astrée* : type du galant exagéré.

SECONDE PRÉFACE

Virgile, au troisième livre de l'*Énéide* : c'est Énée qui parle :

> Littoraque Epiri legimus, portuque subimus
> Chaonio, et celsam Buthroti ascendimus urbem...
> Solemnes tum forte dapes, et tristia dona...
> Libabat cineri Andromache, Manesque vocabat
> Hectoreum ad tumulum, viridi quem cespite inanem,
> Et geminas, causam lacrymis, sacraverat aras...
> Dejecit vultum, et demissa voce locuta est :
> « O felix una ante alias Priameïa virgo,
> Hostilem ad tumulum, Trojæ sub mœnibus altis
> Jussa mori ! quæ sortitus non pertulit ullos,
> Nec victoris heri tetigit captiva cubile !
> Nos, patria incensa, diversa per æquora vectæ,
> Stirpis Achilleæ fastus, juvenemque superbum,
> Servitio enixæ, tulimus, qui deinde secutus
> Ledæam Hermionem, Lacedæmoniosque hymenæos ..
> Ast illum, ereptæ magno inflammatus amore
> Conjugis, et scelerum Furiis agitatus, Orestes
> Excipit incautum, patriasque obtruncat ad aras. »

Voilà, en peu de vers, tout le sujet de cette tragédie. Voilà le lieu de la scène, l'action qui s'y passe, les quatre principaux acteurs, et même leurs caractères. Excepté celui d'Hermione dont la jalousie et les emportements sont assez marqués dans l'*Andromaque* d'Euripide.

C'est presque la seule chose que j'emprunte ici de cet auteur. Car, quoique ma tragédie porte le même nom que la sienne, le sujet en est pourtant très différent. Andromaque, dans Euripide, craint pour la vie de Molossus, qui est un fils qu'elle a eu de Pyrrhus, et qu'Hermione veut faire mourir avec sa mère. Mais ici il ne s'agit point de Molossus. Andromaque ne connaît point d'autre mari qu'Hector, ni d'autre fils qu'Astyanax. J'ai cru en cela me conformer à l'idée que nous avons maintenant de cette princesse. La plupart de ceux qui ont entendu parler d'Andromaque ne la connaissent guère que pour la veuve d'Hector et pour la mère d'Astyanax. On ne croit point qu'elle doive aimer ni un autre mari, ni un autre fils. Et je doute que les larmes d'Andromaque eussent fait sur l'esprit de mes spectateurs l'impression qu'elles y ont faite, si elles avaient coulé pour un autre fils que celui qu'elle avait d'Hector.

Il est vrai que j'ai été obligé de faire vivre Astyanax un peu plus qu'il n'a vécu ; mais j'écris dans un pays où cette liberté ne pouvait pas être mal reçue. Car, sans parler de Ronsard, qui a choisi ce même Astyanax pour le héros de sa *Franciade,* qui ne sait que l'on fait descendre nos anciens rois de ce fils d'Hector, et que nos vieilles chroniques sauvent la vie à ce jeune prince, après la désolation de son pays, pour en faire le fondateur de notre monarchie ?

Combien Euripide a-t-il été plus hardi dans sa tragédie d'*Hélène !* Il y choque ouvertement la créance commune de toute la Grèce. Il suppose qu'Hélène n'a jamais mis le pied dans Troie ; et qu'après l'embrasement de cette ville, Ménélas trouve sa femme en Egypte, dont elle n'était point partie. Tout cela fondé sur une opinion qui n'était reçue que parmi les Égyptiens, comme on le peut voir dans Hérodote[1].

Je ne crois pas que j'eusse besoin de cet exemple d'Euripide pour justifier le peu de liberté que j'ai prise. Car il y a bien de la différence entre détruire le principal fondement d'une fable et en altérer quelques incidents, qui changent presque de face dans toutes les mains qui les traitent. Ainsi Achille, selon la plupart des poètes, ne peut être blessé qu'au talon, quoique Homère le fasse blesser au bras[2], et ne le croie invulnérable en aucune partie de son corps. Ainsi Sophocle fait mourir Jocaste aussitôt après la reconnaissance d'Œdipe[3], tout au contraire d'Euripide qui la fait vivre jusqu'au combat et à la mort de ses deux fils[4]. Et c'est à propos de quelque contrariété de cette nature qu'un ancien commentateur de Sophocle remarque fort bien « qu'il ne faut point s'amuser à chicaner les poètes pour quelques changements qu'ils ont pu faire dans la fable ; mais qu'il faut s'attacher à considérer l'excellent usage qu'ils ont fait de ces changements, et la manière ingénieuse dont ils ont su accommoder la fable à leur sujet. » (1676.)

---

1. Liv. II, Euterpe. — 2. *Iliade,* chant XXI. — 3. Après la troisième scène du quatrième acte d'*Œdipe.* — 4. Voyez le dernier acte des *Phéniciennes.*

ANDROMAQUE

Ah ! seigneur, arrêtez ! Que prétendez-vous faire ?
Si vous livrez le fils, livrez-leur donc la mère.

(Acte III, scène VI.

RACINE. — I.

ANDROMAQUE

— 1667 —

ACTE PREMIER

SCÈNE PREMIÈRE : ORESTE. PYLADE.

ORESTE.

Oui, puisque je retrouve un ami si fidèle,
Ma fortune va prendre une face nouvelle :
Et déjà son courroux semble s'être adouci
Depuis qu'elle a pris soin de nous rejoindre ici.
Qui l'eût dit qu'un rivage à mes vœux si funeste
Présenterait d'abord Pylade aux yeux d'Oreste ;
Qu'après plus de six mois que je t'avais perdu,
A la cour de Pyrrhus tu me serais rendu ?

PYLADE.

J'en rends grâces au ciel, qui, m'arrêtant sans cesse,
Semblait m'avoir fermé le chemin de la Grèce,
Depuis le jour fatal que la fureur des eaux,
Presque aux yeux de l'Épire, écarta nos vaisseaux.
Combien, dans cet exil, ai-je souffert d'alarmes !
Combien à vos malheurs ai-je donné de larmes,
Craignant toujours pour vous quelque nouveau danger
Que ma triste amitié ne pouvait partager !
Surtout je redoutais cette mélancolie
Où j'ai vu si longtemps votre âme ensevelie :
Je craignais que le ciel, par un cruel secours,
Ne vous offrît la mort que vous cherchiez toujours.
Mais je vous vois, seigneur ; et, si j'ose le dire,
Un destin plus heureux vous conduit en Épire :
Le pompeux appareil qui suit ici vos pas
N'est point d'un malheureux qui cherche le trépas.

ORESTE.

Hélas ! qui peut savoir le destin qui m'amène ?
L'amour me fait ici chercher une inhumaine ;
Mais qui sait ce qu'il doit ordonner de mon sort,
Et si je viens chercher ou la vie ou la mort ?

PYLADE.

Quoi ! votre âme à l'amour en esclave asservie
Se repose sur lui du soin de votre vie ?
Par quel charme, oubliant tant de tourments soufferts,
Pouvez-vous consentir à rentrer dans ses fers ?
Pensez-vous qu'Hermione, à Sparte inexorable,
Vous prépare en Épire un sort plus favorable ?
Honteux d'avoir poussé tant de vœux superflus,
Vous l'abhorriez ; enfin, vous ne m'en parliez plus :
Vous me trompiez, seigneur.

ORESTE.

　　　　　　　　　Je me trompais moi-même.
Ami, n'accable point un malheureux qui t'aime :
T'ai-je jamais caché mon cœur et mes désirs ?
Tu vis naître ma flamme et mes premiers soupirs.
Enfin, quand Ménélas disposa de sa fille
En faveur de Pyrrhus, vengeur de sa famille,
Tu vis mon désespoir ; et tu m'as vu depuis
Traîner de mers en mers ma chaîne et mes ennuis.
Je te vis à regret en cet état funeste,
Prêt à suivre partout le déplorable Oreste,
Toujours de ma fureur interrompre le cours,
Et de moi-même enfin me sauver tous les jours.
Mais quand je me souvins que, parmi tant d'alarmes,
Hermione à Pyrrhus prodiguait tous ses charmes,
Tu sais de quel courroux mon cœur alors épris
Voulut en l'oubliant punir tous ses mépris.
Je fis croire et je crus ma victoire certaine ;
Je pris tous mes transports pour des transports de haine.
Détestant ses rigueurs, rabaissant ses attraits,
Je défiais ses yeux de me troubler jamais.
Voilà comme je crus étouffer ma tendresse.
En ce calme trompeur j'arrivai dans la Grèce ;
Et je trouvai d'abord ses princes rassemblés,
Qu'un péril assez grand semblait avoir troublés.
J'y courus. Je pensai que la guerre et la gloire
De soins plus importants rempliraient ma mémoire ;
Que, mes sens reprenant leur première vigueur,
L'amour achèverait de sortir de mon cœur.
Mais admire avec moi le sort, dont la poursuite
Me fait courir alors au piège que j'évite.
J'entends de tous côtés qu'on menace Pyrrhus ;
Toute la Grèce éclate en murmures confus :

On se plaint qu'oubliant son sang et sa promesse,
Il élève en sa cour l'ennemi de la Grèce,
Astyanax, d'Hector jeune et malheureux fils,
Reste de tant de rois sous Troie ensevelis.
J'apprends que pour ravir son enfance au supplice
Andromaque trompa l'ingénieux Ulysse,
Tandis qu'un autre enfant, arraché de ses bras,
Sous le nom de son fils fut conduit au trépas.
On dit que, peu sensible aux charmes d'Hermione,
Mon rival porte ailleurs son cœur et sa couronne.
Ménélas, sans le croire, en paraît affligé
Et se plaint d'un hymen si longtemps négligé.
Parmi les déplaisirs où son âme se noie,
Il s'élève en la mienne une secrète joie.
Je triomphe ; et pourtant je me flatte d'abord
Que la seule vengeance excite ce transport.
Mais l'ingrate en mon cœur reprit bientôt sa place.
De mes feux mal éteints je reconnus la trace ;
Je sentis que ma haine allait finir son cours ;
Ou plutôt je sentis que je l'aimais toujours.
Ainsi de tous les Grecs je brigue le suffrage.
On m'envoie à Pyrrhus, j'entreprends ce voyage.
Je viens voir si l'on peut arracher de ses bras
Cet enfant dont la vie alarme tant d'États.
Heureux si je pouvais, dans l'ardeur qui me presse,
Au lieu d'Astyanax, lui ravir ma princesse !
Car enfin n'attends pas que mes feux redoublés
Des périls les plus grands puissent être troublés.
Puisqu'après tant d'efforts ma résistance est vaine,
Je me livre en aveugle au destin qui m'entraîne.
J'aime : je viens chercher Hermione en ces lieux,
La fléchir, l'enlever, ou mourir à ses yeux.
Toi qui connais Pyrrhus, que penses-tu qu'il fasse ?
Dans sa cour, dans son cœur, dis-moi ce qui se passe.
Mon Hermione encor le tient-elle asservi ?
Me rendra-t-il, Pylade, un bien qu'il m'a ravi ?

PYLADE.

Je vous abuserais, si j'osais vous promettre
Qu'entre vos mains, seigneur, il voulût la remettre :
Non que de sa conquête il paraisse flatté,
Pour la veuve d'Hector ses feux ont éclaté ;
Il l'aime : mais enfin cette veuve inhumaine
N'a payé jusqu'ici son amour que de haine ;

Et chaque jour encor on lui voit tout tenter
Pour fléchir sa captive, ou pour l'épouvanter.
De son fils qu'il lui cache il menace la tête
Et fait couler des pleurs qu'aussitôt il arrête.
Hermione elle-même a vu plus de cent fois
Cet amant irrité revenir sous ses lois,
Et, de ses vœux troublés lui rapportant l'hommage,
Soupirer à ses pieds moins d'amour que de rage.
Ainsi n'attendez pas que l'on puisse aujourd'hui
Vous répondre d'un cœur si peu maître de lui :
Il peut, seigneur, il peut, dans ce désordre extrême,
Épouser ce qu'il hait et punir ce qu'il aime.

ORESTE.

Mais dis-moi de quel œil Hermione peut voir
Son hymen différé, ses charmes sans pouvoir ?

PYLADE.

Hermione, seigneur, au moins en apparence,
Semble de son amant dédaigner l'inconstance
Et croit que, trop heureux de fléchir sa rigueur,
Il la viendra presser de reprendre son cœur.
Mais je l'ai vue enfin me confier ses larmes :
Elle pleure en secret le mépris de ses charmes ;
Toujours prête à partir, et demeurant toujours,
Quelquefois elle appelle Oreste à son secours.

ORESTE.

Ah ! si je le croyais, j'irais bientôt, Pylade,
Me jeter...

PYLADE.

Achevez, seigneur, votre ambassade.
Vous attendez le roi : parlez, et lui montrez
Contre le fils d'Hector tous les Grecs conjurés.
Loin de leur accorder ce fils de sa maîtresse,
Leur haine ne fera qu'irriter sa tendresse.
Plus on les veut brouiller, plus on va les unir.
Pressez, demandez tout pour ne rien obtenir.
Il vient.

ORESTE.

Eh bien ! va donc disposer la cruelle
A revoir un amant qui ne vient que pour elle.

SCÈNE II : PYRRHUS, ORESTE, PHŒNIX.

ORESTE.

Avant que tous les Grecs vous parlent par ma voix,
Souffrez que j'ose ici me flatter de leur choix,
Et qu'à vos yeux, seigneur, je montre quelque joie
De voir le fils d'Achille et le vainqueur de Troie.
Oui, comme ses exploits nous admirons vos coups.
Hector tomba sous lui, Troie expira sous vous ;
Et vous avez montré, par une heureuse audace,
Que le fils seul d'Achille a pu remplir sa place.
Mais, ce qu'il n'eût point fait, la Grèce avec douleur
Vous voit du sang troyen relever le malheur,
Et, vous laissant toucher d'une pitié funeste,
D'une guerre si longue entretenir le reste.
Ne vous souvient-il plus, seigneur, quel fut Hector ?
Nos peuples affaiblis s'en souviennent encor.
Son nom seul fait frémir nos veuves et nos filles,
Et dans toute la Grèce il n'est point de familles
Qui ne demandent compte à ce malheureux fils
D'un père ou d'un époux qu'Hector leur a ravis.
Et qui sait ce qu'un jour ce fils peut entreprendre ?
Peut-être dans nos ports nous le verrons descendre,
Tel qu'on a vu son père, embraser nos vaisseaux,
Et, la flamme à la main, les suivre sur les eaux.
Oserai-je, seigneur, dire ce que je pense ?
Vous-même de vos soins craignez la récompense,
Et que dans votre sein ce serpent élevé
Ne vous punisse un jour de l'avoir conservé.
Enfin de tous les Grecs satisfaites l'envie,
Assurez leur vengeance, assurez votre vie :
Perdez un ennemi d'autant plus dangereux
Qu'il s'essaiera sur vous à combattre contre eux.

PYRRHUS.

La Grèce en ma faveur est trop inquiétée :
De soins plus importants je l'ai crue agitée,
Seigneur ; et, sur le nom de son ambassadeur,
J'avais dans ses projets conçu plus de grandeur.
Qui croirait, en effet, qu'une telle entreprise
Du fils d'Agamemnon méritât l'entremise ;
Qu'un peuple tout entier, tant de fois triomphant,
N'eût daigné conspirer que la mort d'un enfant ?
Mais à qui prétend-on que je le sacrifie ?
La Grèce a-t-elle encor quelque droit sur sa vie ?

Et seul de tous les Grecs ne m'est-il pas permis
D'ordonner d'un captif que le sort m'a soumis ?
Oui, seigneur, lorsqu'au pied des murs fumants de Troie
Les vainqueurs tout sanglants partagèrent leur proie,
Le sort, dont les arrêts furent alors suivis,
Fit tomber en mes mains Andromaque et son fils.
Hécube près d'Ulysse acheva sa misère [1] ;
Cassandre dans Argos a suivi votre père [2] :
Sur eux, sur leurs captifs, ai-je étendu mes droits ?
Ai-je enfin disposé du fruit de leurs exploits ?
On craint qu'avec Hector Troie un jour ne renaisse :
Son fils peut me ravir le jour que je lui laisse.
Seigneur, tant de prudence entraîne trop de soin.
Je ne sais point prévoir les malheurs de si loin.
Je songe quelle était autrefois cette ville
Si superbe en remparts, en héros si fertile,
Maîtresse de l'Asie ; et je regarde enfin
Quel fut le sort de Troie et quel est son destin.
Je ne vois que des tours que la cendre a couvertes,
Un fleuve teint de sang, des campagnes désertes,
Un enfant dans les fers ; et je ne puis songer
Que Troie en cet état aspire à se venger.
Ah ! si du fils d'Hector la perte était jurée,
Pourquoi d'un an entier l'avons-nous différée ?
Dans le sein de Priam n'a-t-on pu l'immoler ?
Sous tant de morts, sous Troie, il fallait l'accabler.
Tout était juste alors : la vieillesse et l'enfance
En vain sur leur faiblesse appuyaient leur défense ;
La victoire et la nuit, plus cruelles que nous,
Nous excitaient au meurtre et confondaient nos coups.
Mon courroux aux vaincus ne fut que trop sévère.
Mais que ma cruauté survive à ma colère !
Que, malgré la pitié dont je me sens saisir,
Dans le sang d'un enfant je me baigne à loisir !
Non, seigneur; que les Grecs cherchent quelque autre proie;
Qu'ils poursuivent ailleurs ce qui reste de Troie.
De mes inimitiés le cours est achevé ;
L'Épire sauvera ce que Troie a sauvé.

ORESTE.

Seigneur, vous savez trop avec quel artifice
Un faux Astyanax fut offert au supplice [3]

---

1. Hécube, femme de Priam.
2. Cassandre, fille de Priam.
3. Il est généralement admis que cette substitution est légendaire.

Où le seul fils d'Hector devait être conduit ;
Ce n'est pas les Troyens, c'est Hector qu'on poursuit.
Oui, les Grecs sur le fils persécutent le père ;
Il a par trop de sang acheté leur colère.
Ce n'est que dans le sien qu'elle peut expirer ;
Et jusque dans l'Épire il les peut attirer :
Prévenez-les.

PYRRHUS.

        Non, non. J'y consens avec joie :
Qu'ils cherchent dans l'Épire une seconde Troie ;
Qu'ils confondent leur haine et ne distinguent plus
Le sang qui les fit vaincre et celui des vaincus.
Aussi bien ce n'est pas la première injustice
Dont la Grèce d'Achille a payé le service.
Hector en profita [1], seigneur ; et quelque jour
Son fils en pourrait bien profiter à son tour.

ORESTE.

Ainsi la Grèce en vous trouve un enfant rebelle ?

PYRRHUS.

Et je n'ai donc vaincu que pour dépendre d'elle ?

ORESTE.

Hermione, seigneur, arrêtera vos coups :
Ses yeux s'opposeront entre son père et vous.

PYRRHUS.

Hermione, seigneur, peut m'être toujours chère ;
Je puis l'aimer, sans être esclave de son père ;
Et je saurai peut-être accorder quelque jour
Les soins de ma grandeur et ceux de mon amour.
Vous pouvez cependant voir la fille d'Hélène :
Du sang qui vous unit je sais l'étroite chaîne [2].
Après cela, seigneur, je ne vous retiens plus,
Et vous pourrez aux Grecs annoncer mon refus.

SCÈNE III : PYRRHUS, PHŒNIX.

PHŒNIX.

Ainsi vous l'envoyez aux pieds de sa maîtresse ?

---

1. Allusion à la colère d'Achille chantée dans l'*Iliade*.
2. Hermione était fille de Ménélas, lequel était frère du père d'Oreste, Agamemnon.

PYRRHUS.

On dit qu'il a longtemps brûlé pour la princesse.

PHŒNIX.

Mais si ce feu, seigneur, vient à se rallumer ?
S'il lui rendait son cœur, s'il s'en faisait aimer ?

PYRRHUS.

Ah ! qu'ils s'aiment, Phœnix ; j'y consens : qu'elle parte !
Que, charmés l'un de l'autre, ils retournent à Sparte :
Tous nos ports sont ouverts et pour elle et pour lui.
Qu'elle m'épargnerait de contrainte et d'ennui !

PHŒNIX.

Seigneur...

PYRRHUS.

      Une autre fois je t'ouvrirai mon âme :
Andromaque paraît.

SCÈNE IV : PYRRHUS, ANDROMAQUE, CÉPHISE.

PYRRHUS.

      Me cherchiez-vous, madame ?
Un espoir si charmant me serait-il permis ?

ANDROMAQUE.

Je passais jusqu'aux lieux où l'on garde mon fils.
Puisqu'une fois le jour vous souffrez que je voie
Le seul bien qui me reste et d'Hector et de Troie,
J'allais, seigneur, pleurer un moment avec lui :
Je ne l'ai point encore embrassé d'aujourd'hui !

PYRRHUS.

Ah ! madame, les Grecs, si j'en crois leurs alarmes.
Vous donneront bientôt d'autres sujets de larmes.

ANDROMAQUE.

Et quelle est cette peur dont leur cœur est frappé,
Seigneur ? Quelque Troyen vous est-il échappé ?

PYRRHUS.

Leur haine pour Hector n'est pas encore éteinte :
Ils redoutent son fils.

ANDROMAQUE.

      Digne objet de leur crainte !
Un enfant malheureux, qui ne sait point encor
Que Pyrrhus est son maître, et qu'il est fils d'Hector !

PYRRHUS.

Tel qu'il est, tous les Grecs demandent qu'il périsse,
Le fils d'Agamemnon vient hâter son supplice.

ANDROMAQUE.

Et vous prononcerez un arrêt si cruel ?
Est-ce mon intérêt qui le rend criminel ?
Hélas ! on ne craint point qu'il venge un jour son père ;
On craint qu'il n'essuyât les larmes de sa mère.
Il m'aurait tenu lieu d'un père [1] et d'un époux ;
Mais il me faut tout perdre, et toujours par vos coups.

PYRRHUS.

Madame, mes refus ont prévenu vos larmes.
Tous les Grecs m'ont déjà menacé de leurs armes ;
Mais, dussent-ils encore, en repassant les eaux,
Demander votre fils avec mille vaisseaux,
Coûtât-il tout le sang qu'Hélène a fait répandre,
Dussé-je après dix ans voir mon palais en cendre,
Je ne balance point, je vole à son secours,
Je défendrai sa vie aux dépens de mes jours.
Mais, parmi ces périls où je cours pour vous plaire,
Me refuserez-vous un regard moins sévère ?
Haï de tous les Grecs, pressé de tous côtés,
Me faudra-t-il combattre encor vos cruautés ?
Je vous offre mon bras. Puis-je espérer encore
Que vous accepterez un cœur qui vous adore ?
En combattant pour vous, me sera-t-il permis
De ne vous point compter parmi mes ennemis ?

ANDROMAQUE.

Seigneur, que faites-vous, et que dira la Grèce ?
Faut-il qu'un si grand cœur montre tant de faiblesse ?
Voulez-vous qu'un dessein si beau, si généreux,
Passe pour le transport d'un esprit amoureux ?
Captive, toujours triste, importune à moi-même,
Pouvez-vous souhaiter qu'Andromaque vous aime ?
Quels charmes ont pour vous des yeux infortunés
Qu'à des pleurs éternels vous avez condamnés ?
Non, non, d'un ennemi respecter la misère,
Sauver des malheureux, rendre un fils à sa mère,
De cent peuples pour lui combattre la rigueur,
Sans me faire payer son salut de mon cœur,

---

1. Le père d'Andromaque, Eétion, avait été tué par Achille.

Malgré moi, s'il le faut, lui donner un asile :
Seigneur, voilà des soins dignes du fils d'Achille.

PYRRHUS.

Hé quoi ! votre courroux n'a-t-il pas eu son cours ?
Peut-on haïr sans cesse ? et punit-on toujours ?
J'ai fait des malheureux, sans doute ; et la Phrygie
Cent fois de votre sang a vu ma main rougie ;
Mais que vos yeux sur moi se sont bien exercés !
Qu'ils m'ont vendu bien cher les pleurs qu'ils ont versés !
De combien de remords m'ont-ils rendu la proie !
Je souffre tous les maux que j'ai faits devant Troie :
Vaincu, chargé de fers, de regrets consumé,
Brûlé de plus de feux que je n'en allumai,
Tant de soins, tant de pleurs, tant d'ardeurs inquiètes...
Hélas ! fus-je jamais si cruel que vous l'êtes ?
Mais enfin, tour à tour, c'est assez nous punir ;
Nos ennemis communs devraient nous réunir.
Madame, dites-moi seulement que j'espère,
Je vous rends votre fils, et je lui sers de père ;
Je l'instruirai moi-même à venger les Troyens ;
J'irai punir les Grecs de vos maux et des miens.
Animé d'un regard, je puis tout entreprendre :
Votre Ilion encor peut sortir de sa cendre ;
Je puis, en moins de temps que les Grecs ne l'ont pris,
Dans ses murs relevés couronner votre fils.

ANDROMAQUE.

Seigneur, tant de grandeurs ne nous touchent plus guère :
Je les lui promettais tant qu'a vécu son père.
Non, vous n'espérez plus de nous revoir encor,
Sacrés murs, que n'a pu conserver mon Hector !
A de moindres faveurs des malheureux prétendent,
Seigneur ; c'est un exil que mes pleurs vous demandent.
Souffrez que, loin des Grecs, et même loin de vous,
J'aille cacher mon fils et pleurer mon époux.
Votre amour contre nous allume trop de haine :
Retournez, retournez à la fille d'Hélène.

PYRRHUS.

Et le puis-je, madame ? Ah ! que vous me gênez [1] !
Comment lui rendre un cœur que vous me retenez ?

---

1. *Gêner* (de *géhenne*, tourmenter.

Je sais que de mes vœux on lui promit l'empire :
Je sais que pour régner elle vint dans l'Épire :
Le sort vous y voulut l'une et l'autre amener,
Vous, pour porter des fers, elle, pour en donner.
Cependant ai-je pris quelque soin de lui plaire ?
Et ne dirait-on pas, en voyant au contraire
Vos charmes tout-puissants, et les siens dédaignés,
Qu'elle est ici captive, et que vous y régnez ?
Ah ! qu'un seul des soupirs que mon cœur vous envoie,
S'il s'échappait vers elle, y porterait de joie !

ANDROMAQUE.

Et pourquoi vos soupirs seraient-ils repoussés ?
Aurait-elle oublié vos services passés ?
Troie, Hector, contre vous révoltent-ils son âme ?
Aux cendres d'un époux doit-elle enfin sa flamme ?
Et quel époux encore ! Ah ! souvenir cruel !
Sa mort seule a rendu votre père immortel :
Il doit au sang d'Hector tout l'éclat de ses armes ;
Et vous n'êtes tous deux connus que par mes larmes.

PYRRHUS.

Hé bien, madame, hé bien, il faut vous obéir :
Il faut vous oublier, ou plutôt vous haïr.
Oui, mes vœux ont trop loin poussé leur violence
Pour ne plus s'arrêter que dans l'indifférence ;
Songez-y bien : il faut désormais que mon cœur,
S'il n'aime avec transport, haïsse avec fureur.
Je n'épargnerai rien dans ma juste colère :
Le fils me répondra des mépris de la mère ;
La Grèce le demande ; et je ne prétends pas
Mettre toujours ma gloire à sauver des ingrats.

ANDROMAQUE.

Hélas ! il mourra donc ! Il n'a pour sa défense
Que les pleurs de sa mère et que son innocence ;
Et peut-être après tout, en l'état où je suis,
Sa mort avancera la fin de mes ennuis.
Je prolongeais pour lui ma vie et ma misère ;
Mais enfin sur ses pas j'irai revoir son père.
Ainsi tous trois, seigneur, par vos soins réunis,
Nous vous...

PYRRHUS.

Allez, madame, allez voir votre fils.

Peut-être, en le voyant, votre amour plus timide
Ne prendra pas toujours sa colère pour guide.
Pour savoir nos destins j'irai vous retrouver :
Madame, en l'embrassant, songez à le sauver.

ACTE DEUXIÈME

SCÈNE PREMIÈRE : HERMIONE, CLÉONE.

HERMIONE.

Je fais ce que je veux : je consens qu'il me voie ;
Je lui veux bien encore accorder cette joie.
Pylade va bientôt conduire ici ses pas ;
Mais, si je m'en croyais, je ne le verrais pas.

CLÉONE.

Et qu'est-ce que sa vue a pour vous de funeste ?
Madame, n'est-ce pas toujours le même Oreste
Dont vous avez cent fois souhaité le retour,
Et dont vous regrettiez la constance et l'amour ?

HERMIONE.

C'est cet amour payé de trop d'ingratitude
Qui me rend en ces lieux sa présence si rude.
Quelle honte pour moi, quel triomphe pour lui,
De voir mon infortune égaler son ennui !
Est-ce là, dira-t-il, cette fière Hermione ?
Elle me dédaignait ; un autre l'abandonne.
L'ingrate, qui mettait son cœur à si haut prix,
Apprend donc à son tour à souffrir des mépris !
Ah ! dieux !

CLÉONE.

      Ah ! dissipez ces indignes alarmes :
Il a trop bien senti le pouvoir de vos charmes.
Vous croyez qu'un amant vienne vous insulter ?
Il vous rapporte un cœur qu'il n'a pu vous ôter.
Mais vous ne dites point ce que vous mande un père.

HERMIONE.

Dans ses retardements si Pyrrhus persévère,

A la mort du Troyen s'il ne veut consentir.
Mon père avec les Grecs m'ordonne de partir.

CLÉONE.

Hé bien, madame, hé bien, écoutez donc Oreste.
Pyrrhus a commencé, faites au moins le reste.
Pour bien faire il faudrait que vous le prévinssiez.
Ne m'avez-vous pas dit que vous le haïssiez ?

HERMIONE.

Si je le hais, Cléone ! Il y va de ma gloire,
Après tant de bontés dont il perd la mémoire.
Lui qui me fut si cher, et qui m'a pu trahir !
Ah ! je l'ai trop aimé pour ne le point haïr.

CLÉONE.

Fuyez-le donc, madame ; et puisqu'on vous adore...

HERMIONE.

Ah ! laisse à ma fureur le temps de croître encore !
Contre mon ennemi laisse-moi m'assurer ;
Cléone, avec horreur je m'en veux séparer.
Il n'y travaillera que trop bien, l'infidèle !

CLÉONE.

Quoi ! vous en attendez quelque injure nouvelle ?
Aimer une captive, et l'aimer à vos yeux,
Tout cela n'a donc pu vous le rendre odieux ?
Après ce qu'il a fait, que saurait-il donc faire ?
Il vous aurait déplu, s'il pouvait vous déplaire.

HERMIONE.

Pourquoi veux-tu, cruelle, irriter mes ennuis ?
Je crains de me connaître en l'état où je suis.
De tout ce que tu vois tâche de ne rien croire ;
Crois que je n'aime plus, vante-moi ma victoire ;
Crois que dans son dépit mon cœur est endurci ;
Hélas ! et, s'il se peut, fais-le moi croire aussi.
Tu veux que je le fuie ? Hé bien ! rien ne m'arrête :
Allons, n'envions plus son indigne conquête ;
Que sur lui sa captive étende son pouvoir ;
Fuyons... Mais si l'ingrat rentrait dans son devoir !
Si la foi dans son cœur retrouvait quelque place !
S'il venait à mes pieds me demander sa grâce !
Si sous mes lois, Amour, tu pouvais l'engager !
S'il voulait... Mais l'ingrat ne veut que m'outrager.

Demeurons toutefois pour troubler leur fortune ;
Prenons quelque plaisir à leur être importune ;
Ou, le forçant de rompre un nœud si solennel,
Aux yeux de tous les Grecs rendons-le criminel.
J'ai déjà sur le fils attiré leur colère ;
Je veux qu'on vienne encor lui demander la mère.
Rendons-lui les tourments qu'elle me fait souffrir ;
Qu'elle le perde, ou bien qu'il la fasse périr.

CLÉONE.

Vous pensez que des yeux toujours ouverts aux larmes
Se plaisent à troubler le pouvoir de vos charmes,
Et qu'un cœur accablé de tant de déplaisirs
De son persécuteur ait brigué les soupirs ?
Voyez si sa douleur en paraît soulagée.
Pourquoi donc les chagrins où son âme est plongée ?
Contre un amant qui plaît pourquoi tant de fierté ?

HERMIONE.

Hélas ! pour mon malheur, je l'ai trop écouté.
Je n'ai point du silence affecté le mystère :
Je croyais sans péril pouvoir être sincère ;
Et, sans armer mes yeux d'un moment de rigueur,
Je n'ai pour lui parler consulté que mon cœur.
Et qui ne se serait comme moi déclarée
Sur la foi d'une amour si saintement jurée ?
Me voyait-il de l'œil qu'il me voit aujourd'hui ?
Tu t'en souviens encor, tout conspirait pour lui :
Ma famille vengée, et les Grecs dans la joie,
Nos vaisseaux tout chargés des dépouilles de Troie,
Les exploits de son père effacés par les siens,
Ses feux que je croyais plus ardents que les miens,
Mon cœur, toi-même enfin de sa gloire éblouie,
Avant qu'il me trahît, vous m'avez tous trahie.
Mais c'en est trop, Cléone, et quel que soit Pyrrhus.
Hermione est sensible, Oreste a des vertus.
Il sait aimer du moins, et même sans qu'on l'aime ;
Et peut-être il saura se faire aimer lui-même.
Allons : qu'il vienne enfin.

CLÉONE.

Madame, le voici.

HERMIONE.

Ah ! je ne croyais pas qu'il fût si près d'ici.

SCÈNE II : HERMIONE, ORESTE, CLÉONE.

HERMIONE.

Le croirai-je, seigneur, qu'un reste de tendresse
Vous fasse ici chercher une triste princesse ?
Ou ne dois-je imputer qu'à votre seul devoir
L'heureux empressement qui vous porte à me voir ?

ORESTE.

Tel est de mon amour l'aveuglement funeste ;
Vous le savez, madame ; et le destin d'Oreste
Est de venir sans cesse adorer vos attraits,
Et de jurer toujours qu'il n'y viendra jamais.
Je sais que vos regards vont rouvrir mes blessures,
Que tous mes pas vers vous sont autant de parjures ;
Je le sais, j'en rougis. Mais j'atteste les dieux,
Témoins de la fureur de mes derniers adieux,
Que j'ai couru partout où ma perte certaine
Dégageait mes serments et finissait ma peine.
J'ai mendié la mort chez des peuples cruels
Qui n'apaisaient leurs dieux que du sang des mortels :
Ils m'ont fermé leur temple ; et ces peuples barbares
De mon sang prodigué sont devenus avares,
Enfin je viens à vous, et je me vois réduit
A chercher dans vos yeux une mort qui me fuit.
Mon désespoir n'attend que leur indifférence :
Ils n'ont qu'à m'interdire un reste d'espérance ;
Ils n'ont, pour avancer cette mort où je cours,
Qu'à me dire une fois ce qu'ils m'ont dit toujours.
Voilà, depuis un an, le seul soin qui m'anime.
Madame, c'est à vous de prendre une victime
Que les Scythes auraient dérobée à vos coups,
Si j'en avais trouvé d'aussi cruels que vous.

HERMIONE.

Quittez, seigneur, quittez ce funeste langage.
A des soins plus pressants la Grèce vous engage.
Que parlez-vous du Scythe et de mes cruautés !
Songez à tous ces rois que vous représentez.
Faut-il que d'un transport leur vengeance dépende ?
Est-ce le sang d'Oreste enfin qu'on vous demande ?
Dégagez-vous des soins dont vous êtes chargé.

ORESTE.

Les refus de Pyrrhus m'ont assez dégagé,

Madame : il me renvoie ; et quelque autre puissance
Lui fait du fils d'Hector embrasser la défense.

HERMIONE.

L'infidèle !

ORESTE.

Ainsi donc, tout prêt à le quitter,
Sur mon propre destin je viens vous consulter.
Déjà même je crois entendre la réponse
Qu'en secret contre moi votre haine prononce.

HERMIONE.

Hé quoi ! toujours injuste en vos tristes discours,
De mon inimitié vous plaindrez-vous toujours ?
Quelle est cette rigueur tant de fois alléguée ?
J'ai passé dans l'Épire où j'étais reléguée ;
Mon père l'ordonnait : mais qui sait si depuis
Je n'ai point en secret partagé vos ennuis ?
Pensez-vous avoir seul éprouvé des alarmes ?
Que l'Épire jamais n'ait vu couler mes larmes ?
Enfin, qui vous a dit que, malgré mon devoir,
Je n'ai pas quelquefois souhaité de vous voir ?

ORESTE.

Souhaité de me voir ! Ah, divine princesse...
Mais, de grâce, est-ce à moi que ce discours s'adresse ?
Ouvrez les yeux : songez qu'Oreste est devant vous,
Oreste, si longtemps l'objet de leur courroux.

HERMIONE.

Oui, c'est vous dont l'amour, naissant avec leurs charmes,
Leur apprit le premier le pouvoir de leurs armes ;
Vous que mille vertus me forçaient d'estimer ;
Vous que j'ai plaint, enfin que je voudrais aimer.

ORESTE.

Je vous entends. Tel est mon partage funeste :
Le cœur est pour Pyrrhus, et les vœux pour Oreste.

HERMIONE.

Ah ! ne souhaitez pas le destin de Pyrrhus,
Je vous haïrais trop.

ORESTE.

Vous m'en aimeriez plus.
Ah ! que vous me verriez d'un regard bien contraire !
Vous me voulez aimer, et je ne puis vous plaire ;

Et, l'amour seul alors se faisant obéir,
Vous m'aimeriez, madame, en me voulant haïr.
O dieux ! tant de respects, une amitié si tendre...
Que de raisons pour moi, si vous pouviez m'entendre !
Vous seule pour Pyrrhus disputez aujourd'hui,
Peut-être malgré vous, sans doute malgré lui :
Car enfin il vous hait ; son âme, ailleurs éprise
N'a plus...

HERMIONE.

Qui vous l'a dit, seigneur, qu'il me méprise ?
Ses regards, ses discours vous l'ont-ils donc appris ?
Jugez-vous que ma vue inspire des mépris,
Qu'elle allume en un cœur des feux si peu durables ?
Peut-être d'autres yeux me sont plus favorables.

ORESTE.

Poursuivez : il est beau de m'insulter ainsi.
Cruelle, c'est donc moi qui vous méprise ici ?
Vos yeux n'ont pas assez éprouvé ma constance ?
Je suis donc un témoin de leur peu de puissance ?
Je les ai méprisés ? Ah ! qu'ils voudraient bien voir
Mon rival comme moi mépriser leur pouvoir !

HERMIONE.

Que m'importe, seigneur, sa haine ou sa tendresse ?
Allez contre un rebelle armer toute la Grèce ;
Rapportez-lui le prix de sa rébellion ;
Qu'on fasse de l'Épire un second Ilion.
Allez. Après cela direz-vous que je l'aime ?

ORESTE.

Madame, faites plus, et venez-y vous-même.
Voulez-vous demeurer pour otage en ces lieux ?
Venez dans tous les cœurs faire parler vos yeux.
Faisons de notre haine une commune attaque.

HERMIONE.

Mais, seigneur, cependant, s'il épouse Andromaque ?

ORESTE.

Hé ! madame.

HERMIONE.

Songez quelle honte pour nous
Si d'une Phrygienne il devenait l'époux !

ORESTE.

Et vous le haïssez ? Avouez-le, madame,
L'amour n'est pas un feu qu'on renferme en une âme :
Tout nous trahit, la voix, le silence, les yeux ;
Et les feux mal couverts n'en éclatent que mieux.

HERMIONE.

Seigneur, je le vois bien, votre âme prévenue
Répand sur mes discours le venin qui la tue,
Toujours dans mes raisons cherche quelque détour,
Et croit qu'en moi la haine est un effort d'amour.
Il faut donc m'expliquer : vous agirez ensuite.
Vous savez qu'en ces lieux mon devoir m'a conduite ;
Mon devoir m'y retient ; et je n'en puis partir
Que mon père ou Pyrrhus ne m'en fasse sortir.
De la part de mon père allez lui faire entendre
Que l'ennemi des Grecs ne peut être son gendre ;
Du Troyen ou de moi faites-le décider ;
Qu'il songe qui des deux il veut rendre ou garder,
Enfin qu'il me renvoie, ou bien qu'il vous le livre.
Adieu. S'il y consent, je suis prête à vous suivre.

SCÈNE III : ORESTE, seul.

Oui, oui, vous me suivrez, n'en doutez nullement :
Je vous réponds déjà de son consentement.
Je ne crains pas enfin que Pyrrhus la retienne :
Il n'a devant les yeux que sa chère Troyenne ;
Tout autre objet le blesse ; et peut-être aujourd'hui
Il n'attend qu'un prétexte à l'éloigner de lui.
Nous n'avons qu'à parler : c'en est fait. Quelle joie
D'enlever à l'Épire une si belle proie !
Sauve tout ce qui reste et de Troie et d'Hector ;
Garde son fils, sa veuve, et mille autres encor,
Épire : c'est assez qu'Hermione rendue
Perde à jamais tes bords et ton prince de vue.
Mais un heureux destin le conduit en ces lieux.
Parlons. A tant d'attraits, Amour, ferme ses yeux.

SCÈNE IV : PYRRHUS, ORESTE, PHŒNIX.

PYRRHUS.

Je vous cherchais, seigneur. Un peu de violence
M'a fait de vos raisons combattre la puissance,

Je l'avoue ; et, depuis que je vous ai quitté,
J'en ai senti la force et connu l'équité.
J'ai songé, comme vous, qu'à la Grèce ,à mon père,
A moi-même, en un mot, je devenais contraire :
Que je relevais Troie, et rendais imparfait
Tout ce qu'a fait Achille et tout ce que j'ai fait.
Je ne condamne plus un courroux légitime :
Et l'on vous va, seigneur, livrer votre victime.

ORESTE.

Seigneur, par ce conseil prudent et rigoureux,
C'est acheter la paix du sang d'un malheureux.

PYRRHUS.

Oui, mais je veux, seigneur, l'assurer davantage :
D'une éternelle paix Hermione est le gage ;
Je l'épouse. Il semblait qu'un spectacle si doux
N'attendît en ces lieux qu'un témoin tel que vous.
Vous y représentez tous les Grecs et son père,
Puisqu'en vous Ménélas voit revivre son frère.
Voyez-la donc. Allez. Dites-lui que demain
J'attends avec la paix son cœur de votre main.

ORESTE.

Ah ! dieux !

SCÈNE V : PYRRHUS, PHŒNIX.

PYRRHUS.

Hé bien, Phœnix, l'amour est-il le maître ?
Tes yeux refusent-ils encor de me connaître ?

PHŒNIX.

Ah ! je vous reconnais : et ce juste courroux,
Ainsi qu'à tous les Grecs, seigneur, vous rend à vous.
Ce n'est plus le jouet d'une flamme servile :
C'est Pyrrhus, c'est le fils et le rival d'Achille,
Que la gloire à la fin ramène sous ses lois,
Qui triomphe de Troie une seconde fois.

PYRRHUS.

Dis plutôt qu'aujourd'hui commence ma victoire.
D'aujourd'hui seulement je jouis de ma gloire ;
Et mon cœur, aussi fier que tu l'as vu soumis,
Croit avoir en l'amour vaincu mille ennemis.

Considère, Phœnix, les troubles que j'évite,
Quelle foule de maux l'amour traîne à sa suite,
Que d'amis, de devoirs j'allais sacrifier,
Quels périls... Un regard m'eût tout fait oublier.
Tous les Grecs conjurés fondaient sur un rebelle.
Je trouvais du plaisir à me perdre pour elle.

PHŒNIX.

Oui, je bénis, seigneur, l'heureuse cruauté
Qui vous rend...

PYRRHUS.

Tu l'as vu comme elle m'a traité.
Je pensais, en voyant sa tendresse alarmée,
Que son fils me la dût renvoyer désarmée :
J'allais voir le succès de ses embrassements ;
Je n'ai trouvé que pleurs mêlés d'emportements.
Sa misère l'aigrit ; et, toujours plus farouche,
Cent fois le nom d'Hector est sorti de sa bouche.
Vainement à son fils j'assurais mon secours :
« C'est Hector, disait-elle, en l'embrassant toujours ;
Voilà ses yeux, sa bouche, et déjà son audace ;
C'est lui-même, c'est toi, cher époux, que j'embrasse. »
Et quelle est sa pensée ? Attend-elle en ce jour
Que je lui laisse un fils pour nourrir son amour ?

PHŒNIX.

Sans doute, c'est le prix que vous gardait l'ingrate.
Mais laissez-la, seigneur.

PYRRHUS.

Je vois ce qui la flatte :
Sa beauté la rassure ; et, malgré mon courroux,
L'orgueilleuse m'attend encore à ses genoux.
Je la verrais aux miens, Phœnix, d'un œil tranquille.
Elle est veuve d'Hector, et je suis fils d'Achille :
Trop de haine sépare Andromaque et Pyrrhus.

PHŒNIX.

Commencez donc, seigneur, à ne m'en parler plus.
Allez voir Hermione ; et, content de lui plaire,
Oubliez à ses pieds jusqu'à votre colère.
Vous-même à cet hymen venez la disposer :
Est-ce sur un rival qu'il s'en faut reposer ?
Il ne l'aime que trop.

PYRRHUS.

Crois-tu, si je l'épouse,
Qu'Andromaque en son cœur n'en sera pas jalouse ?

PHŒNIX.

Quoi? toujours Andromaque occupe votre esprit ?
Que vous importe, ô dieux ! sa joie ou son dépit ?
Quel charme, malgré vous, vers elle vous attire ?

PYRRHUS.

Non, je n'ai pas bien dit tout ce qu'il lui faut dire :
Ma colère à ses yeux n'a paru qu'à demi ;
Elle ignore à quel point je suis son ennemi.
Retournons-y. Je veux la braver à sa vue,
Et donner à ma haine une libre étendue.
Viens voir tous ses attraits, Phœnix, humiliés.
Allons.

PHŒNIX.

Allez, seigneur, vous jeter à ses pieds.
Allez, et lui jurant que votre âme l'adore,
A de nouveaux mépris l'encourager encore.

PYRRHUS.

Je le vois bien, tu crois que, prêt à l'excuser,
Mon cœur court après elle et cherche à s'apaiser.

PHŒNIX.

Vous aimez : c'est assez.

PYRRHUS.

Moi, l'aimer ? une ingrate
Qui me hait d'autant plus que son amour la flatte ?
Sans parents, sans amis, sans espoir que sur moi,
Je puis perdre son fils, peut-être je le doi :
Étrangère... que dis-je ? esclave dans l'Épire,
Je lui donne son fils, mon âme, mon empire ;
Et je ne puis gagner dans son perfide cœur
D'autre rang que celui de son persécuteur ?
Non, non, je l'ai juré, ma vengeance est certaine ;
Il faut bien une fois justifier sa haine.
J'abandonne son fils. Que de pleurs vont couler !
De quel nom sa douleur me va-t-elle appeler !
Quel spectacle pour elle aujourd'hui se dispose !
Elle en mourra, Phœnix, et j'en serai la cause :
C'est lui mettre moi-même un poignard dans le sein.

PHŒNIX.

Et pourquoi donc en faire éclater le dessein ?
Que ne consultiez-vous tantôt votre faiblesse ?

PYRRHUS.

Je t'entends. Mais excuse un reste de tendresse.
Crains-tu pour ma colère un si faible combat ?
D'un amour qui s'éteint c'est le dernier éclat.
Allons. A tes conseils, Phœnix, je m'abandonne.
Faut-il livrer son fils ? faut-il voir Hermione ?

PHŒNIX.

Oui, voyez-la, seigneur ; et, par des vœux soumis,
Protestez-lui...

PYRRHUS.

Faisons tout ce que j'ai promis.

ACTE TROISIÈME

SCÈNE PREMIÈRE : ORESTE, PYLADE.

PYLADE.

Modérez donc, seigneur, cette fureur extrême :
Je ne vous connais plus ; vous n'êtes plus vous-même.
Souffrez...

ORESTE.

Non, tes conseils ne sont plus de saison,
Pylade, je suis las d'écouter la raison.
C'est traîner trop longtemps ma vie et mon supplice.
Il faut que je l'enlève, ou bien que je périsse ;
Le dessein en est pris, je le veux achever.
Oui, je le veux.

PYLADE.

Hé bien, il la faut enlever ;
J'y consens. Mais songez cependant où vous êtes.
Que croira-t-on de vous à voir ce que vous faites ?
Dissimulez : calmez ce transport inquiet ;
Commandez à vos yeux de garder le secret.

Ces gardes, cette cour, l'air qui vous environne,
Tout dépend de Pyrrhus, et surtout d'Hermione.
A ses regards surtout cachez votre courroux.
O dieux ! en cet état pourquoi la cherchiez-vous ?

ORESTE.

Que sais-je ? De moi-même étais-je alors le maître ?
La fureur m'emportait, et je venais peut-être
Menacer à la fois l'ingrate et son amant.

PYLADE.

Et quel était le fruit de cet emportement ?

ORESTE.

Et quelle âme, dis-moi, ne serait éperdue
Du coup dont ma raison vient d'être confondue ?
Il épouse, dit-il, Hermione demain ;
Il veut, pour m'honorer, la tenir de ma main.
Ah ! plutôt cette main dans le sang du barbare...

PYLADE.

Vous l'accusez, seigneur, de ce destin bizarre.
Cependant, tourmenté de ses propres desseins,
Il est peut-être à plaindre autant que je vous plains.

ORESTE.

Non, non ; je le connais, mon désespoir le flatte :
Sans moi, sans mon amour, il dédaignait l'ingrate ;
Ses charmes jusque-là n'avaient pu le toucher :
Le cruel ne la prend que pour me l'arracher.
Ah ! dieux ! c'en était fait : Hermione gagnée
Pour jamais de sa vue allait être éloignée ;
Son cœur, entre l'amour et le dépit confus,
Pour se donner à moi n'attendait qu'un refus ;
Ses yeux s'ouvraient, Pylade ; elle écoutait Oreste,
Lui parlait, le plaignait. Un mot eût fait le reste.

PYLADE.

Vous le croyez ?

ORESTE.

Hé quoi ! ce courroux enflammé
Contre un ingrat...

PYLADE.

Jamais il ne fut plus aimé.
Pensez-vous, quand Pyrrhus vous l'aurait accordée,
Qu'un prétexte tout prêt ne l'eût pas retardée ?

M'en croirez-vous ? Lassé de ses trompeurs attraits,
Au lieu de l'enlever, fuyez-la pour jamais.
Quoi ? votre amour se veut charger d'une furie
Qui vous détestera, qui, toute votre vie,
Regrettant un hymen tout prêt à s'achever,
Voudra...

ORESTE.

C'est pour cela que je veux l'enlever.
Tout lui rirait, Pylade ; et moi, pour mon partage,
Je n'emporterais donc qu'une inutile rage ?
J'irais loin d'elle encor tâcher de l'oublier ?
Non, non, à mes tourments je veux l'associer.
C'est trop gémir tout seul. Je suis las qu'on me plaigne :
Je prétends qu'à mon tour l'inhumaine me craigne,
Et que ses yeux cruels, à pleurer condamnés,
Me rendent tous les noms que je leur ai donnés.

PYLADE.

Voilà donc le succès qu'aura votre ambassade :
Oreste ravisseur !

ORESTE.

Et qu'importe, Pylade ?
Quand nos États vengés jouiront de mes soins,
L'ingrate de mes pleurs jouira-t-elle moins ?
Et que me servira que la Grèce m'admire,
Tandis que je serai la fable de l'Épire ?
Que veux-tu ? Mais, s'il faut ne te rien déguiser.
Mon innocence enfin commence à me peser.
Je ne sais de tout temps quelle injuste puissance
Laisse le crime en paix et poursuit l'innocence.
De quelque part sur moi que je tourne les yeux,
Je ne vois que malheurs qui condamnent les dieux.
Méritons leur courroux, justifions leur haine,
Et que le fruit du crime en précède la peine.
Mais toi, par quelle erreur veux-tu toujours sur toi
Détourner un courroux qui ne cherche que moi ?
Assez et trop longtemps mon amitié t'accable :
Évite un malheureux, abandonne un coupable.
Cher Pylade, crois-moi, ta pitié te séduit.
Laisse-moi des périls dont j'attends tout le fruit.
Porte aux Grecs cet enfant que Pyrrhus m'abandonne.
Va-t-en.

PYLADE.

Allons, seigneur, enlevons Hermione.

Au travers des périls un grand cœur se fait jour.
Que ne peut l'amitié conduite par l'amour?
Allons de tous vos Grecs encourager le zèle.
Nos vaisseaux sont tout prêts, et le vent nous appelle.
Je sais de ce palais tous les détours obscurs :
Vous voyez que la mer en vient battre les murs ;
Et cette nuit, sans peine, une secrète voie
Jusqu'en votre vaisseau conduira votre proie.

ORESTE.

J'abuse, cher ami, de ton trop d'amitié ;
Mais pardonne à des maux dont toi seul as pitié ;
Excuse un malheureux qui perd tout ce qu'il aime,
Que tout le monde hait, et qui se hait lui-même.
Que ne puis-je à mon tour dans un sort plus heureux...

PYLADE.

Dissimulez, seigneur ; c'est tout ce que je veux.
Gardez qu'avant le coup votre dessein n'éclate :
Oubliez jusque-là qu'Hermione est ingrate ;
Oubliez votre amour. Elle vient, je la voi.

ORESTE.

Va-t-en. Réponds-moi d'elle, et je réponds de moi.

SCÈNE II : HERMIONE, ORESTE, CLÉONE.

ORESTE.

Hé bien, mes soins vous ont rendu votre conquête ;
J'ai vu Pyrrhus, madame, et votre hymen s'apprête.

HERMIONE.

On le dit ; et de plus on vient de m'assurer
Que vous ne me cherchiez que pour m'y préparer.

ORESTE.

Et votre âme à ses vœux ne sera point rebelle ?

HERMIONE.

Qui l'eût cru que Pyrrhus ne fût point infidèle ?
Que sa flamme attendrait si tard pour éclater ?
Qu'il reviendrait à moi, quand je l'allais quitter ?
Je veux croire avec vous qu'il redoute la Grèce,
Qu'il suit son intérêt plutôt que sa tendresse,
Que mes yeux sur votre âme étaient plus absolus.

ORESTE.

Non, madame ; il vous aime, et je n'en doute plus.
Vos yeux ne font-ils pas tout ce qu'ils veulent faire ?
Et vous ne vouliez pas, sans doute, lui déplaire.

HERMIONE.

Mais que puis-je, seigneur ? On a promis ma foi :
Lui ravirai-je un bien qu'il ne tient pas de moi ?
L'amour ne règle pas le sort d'une princesse :
La gloire d'obéir est tout ce qu'on nous laisse.
Cependant je partais ; et vous avez pu voir
Combien je relâchais pour vous de mon devoir.

ORESTE.

Ah ! que vous saviez bien, cruelle... Mais, madame,
Chacun peut à son choix disposer de son âme.
La vôtre était à vous. J'espérais ; mais enfin
Vous l'avez pu donner sans me faire un larcin.
Je vous accuse aussi bien moins que la fortune.
Et pourquoi vous lasser d'une plainte importune ?
Tel est votre devoir, je l'avoue ; et le mien
Est de vous épargner un si triste entretien.

SCÈNE III : HERMIONE, CLÉONE.

HERMIONE.

Attendais-tu, Cléone, un courroux si modeste ?

CLÉONE.

La douleur qui se tait n'en est que plus funeste.
Je le plains, d'autant plus qu'auteur de son ennui,
Le coup qui l'a perdu n'est parti que de lui.
Comptez depuis quel temps votre hymen se prépare :
Il a parlé, madame, et Pyrrhus se déclare.

HERMIONE.

Tu crois que Pyrrhus craint ? Et que craint-il encor ?
Des peuples qui, dix ans, ont fui devant Hector ;
Qui cent fois, effrayés de l'absence d'Achille,
Dans leurs vaisseaux brûlants ont cherché leur asile,
Et qu'on verrait encor, sans l'appui de son fils,
Redemander Hélène aux Troyens impunis ?
Non, Cléone, il n'est point ennemi de lui-même :
Il veut tout ce qu'il fait ; et, s'il m'épouse, il m'aime.

Mais qu'Oreste à son gré m'impute ses douleurs :
N'avons-nous d'entretien que celui de ses pleurs ?
Pyrrhus revient à nous. Hé bien ! chère Cléone,
Conçois-tu les transports de l'heureuse Hermione ?
Sais-tu quel est Pyrrhus ? T'es-tu fait raconter
Le nombre des exploits... Mais qui les peut compter ?
Intrépide, et partout suivi de la victoire,
Charmant, fidèle, enfin, rien ne manque à sa gloire.
Songe...

CLÉONE.

Dissimulez ; votre rivale en pleurs
Vient à vos pieds, sans doute, apporter ses douleurs.

HERMIONE.

Dieux ! ne puis-je à ma joie abandonner mon âme ?
Sortons : que lui dirais-je ?

SCÈNE IV : ANDROMAQUE. HERMIONE, CLÉONE, CÉPHISE.

ANDROMAQUE.

     Où fuyez-vous, madame ?
N'est-ce pas à vos yeux un spectacle assez doux
Que la veuve d'Hector pleurant à vos genoux ?
Je ne viens point ici, par de jalouses larmes,
Vous envier un cœur qui se rend à vos charmes.
Par une main cruelle, hélas ! j'ai vu percer
Le seul où mes regards prétendaient s'adresser :
Ma flamme par Hector fut jadis allumée ;
Avec lui dans la tombe elle s'est enfermée.
Mais il me reste un fils. Vous saurez quelque jour,
Madame, pour un fils jusqu'où va notre amour ;
Mais vous ne saurez pas, du moins je le souhaite,
En quel trouble mortel son intérêt nous jette,
Lorsque de tant de biens qui pouvaient nous flatter
C'est le seul qui nous reste, et qu'on veut nous l'ôter.
Hélas ! lorsque lassés de dix ans de misère,
Les Troyens en courroux menaçaient votre mère,
J'ai su de mon Hector lui procurer l'appui [1] :
Vous pouvez sur Pyrrhus ce que j'ai pu sur lui.

---

1. Hélène, en butte à la haine des Troyens, était protégée et souvent consolée par Hector.

Que craint-on d'un enfant qui survit à sa perte ?
Laissez-moi le cacher en quelque île déserte ;
Sur les soins de sa mère on peut s'en assurer,
Et mon fils avec moi n'apprendra qu'à pleurer.

HERMIONE.

Je conçois vos douleurs ; mais un devoir austère,
Quand mon père a parlé, m'ordonne de me taire.
C'est lui qui de Pyrrhus fait agir le courroux.
S'il faut fléchir Pyrrhus, qui le peut mieux que vous ?
Vos yeux assez longtemps ont régné sur son âme.
Faites-le prononcer : j'y souscrirai, madame.

SCÈNE V : ANDROMAQUE, CÉPHISE.

ANDROMAQUE.

Quel mépris la cruelle attache à ses refus !

CÉPHISE.

Je croirais ses conseils, et je verrais Pyrrhus.
Un regard confondrait Hermione et la Grèce...
Mais lui-même il vous cherche.

SCÈNE VI : PYRRHUS, ANDROMAQUE, PHŒNIX, CÉPHISE.

PYRRHUS, *à Phœnix*.

Où donc est la princesse ?
Ne m'avais-tu pas dit qu'elle était en ces lieux ?

PHŒNIX.

Je le croyais.

ANDROMAQUE, *à Céphise*.

Tu vois le pouvoir de mes yeux.

PYRRHUS.

Que dit-elle, Phœnix ?

ANDROMAQUE.

Hélas ! tout m'abandonne !

PHŒNIX.

Allons, seigneur, marchons sur les pas d'Hermione.

CÉPHISE.

Qu'attendez-vous ? Rompez ce silence obstiné.

ANDROMAQUE.

Il a promis mon fils.

CÉPHISE.

Il ne l'a pas donné.

ANDROMAQUE.

Non, non, j'ai beau pleurer, sa mort est résolue.

PYRRHUS.

Daigne-t-elle sur nous tourner au moins la vue ?
Quel orgueil !

ANDROMAQUE.

Je ne fais que l'irriter encor,
Sortons.

PYRRHUS.

Allons aux Grecs livrer le fils d'Hector.

ANDROMAQUE.

Ah ! seigneur, arrêtez ! que prétendez-vous faire ?
Si vous livrez le fils, livrez-leur donc la mère !
Vos serments m'ont tantôt juré tant d'amitié !
Dieux ! ne pourrai-je au moins toucher votre pitié ?
Sans espoir de pardon m'avez-vous condamnée ?

PYRRHUS.

Phœnix vous le dira, ma parole est donnée.

ANDROMAQUE.

Vous qui braviez pour moi tant de périls divers !

PYRRHUS.

J'étais aveugle alors ; mes yeux se sont ouverts.
Sa grâce à vos désirs pouvait être accordée ;
Mais vous ne l'avez pas seulement demandée :
C'en est fait.

ANDROMAQUE.

Ah ! seigneur, vous entendiez assez
Des soupirs qui craignaient de se voir repoussés.
Pardonnez à l'éclat d'une illustre fortune
Ce reste de fierté qui craint d'être importune.
Vous ne l'ignorez pas : Andromaque, sans vous,
N'aurait jamais d'un maître embrassé les genoux.

PYRRHUS.

Non, vous me haïssez ; et dans le fond de l'âme
Vous craignez de devoir quelque chose à ma flamme.
Ce fils même, ce fils, l'objet de tant de soins,
Si je l'avais sauvé, vous l'en aimeriez moins.
La haine, le mépris, contre moi tout s'assemble ;
Vous me haïssez plus que tous les Grecs ensemble.
Jouissez à loisir d'un si noble courroux.
Allons, Phœnix.

ANDROMAQUE.

Allons rejoindre mon époux.

CÉPHISE.

Madame...

ANDROMAQUE, *à Céphise.*

Et que veux-tu que je lui dise encore ?
Auteur de tous mes maux, crois-tu qu'il les ignore ?
   (*A Pyrrhus.*)
Seigneur, voyez l'état où vous me réduisez.
J'ai vu mon père mort et nos murs embrasés ;
J'ai vu trancher les jours de ma famille entière,
Et mon époux sanglant traîné sur la poussière,
Son fils seul avec moi, réservé pour les fers.
Mais que ne peut un fils ? Je respire, je sers.
J'ai fait plus : je me suis quelquefois consolée
Qu'ici, plutôt qu'ailleurs, le sort m'eût exilée ;
Qu'heureux dans son malheur, le fils de tant de rois,
Puisqu'il devait servir, fût tombé sous vos lois :
J'ai cru que sa prison deviendrait son asile.
Jadis Priam soumis fut respecté d'Achille :
J'attendais de son fils encor plus de bonté.
Pardonne, cher Hector, à ma crédulité !
Je n'ai pu soupçonner ton ennemi d'un crime :
Malgré lui-même enfin je l'ai cru magnanime.
Ah ! s'il l'était assez pour nous laisser du moins
Au tombeau qu'à ta cendre ont élevé mes soins.
Et que, finissant là sa haine et nos misères,
Il ne séparât point des dépouilles si chères !

PYRRHUS.

Va m'attendre, Phœnix.

SCÈNE VII : PYRRHUS, ANDROMAQUE, CÉPHISE.

PYRRHUS *continue*,

Madame, demeurez.
On peut vous rendre encor ce fils que vous pleurez.
Oui, je sens à regret qu'en excitant vos larmes
Je ne fais contre moi que vous donner des armes :
Je croyais apporter plus de haine en ces lieux.
Mais, madame, du moins tournez vers moi les yeux.
Voyez si mes regards sont d'un juge sévère,
S'ils sont d'un ennemi qui cherche à vous déplaire.
Pourquoi me forcez-vous vous-même à vous trahir ?
Au nom de votre fils, cessons de nous haïr.
A le sauver enfin c'est moi qui vous convie.
Faut-il que mes soupirs vous demandent sa vie ?
Faut-il qu'en sa faveur j'embrasse vos genoux ?
Pour la dernière fois, sauvez-le, sauvez-vous.
Je sais de quels serments je romps pour vous les chaînes,
Combien je vais sur moi faire éclater de haines.
Je renvoie Hermione, et je mets sur son front,
Au lieu de ma couronne, un éternel affront.
Je vous conduis au temple où son hymen s'apprête ;
Je vous ceins du bandeau préparé pour sa tête.
Mais ce n'est plus, madame, une offre à dédaigner ;
Je vous le dis : il faut ou périr ou régner.
Mon cœur, désespéré d'un an d'ingratitude,
Ne peut plus de son sort souffrir l'incertitude.
C'est craindre, menacer, et gémir trop longtemps.
Je meurs si je vous perds ; mais je meurs si j'attends.
Songez-y : je vous laisse, et je viendrai vous prendre
Pour vous mener au temple où ce fils doit m'attendre ;
Et là vous me verrez, soumis ou furieux,
Vous couronner, madame, ou le perdre à vos yeux.

SCÈNE VIII : ANDROMAQUE, CÉPHISE.

CÉPHISE.

Je vous l'avais prédit, qu'en dépit de la Grèce
De votre sort encor vous seriez la maîtresse.

ANDROMAQUE.

Hélas ! de quel effet tes discours sont suivis !
Il ne me restait plus qu'à condamner mon fils.

CÉPHISE.

Madame, à votre époux c'est être assez fidèle :
Trop de vertu pourrait vous rendre criminelle.
Lui-même il porterait votre âme à la douceur.

ANDROMAQUE.

Quoi ! je lui donnerais Pyrrhus pour successeur ?

CÉPHISE.

Ainsi le veut son fils, que les Grecs vous ravissent.
Pensez-vous qu'après tout ses mânes en rougissent ?
Qu'il méprisât, madame, un roi victorieux
Qui vous fait remonter au rang de vos aïeux,
Qui foule aux pieds pour vous vos vainqueurs en colère,
Qui ne se souvient plus qu'Achille était son père,
Qui dément ses exploits et les rend superflus ?

ANDROMAQUE.

Dois-je les oublier, s'il ne s'en souvient plus ?
Dois-je oublier Hector privé de funérailles,
Et traîné sans honneur autour de nos murailles [1] ?
Dois-je oublier mon père à mes pieds renversé [2],
Ensanglantant l'autel qu'il tenait embrassé ?
Songe, songe, Céphise, à cette nuit cruelle
Qui fut pour tout un peuple une nuit éternelle ;
Figure-toi Pyrrhus, les yeux étincelants,
Entrant à la lueur de nos palais brûlants,
Sur tous mes frères morts se faisant un passage,
Et, de sang tout couvert, échauffant le carnage ;
Songe aux cris des vainqueurs, songe aux cris des mourants,
Dans la flamme étouffés, sous le fer expirants ;
Peins-toi dans ces horreurs Andromaque éperdue :
Voilà comme Pyrrhus vint s'offrir à ma vue ;
Voilà par quels exploits il sut se couronner ;
Enfin voilà l'époux que tu veux me donner.
Non, je ne serai point complice de ses crimes ;
Qu'il nous prenne, s'il veut, pour dernières victimes.
Tous mes ressentiments lui seraient asservis !

CÉPHISE.

Hé bien ! allons donc voir expirer votre fils .
On n'attend plus que vous... Vous frémissez, madame !

---

1. Attaché au char de son vainqueur, Achille.
2. Priam.

ANDROMAQUE.

Ah ! de quel souvenir viens-tu frapper mon âme !
Quoi ! Céphise, j irai voir expirer encor
Ce fils, ma seule joie et l'image d'Hector !
Ce fils, que de sa flamme il me laissa pour gage !
Hélas ! je m'en souviens, le jour que son courage
Lui fit chercher Achille, ou plutôt le trépas,
Il demanda son fils et le prit dans ses bras :
« Chère épouse, dit-il en essuyant mes larmes,
J'ignore quel succès le sort garde à mes armes :
Je te laisse mon fils pour gage de ma foi :
S'il me perd, je prétends qu'il me retrouve en toi.
Si d un heureux hymen la mémoire t'est chère,
Montre au fils à quel point tu chérissais le père. »
Et je puis voir répandre un sang si précieux !
Et je laisese avec lui périr tous ses aïeux !
Roi barbare, faut-il que mon crime l'entraîne ?
Si je te hais, est-il coupable de ma haine ?
T'a-t-il de tous les siens reproché le trépas ?
S'est-il plaint à tes yeux des maux qu'il ne sent pas ?
Mais cependant, mon fils, tu meurs si je n'arrête
Le fer que le cruel tient levé sur ta tête.
Je l'en puis détourner, et je t'y vais offrir ?
Non, tu ne mourras point : je ne le puis souffrir.
Allons trouver Pyrrhus. Mais non, chère Céphise,
Va le trouver pour moi.

CÉPHISE.

Que faut-il que je dise ?

ANDROMAQUE.

Dis-lui que de mon fils l'amour est assez fort...
Crois-tu que dans son cœur il ait juré sa mort ?
L'amour peut-il si loin pousser sa barbarie ?

CÉPHISE.

Madame, il va bientôt revenir en furie.

ANDROMAQUE.

Hé bien ! va l'assurer...

CÉPHISE.

De quoi ? de votre foi ?

ANDROMAQUE.

Hélas ! pour la promettre est-elle encore à moi ?

O cendres d'un époux ! ô Troyens ! ô mon père !
O mon fils, que tes jours coûtent cher à ta mère !
Allons.

CÉPHISE.

Où donc, madame ? et que résolvez-vous ?

ANDROMAQUE.

Allons sur son tombeau consulter mon époux.

ACTE QUATRIÈME

SCÈNE PREMIÈRE : ANDROMAQUE, CÉPHISE.

CÉPHISE.

Ah ! je n'en doute point : c'est votre époux, madame,
C'est Hector qui produit ce miracle en votre âme !
Il veut que Troie encor se puisse relever
Avec cet heureux fils qu'il vous fait conserver.
Pyrrhus vous l'a promis. Vous venez de l'entendre,
Madame, il n'attendait qu'un mot pour vous le rendre.
Croyez-en ses transports : père, sceptre, alliés,
Content de votre cœur, il met tout à vos pieds ;
Sur lui, sur tout son peuple il vous rend souveraine.
Est-ce là ce vainqueur digne de tant de haine ?
Déjà contre les Grecs plein d'un noble courroux,
Le soin de votre fils le touche autant que vous :
Il prévient leur fureur ; il lui laisse sa garde :
Pour ne pas l'exposer, lui-même se hasarde.
Mais tout s'apprête au temple ; et vous avez promis.

ANDROMAQUE.

Oui, je m'y trouverai. Mais allons voir mon fils.

CÉPHISE.

Madame, qui vous presse ? Il suffit que sa vue
Désormais à vos yeux ne soit plus défendue.
Vous lui pourrez bientôt prodiguer vos bontés,
Et vos embrassements ne seront plus comptés.
Quel plaisir d'élever un enfant qu'on voit craître [1],

---

1. Forme du XVIIe siècle, pour *croître*. On prononçait *craître*.

Non plus comme un esclave élevé pour son maître,
Mais pour voir avec lui renaître tant de rois !

ANDROMAQUE.

Céphise, allons le voir pour la dernière fois.

CÉPHISE.

Que dites-vous ? ô dieux !

ANDROMAQUE.

        O ma chère Céphise !
Ce n'est point avec toi que mon cœur se déguise :
Ta foi, dans mon malheur, s'est montrée à mes yeux ;
Mais j'ai cru qu'à mon tour tu me connaissais mieux.
Quoi donc? as-tu pensé qu'Andromaque infidèle
Pût trahir un époux qui croit revivre en elle ;
Et que, de tant de morts réveillant la douleur,
Le soin de mon repos me fît troubler le leur ?
Est-ce là cette ardeur tant promise à sa cendre ?
Mais son fils périssait, il l'a fallu défendre.
Pyrrhus en m'épousant s'en déclare l'appui ;
Il suffit : je veux bien m'en reposer sur lui.
Je sais quel est Pyrrhus. Violent, mais sincère,
Céphise, il fera plus qu'il n'a promis de faire.
Sur le courroux des Grecs je m'en repose encor :
Leur haine va donner un père au fils d'Hector.
Je vais donc, puisqu'il faut que je me sacrifie,
Assurer à Pyrrhus le reste de ma vie,
Je vais, en recevant sa foi sur les autels,
L'engager à mon fils par des liens immortels.
Mais aussitôt ma main, à moi seule funeste,
D'une infidèle vie abrégera le reste
Et, sauvant ma vertu, rendra ce que je doi
A Pyrrhus, à mon fils, à mon époux, à moi.
Voilà de mon amour l'innocent stratagème :
Voilà ce qu'un époux m'a commandé lui-même.
J'irai seule rejoindre Hector et mes aïeux.
Céphise, c'est à toi de me fermer les yeux.

CÉPHISE.

Ah ! ne prétendez pas que je puisse survivre...

ANDROMAQUE.

Non, non, je te défends, Céphise, de me suivre.
Je confie à tes soins mon unique trésor :
Si tu vivais pour moi, vis pour le fils d'Hector.

De l'espoir des Troyens seule dépositaire.
Songe à combien de rois tu deviens nécessaire.
Veille auprès de Pyrrhus ; fais-lui garder sa foi :
S'il le faut, je consens qu'on lui parle de moi.
Fais-lui valoir l'hymen où je me suis rangée ;
Dis-lui qu'avant ma mort je lui fus engagé,
Que ses ressentiments doivent être effacés !
Qu'en lui laissant mon fils, c'est l'estimer assez.
Fais connaître à mon fils les héros de sa race ;
Autant que tu pourras, conduis-le sur leur trace :
Dis-lui par quels exploits leurs noms ont éclaté,
Plutôt ce qu'ils ont fait que ce qu'ils ont été ;
Parle-lui tous les jours des vertus de son père ;
Et quelquefois aussi parle-lui de sa mère.
Mais qu'il ne songe plus, Céphise, à nous venger :
Nous lui laissons un maître, il le doit ménager.
Qu'il ait de ses aïeux un souvenir modeste :
Il est du sang d'Hector, mais il en est le reste ;
Et pour ce reste enfin j'ai moi-même, en un jour,
Sacrifié mon sang, ma haine et mon amour.

CÉPHISE.

Hélas !

ANDROMAQUE.

    Ne me suis point, si ton cœur en alarmes
Prévoit qu'il ne pourra commander à tes larmes.
On vient. Cache tes pleurs, Céphise ; et souviens-toi
Que le sort d'Andromaque est commis à ta foi [1].
C'est Hermione. Allons, fuyons sa violence.

SCÈNE II : HERMIONE, CLÉONE.

CLÉONE.

Non, je ne puis assez admirer ce silence.
Vous vous taisez, madame ; et ce cruel mépris
N'a pas du moindre trouble agité vos esprits ?
Vous soutenez en paix une si rude attaque,
Vous qu'on voyait frémir au seul nom d'Andromaque ?
Vous qui sans désespoir ne pouviez endurer
Que Pyrrhus d'un regard la voulût honorer ?
Il l'épouse ; il lui donne, avec son diadème,
La foi que vous venez de recevoir vous-même,

---

1. *Commis* pour « confié ».

Et votre bouche encor, muette à tant d'ennui,
N'a pas daigné s'ouvrir pour se plaindre de lui ?
Ah ! que je crains, madame, un calme si funeste !
Et qu'il vaudrait bien mieux...

HERMIONE.

Fais-tu venir Oreste ?

CLÉONE.

Il vient, madame, il vient ; et vous pouvez juger
Que bientôt à vos pieds il allait se ranger.
Prêt à servir toujours sans espoir de salaire,
Vos yeux ne sont que trop assurés de lui plaire.
Mais il entre.

SCÈNE III : ORESTE, HERMIONE, CLÉONE.

ORESTE.

Ah ! madame, est-il vrai qu'une fois
Oreste en vous cherchant obéisse à vos lois ?
Ne m'a-t-on point flatté d'une fausse espérance ?
Avez-vous en effet souhaité ma présence ?
Croirai-je que vos yeux, à la fin désarmés,
Veulent...

HERMIONE.

Je veux savoir, seigneur, si vous m'aimez.

ORESTE.

Si je vous aime ? O dieux ! mes serments, mes parjures,
Ma fuite, mon retour, mes respects, mes injures,
Mon désespoir, mes yeux de pleurs toujours noyés,
Quels témoins croirez-vous si vous ne les croyez ?

HERMIONE.

Vengez-moi, je crois tout.

ORESTE.

Hé bien, allons, madame :
Mettons encore un coup toute la Grèce en flamme ;
Prenons, en signalant mon bras et votre nom,
Vous, la place d'Hélène, et moi, d'Agamemnon ;
De Troie en ce pays réveillons les misères,
Et qu'on parle de nous ainsi que de nos pères.
Partons, je suis tout prêt.

HERMIONE.

       Non, seigneur, demeurons :
Je ne veux pas si loin porter de tels affronts.
Quoi ! de mes ennemis couronnant l'insolence,
J'irais attendre ailleurs une lente vengeance !
Et je m'en remettrais au destin des combats,
Qui peut-être à la fin ne me vengerait pas !
Je veux qu'à mon départ toute l'Épire pleure.
Mais, si vous me vengez, vengez-moi dans une heure.
Tous vos retardements sont pour moi des refus.
Courez au temple. Il faut immoler...

ORESTE.

       Qui ?

HERMIONE.

       Pyrrhus.

ORESTE.

Pyrrhus, madame?

HERMIONE.

       Hé quoi ? votre haine chancelle ?
Ah ! courez, et craignez que je ne vous rappelle.
N'alléguez point des droits que je veux oublier ;
Et ce n'est pas à vous à le justifier.

ORESTE.

Moi, je l'excuserais ? Ah ! vos bontés, madame,
Ont gravé trop avant ses crimes dans mon âme.
Vengeons-nous, j'y consens, mais par d'autres chemins :
Soyons ses ennemis, et non ses assassins ;
Faisons de sa ruine une juste conquête.
Quoi ! pour réponse aux Grecs porterai-je sa tête ?
Et n'ai-je pris sur moi le soin de tout l'État
Que pour m'en acquitter par un assassinat ?
Souffrez, au nom des dieux, que la Grèce s'explique,
Et qu'il meure chargé de la haine publique.
Souvenez-vous qu'il règne, et qu'un front couronné...

HERMIONE.

Ne vous suffit-il pas que je l'ai condamné ?
Ne vous suffit-il pas que ma gloire offensée
Demande une victime à moi seule adressée ;
Qu'Hermione est le prix d'un tyran opprimé ;
Que je le hais ; enfin, seigneur, que je l'aimai ?
Je ne m'en cache point : l'ingrat m'avait su plaire,
Soit qu'ainsi l'ordonnât mon amour ou mon père,

N'importe ; mais enfin réglez-vous là-dessus.
Malgré mes vœux, seigneur, honteusement déçus,
Malgré la juste horreur que son crime me donne,
Tant qu'il vivra, craignez que je ne lui pardonne.
Doutez jusqu'à sa mort d'un courroux incertain :
S'il ne meurt aujourd'hui, je puis l'aimer demain.

ORESTE.

Hé bien! il faut le perdre et prévenir sa grâce ;
Il faut... Mais cependant que faut-il que je fasse ?
Comment puis-je sitôt servir votre courroux ?
Quel chemin jusqu'à lui peut conduire mes coups ?
A peine suis-je encore arrivé dans l'Épire,
Vous voulez par mes mains renverser un empire ;
Vous voulez qu'un roi meure ; et pour son châtiment
Vous ne donnez qu'un jour, qu'une heure, qu'un moment.
Aux yeux de tout son peuple il faut que je l'opprime [1] !
Laissez-moi vers l'autel conduire ma victime.
Je ne m'en défends plus : et je ne veux qu'aller
Reconnaître la place où je dois l'immoler :
Cette nuit je vous sers, cette nuit je l'attaque.

HERMIONE.

Mais cependant, ce jour, il épouse Andromaque ;
Dans le temple déjà le trône est élevé,
Ma honte est confirmée, et son crime achevé.
Enfin qu'attendez-vous ? Il vous offre sa tête :
Sans gardes, sans défense, il marche à cette fête ;
Autour du fils d'Hector il les fait tous ranger ;
Il s'abandonne au bras qui me voudra venger.
Voulez-vous malgré lui prendre soin de sa vie ?
Armez, avec vos Grecs, tous ceux qui m'ont suivie :
Soulevez vos amis ; tous les miens sont à vous.
Il me trahit, vous trompe, et nous méprise tous.
Mais quoi ? déjà leur haine est égale à la mienne :
Elle épargne à regret l'époux d'une Troyenne.
Parlez : mon ennemi ne vous peut échapper,
Ou plutôt il ne faut que les laisser frapper.
Conduisez ou suivez une fureur si belle ;
Revenez tout couvert du sang de l'infidèle ;
Allez : en cet état soyez sûr de mon cœur.

ORESTE.

Mais, madame, songez...

---

1. *Opprimer* : accabler, immoler ; n'est employé dans ce sens que par Racine.

HERMIONE.

Ah ! c'en est trop, seigneur.
Tant de raisonnements offensent ma colère.
J'ai voulu vous donner les moyens de me plaire,
Rendre Oreste content ; mais enfin je vois bien
Qu'il veut toujours se plaindre et ne mériter rien.
Partez : allez ailleurs vanter votre constance,
Et me laissez ici le soin de ma vengeance.
De mes lâches bontés mon courage est confus ;
Et c'est trop en un jour essuyer de refus.
Je m'en vais seule au temple, où leur hymen s'apprête,
Où vous n'osez aller mériter ma conquête,
Là, de mon ennemi je saurai m'approcher ;
Je percerai le cœur que je n'ai pu toucher.
Et mes sanglantes mains, sur moi-même tournées,
Aussitôt, malgré lui, joindront nos destinées ;
Et, tout ingrat qu'il est, il me sera plus doux
De mourir avec lui que de vivre avec vous.

ORESTE.

Non, je vous priverai de ce plaisir funeste,
Madame : il ne mourra que de la main d'Oreste.
Vos ennemis par moi vont vous être immolés,
Et vous reconnaîtrez mes soins, si vous voulez.

HERMIONE.

Allez. De votre sort laissez-moi la conduite,
Et que tous vos vaisseaux soient prêts pour notre fuite.

SCÈNE IV : HERMIONE, CLÉONE.

CLÉONE.

Vous vous perdez, madame ; et vous devez songer...

HERMIONE.

Que je me perde ou non, je songe à me venger.
Je ne sais même encor, quoi qu'il m'ait pu promettre,
Sur d'autres que sur moi si je dois m'en remettre :
Pyrrhus n'est pas coupable à ses yeux comme aux miens,
Et je tiendrais mes coups bien plus sûrs que les siens.
Quel plaisir de venger moi-même mon injure,
De retirer mon bras teint du sang du parjure,
Et, pour rendre sa peine et mes plaisirs plus grands,
De cacher ma rivale à ses regards mourants !
Ah ! si du moins Oreste, en punissant son crime,
Lui laissait le regret de mourir ma victime !

Va le trouver : dis-lui qu'il apprenne à l'ingrat
Qu'on l'immole à ma haine, et non pas à l'État.
Chère Cléone, cours : ma vengeance est perdue
S'il ignore en mourant que c'est moi qui le tue.

CLÉONE.

Je vous obéirai. Mais qu'est-ce que je voi ?
O dieux ! qui l'aurait cru, madame ? C'est le roi.

HERMIONE.

Ah ! cours après Oreste ; et dis-lui, ma Cléone,
Qu'il n'entreprenne rien sans revoir Hermione !

SCÈNE V : PYRRHUS, HERMIONE, PHŒNIX.

PYRRHUS.

Vous ne m'attendiez pas, madame ; et je vois bien
Que mon abord ici trouble votre entretien.
Je ne viens point, armé d'un indigne artifice,
D'un voile d'équité couvrir mon injustice ;
Il suffit que mon cœur me condamne tout bas ;
Et je soutiendrais mal ce que je ne crois pas.
J'épouse une Troyenne. Oui, madame, et j'avoue
Que je vous ai promis la foi que je lui voue.
Un autre vous dirait que dans les champs troyens
Nos deux pères sans nous formèrent ces liens,
Et que, sans consulter ni mon choix ni le vôtre,
Nous fûmes sans amour engagés l'un à l'autre ;
Mais c'est assez pour moi que je me sois soumis.
Par mes ambassadeurs mon cœur vous fut promis :
Loin de les révoquer, je voulus y souscrire :
Je vous vis avec eux arriver en Épire ;
Et quoique d'un autre œil l'éclat victorieux
Eût déjà prévenu le pouvoir de vos yeux,
Je ne m'arrêtai point à cette ardeur nouvelle :
Je voulus m'obstiner à vous être fidèle ;
Je vous reçus en reine ; et jusques à ce jour
J'ai cru que mes serments me tiendraient lieu d'amour.
Mais cet amour l'emporte ; et, par un coup funeste,
Andromaque m'arrache un cœur qu'elle déteste :
L'un par l'autre entraînés, nous courons à l'autel
Nous jurer malgré nous un amour immortel.
Après cela, madame, éclatez contre un traître,
Qui l'est avec douleur, et qui pourtant veut l'être.

Pour moi, loin de contraindre un si juste courroux,
Il me soulagera peut-être autant que vous.
Donnez-moi tous les noms destinés aux parjures :
Je crains votre silence, et non pas vos injures ;
Et mon cœur, soulevant mille secrets témoins,
M'en dira d'autant plus que vous m'en direz moins.

HERMIONE.

Seigneur, dans cet aveu dépouillé d'artifice,
J'aime à voir que du moins vous vous rendiez justice,
Et que, voulant bien rompre un nœud si solennel,
Vous vous abandonniez au crime en criminel.
Est-il juste, après tout, qu'un conquérant s'abaisse
Sous la servile loi de garder sa promesse ?
Non, non, la perfidie a de quoi vous tenter,
Et vous ne me cherchez que pour vous en vanter.
Quoi ? sans que ni serment ni devoir vous retienne,
Rechercher une Grecque, amant d'une Troyenne ?
Me quitter, me reprendre, et retourner encor
De la fille d'Hélène à la veuve d'Hector ?
Couronner tour à tour l'esclave et la princesse ;
Immoler Troie aux Grecs, au fils d'Hector la Grèce ?
Tout cela part d'un cœur toujours maître de soi,
D'un héros qui n'est point esclave de sa foi.
Pour plaire à votre épouse, il vous faudrait peut-être
Prodiguer les doux noms de parjure et de traître.
Vous veniez de mon front observer la pâleur,
Pour aller dans ses bras rire de ma douleur.
Pleurante après son char vous voulez qu'on me voie ;
Mais, seigneur, en un jour ce serait trop de joie ;
Et sans chercher ailleurs des titres empruntés,
Ne vous suffit-il pas de ceux que vous portez ?
Du vieux père d'Hector la valeur abattue
Aux pieds de sa famille expirante à sa vue,
Tandis que dans son sein votre bras enfoncé
Cherche un reste de sang que l'âge avait glacé ;
Dans des ruisseaux de sang Troie ardente plongée ;
De votre propre main Polyxène [1] égorgée
Aux yeux de tous les Grecs indignés contre vous :
Que peut-on refuser à ces généreux coups ?

PYRRHUS.

Madame, je sais trop à quel excès de rage
La vengeance d'Hélène emporta mon courage :

---

1. Fille de Priam et d'Hécube.

Je puis me plaindre à vous du sang que j'ai versé :
Mais enfin je consens d'oublier le passé.
Je rends grâces au ciel que votre indifférence
De mes heureux soupirs m'apprenne l'innocence.
Mon cœur, je le vois bien, trop prompt à se gêner,
Devait mieux vous connaître et mieux s'examiner.
Mes remords vous faisaient une injure mortelle ;
Il faut se croire aimé pour se croire infidèle.
Vous ne prétendiez point m'arrêter dans vos fers :
Je crains de vous trahir, peut-être je vous sers.
Nos cœurs n'étaient point faits dépendants l'un de l'autre :
Je suivais mon devoir, et vous cédiez au vôtre :
Rien ne vous engageait à m'aimer en effet.

HERMIONE.

Je ne t'ai point aimé, cruel ? Qu'ai-je donc fait ?
J'ai dédaigné pour toi les vœux de tous nos princes ;
Je t'ai cherché moi-même au fond de tes provinces ;
J'y suis encor, malgré tes infidélités,
Et malgré tous mes Grecs honteux de mes bontés.
Je leur ai commandé de cacher mon injure :
J'attendais en secret le retour d'un parjure :
J'ai cru que tôt ou tard, à ton devoir rendu,
Tu me rapporterais un cœur qui m'était dû.
Je t'aimais inconstant ; qu'aurais-je fait fidèle ?
Et même en ce moment où ta bouche cruelle
Vient si tranquillement m'annoncer le trépas,
Ingrat, je doute encor si je ne t'aime pas.
Mais, seigneur, s'il le faut, si le ciel en colère
Réserve à d'autres yeux la gloire de vous plaire,
Achevez votre hymen, j'y consens : mais du moins
Ne forcez pas mes yeux d'en être les témoins.
Pour la dernière fois je vous parle peut-être :
Différez-le d'un jour, demain vous serez maître,
Vous ne répondez point ? Perfide, je le voi,
Tu comptes les moments que tu perds avec moi.
Ton cœur, impatient de revoir ta Troyenne,
Ne souffre qu'à regret qu'une autre t'entretienne.
Tu lui parles du cœur, tu la cherches des yeux.
Je ne te retiens plus, sauve-toi de ces lieux ;
Va lui jurer la foi que tu m'avais jurée ;
Va profaner des dieux la majesté sacrée :
Ces dieux, ces justes dieux n'auront pas oublié
Que les mêmes serments avec moi t'ont lié.

Porte aux pieds des autels ce cœur qui m'abandonne ;
Va, cours ; mais crains encor d'y trouver Hermione.

SCÈNE VI : PYRRHUS, PHŒNIX.

PHŒNIX.

Seigneur, vous entendez : gardez de négliger
Une amante en fureur qui cherche à se venger.
Elle n'est en ces lieux que trop bien appuyée ;
La querelle des Grecs à la sienne est liée ;
Oreste l'aime encore ; et peut-être à ce prix...

PYRRHUS.

Andromaque m'attend. Phœnix, garde son fils.

ACTE CINQUIÈME

SCÈNE PREMIÈRE : HERMIONE, *seule*.

Où suis-je ? Qu'ai-je fait ? Que dois-je faire encore ?
Quel transport me saisit ? Quel chagrin me dévore ?
Errante et sans dessein, je cours dans ce palais.
Ah ! ne puis-je savoir si j'aime ou si je hais ?
Le cruel ! de quel œil il m'a congédiée :
Sans pitié, sans douleur au moins étudiée !
L'ai-je vu se troubler et me plaindre un moment ?
En ai-je pu tirer un seul gémissement ?
Muet à mes soupirs, tranquille à mes alarmes,
Semblait-il seulement qu'il eût part à mes larmes ?
Et je le plains encore ! Et, pour comble d'ennui,
Mon cœur, mon lâche cœur s'intéresse pour lui !
Je tremble au seul penser du coup qui le menace !
Et, prête à me venger, je lui fais déjà grâce !
Non, ne révoquons point l'arrêt de mon courroux :
Qu'il périsse ! aussi bien il ne vit plus pour nous.
Le perfide triomphe et se rit de ma rage :
Il pense voir en pleurs dissiper cet orage :
Il croit que, toujours faible et d'un cœur incertain,
Je parerai d'un bras les coups de l'autre main.
Il juge encor de moi par mes bontés passées.
Mais plutôt le perfide a bien d'autres pensées :

Triomphant dans le temple, il ne s'informe pas
Si l'on souhaite ailleurs sa vie ou son trépas.
Il me laisse, l'ingrat, cet embarras funeste.
Non, non, encore un coup, laissons agir Oreste.
Qu'il meure, puisqu'enfin il a dû le prévoir,
Et puisqu'il m'a forcée enfin à le vouloir.
A le vouloir ? Hé quoi? c'est donc moi qui l'ordonne?
Sa mort sera l'effet de l'amour d'Hermione ?
Ce prince, dont mon cœur se faisait autrefois
Avec tant de plaisir redire les exploits,
A qui même en secret je m'étais destinée
Avant qu'on eût conclu ce fatal hyménée,
Je n'ai donc traversé tant de mers, tant d'États,
Que pour venir si loin préparer son trépas,
L'assassiner, le perdre ? Ah ! devant qu'il expire...

SCÈNE II : HERMIONE, CLÉONE.

HERMIONE.

Ah ! qu'ai-je fait, Cléone ? et que viens-tu me dire ?
Que fait Pyrrhus ?

CLÉONE.

               Il est au comble de ses vœux,
Le plus fier des mortels et le plus amoureux.
Je l'ai vu vers le temple, où son hymen s'apprête,
Mener en conquérant sa nouvelle conquête ;
Et, d'un œil où brillaient sa joie et son espoir,
S'enivrer en marchant du plaisir de la voir.
Andromaque, au travers de mille cris de joie,
Porte jusqu'aux autels le souvenir de Troie ;
Incapable toujours d'aimer et de haïr,
Sans joie et sans murmure elle semble obéir.

HERMIONE.

Et l'ingrat ? jusqu'au bout il a poussé l'outrage ?
Mais as-tu bien, Cléone, observé son visage ?
Goûte-t-il des plaisirs tranquilles et parfaits ?
N'a-t-il point détourné ses yeux vers le palais ?
Dis-moi, ne t'es-tu point présentée à sa vue ?
L'ingrat a-t-il rougi lorsqu'il t'a reconnue ?
Son trouble avouait-il son infidélité ?
A-t-il jusqu'à la fin soutenu sa fierté ?

CLÉONE.

Madame, il ne voit rien : son salut et sa gloire
Semblent être avec vous sortis de sa mémoire.
Sans songer qui le suit, ennemis ou sujets,
Il poursuit seulement ses amoureux projets.
Autour du fils d'Hector il a rangé sa garde,
Et croit que c'est lui seul que le péril regarde.
Phœnix même en répond, qui l'a conduit exprès
Dans un fort éloigné du temple et du palais.
Voilà dans ses transports le seul soin qui lui reste.

HERMIONE.

Le perfide ! Il mourra. Mais que t'a dit Oreste ?

CLÉONE.

Oreste avec ses Grecs dans le temple est entré.

HERMIONE.

Hé bien ! à me venger n'est-il pas préparé ?

CLÉONE.

Je ne sais.

HERMIONE.

                Tu ne sais ? Quoi donc? Oreste encore,
Oreste me trahit ?

CLÉONE.

                Oreste vous adore ;
Mais de mille remords son esprit combattu
Croit tantôt son amour et tantôt sa vertu.
Il respecte en Pyrrhus l'honneur du diadème ;
Il respecte en Pyrrhus Achille et Pyrrhus même ;
Il craint la Grèce, il craint l'univers en courroux ;
Mais il se craint, dit-il, soi-même plus que tous.
Il voudrait en vainqueur vous apporter sa tête :
Le seul nom d'assassin l'épouvante et l'arrête.
Enfin il est entré, sans savoir dans son cœur
S'il en devait sortir coupable ou spectateur.

HERMIONE.

Non, non, il les verra triompher sans obstacle ;
Il se gardera bien de troubler ce spectacle.
Je sais de quels remords son courage est atteint :
Le lâche craint la mort, et c'est tout ce qu'il craint.
Quoi ! sans qu'elle employât une seule prière,
Ma mère en sa faveur arma la Grèce entière ;

Ses yeux pour leur querelle, en dix ans de combats,
Virent périr vingt rois qu'ils ne connaissaient pas ;
Et moi, je ne prétends que la mort d'un parjure,
Et je charge un amant du soin de mon injure :
Il peut me conquérir à ce prix. sans danger ;
Je me livre moi-même, et ne puis me venger !
Allons : c'est à moi seule à me rendre justice.
Que de cris de douleur le temple retentisse ;
De leur hymen fatal troublons l'événement ;
Et qu'ils ne soient unis, s'il se peut, qu'un moment.
Je ne choisirai point dans ce désordre extrême :
Tout me sera Pyrrhus, fût-ce Oreste lui-même.
Je mourrai ; mais au moins ma mort me vengera :
Je ne mourrai pas seule, et quelqu'un me suivra.

SCÈNE III : ORESTE, HERMIONE, CLÉONE [1].

ORESTE.

Madame, c'en est fait, et vous êtes servie :
Pyrrhus rend à l'autel son infidèle vie.

HERMIONE.

Il est mort ?

---

1. *Var.* Dans les éditions de 1668 et 1673 la troisième scène se lisait
comme suit :

SCÈNE III : ORESTE, ANDROMAQUE, HERMIONE. CÉPHISE.
SOLDATS D'ORESTE.

ORESTE.

Madame, c'en est fait, partons en diligence.
Venez dans mes vaisseaux goûter votre vengeance.
Voyez cette captive : elle peut mieux que moi
Vous apprendre qu'Oreste a dégagé sa foi.

HERMIONE.

O Dieux ! c'est Andromaque !

ANDROMAQUE.

Oui. c'est cette princesse
Deux fois veuve, et deux fois l'esclave de la Grèce.
Mais qui jusque dans Sparte ira vous braver tous,
Puisqu'elle voit son fils à couvert de vos coups.
Du crime de Pyrrhus complice manifeste,
J'attends son châtiment. Car je vois bien qu'Oreste,
Engagé par votre ordre à cet assassinat,
Vient de ce triste exploit vous céder tout l'éclat.
Je ne m'attendais pas que le ciel en colère
Pût. sans perdre mon fils. accroître ma misère.

ORESTE.

Il expire : et nos Grecs irrités
Ont lavé dans son sang ses infidélités.
Je vous l'avais promis ; et, quoique mon courage
Se fît de ce complot une funeste image,
J'ai couru vers le temple, où nos Grecs dispersés
Se sont jusqu'à l'autel dans la foule glissés.
Pyrrhus m'a reconnu. Mais sans changer de face,
Il semblait que ma vue excitât son audace,
Que tous les Grecs, bravés en leur ambassadeur,
Dussent de son hymen relever la splendeur.
Enfin, avec transport prenant son diadème,
Sur le front d'Andromaque il l'a posé lui-même :
« Je vous donne, a-t-il dit, ma couronne et ma foi,
Andromaque ; régnez sur l'Épire et sur moi.
Je voue à votre fils une amitié de père ;
J'en atteste les dieux, je le jure à sa mère.
Pour tous mes ennemis je déclare les siens,
Et je le reconnais pour le roi des Troyens. »
A ces mots, qui du peuple attiraient le suffrage,
Nos Grecs n'ont répondu que par un cri de rage ;
L'infidèle s'est vu partout envelopper,
Et je n'ai pu trouver de place pour frapper :
Chacun se disputait la gloire de l'abattre.
Je l'ai vu dans leurs mains quelque temps se débattre,
Tout sanglant à leurs coups vouloir se dérober ;
Mais enfin à l'autel il est allé tomber.
Du peuple épouvanté j'ai traversé la presse
Pour venir de ces lieux enlever ma princesse,
Et regagner le port, où bientôt nos amis
Viendront couverts du sang que je vous ai promis.

Et gardât à mes yeux quelque spectacle encor
Qui fît couler mes pleurs pour un autre qu'Hector.
Vous avez trouvé seule une sanglante voie
De suspendre en mon cœur le souvenir de Troie.
Plus barbare aujourd'hui qu'Achille et que son fils,
Vous me faites pleurer mes plus grands ennemis ;
Et ce que n'avait pu promesse ni menace,
Pyrrhus de mon Hector semble avoir pris la place.
Je n'ai que trop, madame, éprouvé son courroux :
J'aurais plus de sujet de m'en plaindre que vous.
Pour dernière rigueur ton amitié cruelle,
Pyrrhus, à mon époux me rendait infidèle.
Je t'en allais punir. Mais le ciel m'est témoin
Que je ne poussais pas ma vengeance si loin ;

HERMIONE.

Qu'ont-ils fait ?

ORESTE.

Pardonnez à leur impatience :
Ils ont, je le vois bien, trahi votre vengeance ;
Vous vouliez que ma main portât les premiers coups,
Qu'il sentît en mourant qu'il expirait pour vous ;
Mais c'est moi dont l'ardeur leur a servi d'exemple :
Je les ai pour vous seule entraînés dans le temple,
Madame ; et vous pouvez justement vous flatter
D'une mort que leurs bras n'ont fait qu'exécuter.
Vous seule avez poussé les coups...

HERMIONE.

Tais-toi, perfide,
Et n'impute qu'à toi ton lâche parricide.
Va faire chez tes Grecs admirer ta fureur,
Va : je la désavoue, et tu me fais horreur.
Barbare, qu'as-tu fait ? Avec quelle furie
As-tu tranché le cours d'une si belle vie !
Avez-vous pu, cruels, l'immoler aujourd'hui,
Sans que tout votre sang se soulevât pour lui ?
Mais parle : de son sort qui t'a rendu l'arbitre ?
Pourquoi l'assassiner ? Qu'a-t-il fait ? A quel titre ?
Qui te l'a dit ?

ORESTE.

O dieux ! Quoi ? ne m'avez-vous pas
Vous-même, ici, tantôt, ordonné son trépas ?

Et sans verser ton sang, ni causer tant d'alarmes,
Il ne t'en eût coûté peut-être que des larmes.

HERMIONE.

Quoi ? Pyrrhus est donc mort ?

ORESTE.

Oui, [nos Grecs irrités
Ont lavé... *(comme ci-dessus).* .   .   .   .   .   .
.   .   .   . est allé tomber.]
Le Troyen est sauvé. Mais partons, le temps presse ;
L'Épire tôt ou tard satisfera la Grèce.
Cependant j'ai voulu qu'Andromaque aujourd'hui
Honorât mon triomphe et répondît de lui.
Du peuple épouvanté la foule fugitive
M'a laissé sans obstacle enlever ma captive,
Et regagner ces lieux [où bientôt nos amis
Viendront... *(comme ci-dessus)* .   .   .   .
A toute ma famille ; et c'est assez pour moi.

HERMIONE.

Ah ! fallait-il en croire une amante insensée ?
Ne devais-tu pas lire au fond de ma pensée ?
Et ne voyais-tu pas dans mes emportements
Que mon cœur démentait ma bouche à tous moments ?
Quand je l'aurais voulu, fallait-il y souscrire ?
N'as-tu pas dû cent fois te le faire redire ?
Toi-même avant le coup me venir consulter,
Y revenir encore, ou plutôt m'éviter ?
Que ne me laissais-tu le soin de ma vengeance ?
Qui t'amène en des lieux où l'on fuit ta présence ?
Voilà de ton amour le détestable fruit :
Tu m'apportais, cruel, le malheur qui te suit.
C'est toi dont l'ambassade, à tous les deux fatale,
L'a fait pour son malheur pencher vers ma rivale.
Nous le verrions encor nous partager ses soins ;
Il m'aimerait peut-être ; il le feindrait du moins.
Adieu. Tu peux partir. Je demeure en Épire :
Je renonce à la Grèce, à Sparte, à son empire,
A toute ma famille ; et c'est assez pour moi,
Traître, qu'elle ait produit un monstre comme toi.

SCÈNE IV : ORESTE, *seul*.

Que vois-je ? est-ce Hermione ? Et que viens-je d'entendre ?
Pour qui coule le sang que je viens de répandre ?
Je suis, si je l'en crois, un traître, un assassin.
Est-ce Pyrrhus qui meurt ? et suis-je Oreste enfin ?
Quoi ! j'étouffe en mon cœur la raison qui m'éclaire ;
J'assassine à regret un roi que je révère ;
Je viole en un jour les droits des souverains,
Ceux des ambassadeurs, et tous ceux des humains,
Ceux même des autels où ma fureur l'assiège ;
Je deviens parricide, assassin, sacrilège.
Pour qui ? pour une ingrate à qui je le promets,
Qui même, s'il ne meurt, ne me verra jamais,
Dont j'épouse la rage. Et quand je l'ai servie,
Elle me redemande et son sang et sa vie !

Traître, qu'elle ait produit un monstre comme toi.]
Allons, madame, allons. C'est moi qui vous délivre.
Pyrrhus ainsi l'ordonne, et vous pouvez me suivre.
De nos derniers devoirs allons nous dégager,
Montrons qui de nous deux saura mieux le venger.

Elle l'aime ! et je suis un monstre furieux !
Je la vois pour jamais s'éloigner de mes yeux !
Et l'ingrate en fuyant me laisse pour salaire
Tous les noms odieux que j'ai pris pour lui plaire !

SCÈNE V : ORESTE, PYLADE ; SOLDATS D'ORESTE.

PYLADE.

Il faut partir, seigneur. Sortons de ce palais.
Ou bien résolvons-nous de n'en sortir jamais.
Nos Grecs pour un moment en défendent la porte.
Tout le peuple assemblé nous poursuit à main forte.
Aux ordres d'Andromaque ici tout est soumis :
Ils la traitent en reine, et nous comme ennemis.
Andromaque elle-même, à Pyrrhus si rebelle,
Lui rend tous les devoirs d'une veuve fidèle,
Commande qu'on le venge, et peut-être sur nous
Veut venger Troie encore et son premier époux.
Allons. N'attendons pas que l'on nous environne :
Nos Grecs nous rejoindront ; et tandis qu'Hermione
Tient encore le peuple autour d'elle arrêté.
Voilà notre chemin, sortons en sûreté.

ORESTE.

Non, non, c'est Hermione, amis, que je veux suivre :
À son dernier arrêt je ne puis plus survivre.
Partez : j'ai fait le crime, et je vais l'expier.

PYLADE.

Hermione, seigneur ? Il la faut oublier.
Quoi ? toujours l'instrument et l'objet de sa rage,
Cherchez-vous chez les morts quelque nouvel outrage ?
Et parce qu'elle meurt, faut-il que vous mouriez ?

ORESTE.

Elle meurt ? Dieux ! qu'entends-je ?

PYLADE.

                    Eh quoi ! vous l'ignoriez ?
En rentrant dans ces lieux nous l'avons rencontrée
Qui courait vers le temple, inquiète, égarée.
Elle a trouvé Pyrrhus porté sur des soldats
Que son sang excitait à venger son trépas.
Sans doute à cet objet sa rage s'est émue.
Mais du haut de la porte enfin nous l'avons vue,
Un poignard à la main, sur Pyrrhus se courber,
Lever les yeux au ciel, se frapper et tomber.

ORESTE.

Grâce aux dieux ! Mon malheur passe mon espérance !
Oui, je te loue, ô ciel, de ta persévérance.
Appliqué sans relâche au soin de me punir,
Au comble des douleurs tu m'as fait parvenir ;
Ta haine a pris plaisir à former ma misère ;
J'étais né pour servir d'exemple à ta colère,
Pour être du malheur un modèle accompli.
Hé bien ! je meurs content, et mon sort est rempli.
Où sont ces deux amants ? Pour couronner ma joie,
Dans leur sang, dans le mien, il faut que je me noie ;
L'un et l'autre en mourant je les veux regarder.
Réunissons trois cœurs qui n'ont pu s'accorder.
Mais quelle épaisse nuit tout à coup m'environne ?
De quel côté sortir ? D'où vient que je frissonne ?
Quelle horreur me saisit ? Grâce au ciel, j'entrevoi...
Dieux ! quels ruisseaux de sang coulent autour de moi !

PYLADE.

Ah ! seigneur.

ORESTE.

          Quoi ? Pyrrhus, je te rencontre encore ?
Trouverai-je partout un rival que j'abhorre ?
Percé de tant de coups, comment t'es-tu sauvé ?
Tiens, tiens, voilà le coup que je t'ai réservé.
Mais que vois-je ? A mes yeux Hermione l'embrasse ?
Elle vient l'arracher au coup qui le menace.
Dieux ! quels affreux regards elle jette sur moi !
Quels démons, quels serpents traîne-t-elle après soi ?
Hé bien ! filles d'enfer, vos mains sont-elles prêtes ?
Pour qui sont ces serpents qui sifflent sur vos têtes ?
A qui destinez-vous l'appareil qui vous suit ?
Venez-vous m'enlever dans l'éternelle nuit ?
Venez, à vos fureurs Oreste s'abandonne.
Mais non, retirez-vous, laissez faire Hermione :
L'ingrate mieux que vous saura me déchirer ;
Et je lui porte enfin mon cœur à dévorer.

PYLADE.

Il perd le sentiment. Amis, le temps nous presse ;
Ménageons les moments que ce transport nous laisse.
Sauvons-le. Nos efforts deviendraient impuissants
S'il reprenait ici sa rage avec ses sens.

LES
PLAIDEVRS·
COMEDIE·

A PARIS,

Chez CLAVDE BARBIN, au Palais
fur le Second Perron de la
Sainte Chapelle.

M. DC. LXIX.

AVEC PRIVILEGE DV ROY.

ACTEURS

DANDIN, juge.
LÉANDRE, fils de Dandin.
CHICANEAU, bourgeois.
ISABELLE, fille de Chicaneau.
LA COMTESSE.
PETIT JEAN, portier.
L'INTIMÉ, secrétaire.
LE SOUFFLEUR.

La scène est dans une ville de basse Normandie.

LES PLAIDEURS

Comédie - 1668

NOTICE HISTORIQUE ET ANALYTIQUE

*Incertaine est la date de la première représentation des Plaideurs :
sans doute eut-elle lieu aux premiers jours de novembre 1668. Il est peu
probable que la lecture des Guêpes d'Aristophane (Cf. Préface) ait suffi
pour que cette comédie succédât à Andromaque. Racine, vers cette époque,
avait perdu un procès. Si l'on en croit d'Olivet et Louis Racine, le poète
aurait trouvé dans une satire consolation et vengeance. Quoi qu'il en
soit, la construction de la pièce fut menée joyeusement: Boileau, Fure-
tières apportèrent, dans l'auberge du Mouton blanc, quelques idées
comiques. Mais les plus précieux collaborateurs de Racine furent les
juges du temps, surtout les avocats, lesquels ont été les authentiques
modèles de l'Intimé. Fut-ce la cabale levée par les moqués? Fut-ce la
surprise du public? La pièce, sifflée, tomba. C'est Louis XIV qui la
releva par ses applaudissements. Toute la cour, puis la ville elle-même
suivirent alors le goût du roi ; et la comédie, reprise à l'Hôtel de
Bourgogne, y obtint un grand et durable succès.*

$$\circ \quad \circ \quad \circ$$

Acte Ier. — *De grand matin Petit Jean garde la porte du juge Perrin
Dandin, qui veut aller à l'audience nuit et jour et que son fils Léandre
est obligé de faire garder à vue. Deux plaideurs viennent frapper
en vain à la porte du juge, se racontent leurs procès et finissent par se
quereller.*

Acte II. — *L'un de ces plaideurs, qui se nomme Chicaneau, a une
fille qui est aimée de Léandre. Celui-ci, déguisé en commissaire, par-*

vient à s'introduire chez lui avec l'Intimé, secrétaire de Dandin, déguisé en huissier, sous prétexte de porter un exploit, qui n'est qu'un billet amoureux. Après une scène de discussion et de coups, on réussit à faire signer par Chicaneau une soi-disante déposition, qui est un contrat de mariage. Sur ces entrefaites Dandin, apparaissant à la lucarne d'un toit, entreprend de donner une audience. On l'enferme près de la cave il reparait par un soupirail Enfin pour le retenir chez lui, son fils lui persuade de juger le chien Citron, qui vient de voler un chapon.

ACTE III. — *L'Intimé et Petit Jean font les deux avocats : Léandre fait l'assemblée. L'audience est interrompue par Chicaneau, qui vient se plaindre de l'emprisonnement arbitraire qu'il doit à la supercherie de Léandre et de l'Intimé. Mais il se voit avec ahurissement condamné, sur sa propre signature, à accorder la main d'Isabelle au fils de Perrin Dandin.*

VERS DES *PLAIDEURS* FRÉQUEMMENT CITÉS

Tel qui rit vendredi, dimanche pleurera.
(I, I.)

On apprend à hurler, dit l'autre, avec les loups.
(I, I.)

Qui veut voyager loin ménage sa monture.
(I, I.)

Et voilà comme on fait les bonnes maisons. Va...
(I, IV.)

Ce que je sais le mieux, c'est mon commencement.
(III, III.)

Oh dame ! on ne court pas deux lièvres à la fois.
(III, III.)

N'avez-vous jamais vu donner la question ?

. . . .

— Hé ! monsieur, peut-on voir souffrir des malheureux ?
— Bon ! Cela fait toujours passer une heure ou deux.
(III, III.)

PRÉFACE

Quand je lus les *Guêpes* d'Aristophane, je ne songeais guère que j'en dusse faire les *Plaideurs*. J'avoue qu'elles me divertirent beaucoup, et j'y trouvai quantité de plaisanteries qui me tentèrent d'en faire part au public ; mais c'était en les mettant dans la bouche des Italiens, à qui je les avais destinées, comme une chose qui leur appartenait de plein droit. Le juge qui saute par les fenêtres, le chien criminel, et les larmes de sa famille, me semblaient autant d'incidents dignes de la gravité de Scaramouche[1]. Le départ de cet acteur interrompit mon dessein et fit naître l'envie à quelques-uns de mes amis de voir sur notre théâtre un échantillon d'Aristophane. Je ne me rendis pas à la première proposition qu'ils m'en firent. Je leur dis que, quelque esprit que je trouvasse dans cet auteur, mon inclination ne me porterait pas à le prendre pour modèle si j'avais à faire une comédie ; et que j'aimerais beaucoup mieux imiter la régularité de Ménandre et de Térence que la liberté de Plaute et d'Aristophane. On me répondit que ce n'était pas une comédie qu'on me demandait, et qu'on voulait seulement voir si les bons mots d'Aristophane auraient quelque grâce dans notre langue. Ainsi, moitié en m'encourageant, moitié en mettant eux-mêmes la main à l'œuvre, mes amis me firent commencer une pièce qui ne tarda guère à être achevée.

Cependant la plupart du monde ne se soucie point de l'intention ni de la diligence des auteurs. On examina d'abord mon amusement comme on aurait fait une tragédie. Ceux-mêmes qui s'y étaient le plus divertis eurent peur de n'avoir pas ri dans les règles, et trouvèrent mauvais que je n'eusse pas songé plus sérieusement à les faire rire. Quelques autres s'imaginèrent qu'il était bienséant à eux de s'y ennuyer, et que les matières de palais ne pouvaient pas être un sujet de divertissement pour les gens de cour. La pièce fut bientôt après jouée à

---

1. Il s'agit probablement du fameux Tiberio Fiurilli, créateur du personnage de Scaramouche, sur l'ancien théâtre italien, à Paris.

Versailles. On ne fit point de scrupule de s'y réjouir; et ceux qui avaient cru se déshonorer de rire à Paris furent peut-être obligés de rire à Versailles pour se faire honneur.

Ils auraient tort, à la vérité, s'ils me reprochaient d'avoir fatigué leurs oreilles de trop de chicane. C'est une langue qui m'est plus étrangère qu'à personne, et je n'en ai employé que quelques mots barbares que je puis avoir appris dans le cours d'un procès que ni mes juges ni moi n'avons jamais bien entendu.

Si j'appréhende quelque chose, c'est que des personnes un peu sérieuses ne traitent de badineries le procès du chien et les extravagances du juge. Mais enfin je traduis Aristophane et l'on doit se souvenir qu'il avait affaire à des spectateurs assez difficiles. Les Athéniens savaient apparemment ce que c'était que le sel attique; et ils étaient bien sûrs, quand ils avaient ri d'une chose, qu'ils n'avaient pas ri d'une sottise.

Pour moi, je trouve qu'Aristophane a eu raison de pousser les choses au delà du vraisemblable. Les juges de l'Aréopage n'auraient pas peut-être trouvé bon qu'il eût marqué au naturel leur avidité de gagner, les bons tours de leurs secrétaires et les forfanteries de leurs avocats. Il était à propos d'outrer un peu les personnages pour les empêcher de se reconnaître. Le public ne laissait pas de discerner le vrai au travers du ridicule; et je m'assure qu'il vaut mieux avoir occupé l'impertinente éloquence de deux orateurs autour d'un chien accusé que si l'on avait mis sur la sellette un véritable criminel, et qu'on eût intéressé les spectateurs à la vie d'un homme.

Quoi qu'il en soit, je puis dire que notre siècle n'a pas été de plus mauvaise humeur que le sien ; et que si le but de ma comédie était de faire rire, jamais comédie n'a mieux attrapé son but. Ce n'est pas que j'attende un grand honneur d'avoir assez longtemps réjoui le monde. Mais je me sais quelque gré de l'avoir fait sans qu'il m'en ait coûté une seule de ces sales équivoques et de ces malhonnêtes plaisanteries qui coûtent maintenant si peu à la plupart de nos écrivains, et qui font retomber le théâtre dans la turpitude d'où quelques auteurs plus modestes l'avaient tiré.

La Comtesse. — Monsieur, il va vous dire autant de faussetés.
Chicaneau. — Monsieur, je vous dis vrai.
Dandin. —   Mon Dieu, laissez-la dire.
                              Acte II, scène XI.）

LES PLAIDEURS

— 1668 —

ACTE PREMIER

SCÈNE PREMIÈRE : PETIT JEAN, *traînant un gros sac*
de procès.

Ma foi ! sur l'avenir bien fou qui se fîra :
Tel qui rit vendredi, dimanche pleurera.
Un juge, l'an passé, me prit à son service ;
Il m'avait fait venir d'Amiens pour être Suisse [1].
Tous ces Normands voulaient se divertir de nous :
On apprend à hurler, dit l'autre, avec les loups.
Tout Picard que j'étais, j'étais un bon apôtre.
Et je faisais claquer mon fouet [2] tout comme un autre.
Tous les plus gros monsieurs me parlaient chapeau bas ;
« Monsieur de Petit Jean, » ah ! gros comme le bras !
Mais sans argent l'honneur n'est qu'une maladie.
Ma foi ! j'étais un franc portier de comédie [3] :
On avait beau heurter et m'ôter son chapeau,
On n'entrait pas chez nous sans graisser le marteau.
Point d'argent, point de Suisse, et ma porte était close.
Il est vrai qu'à Monsieur j'en rendais quelque chose :
Nous comptions quelquefois. On me donnait le soin
De fournir la maison de chandelle et de foin ;
Mais je n'y perdais rien. Enfin, vaille que vaille,
J'aurais sur le marché fort bien fourni la paille.
C'est dommage : il avait le cœur trop au métier ;
Tous les jours le premier aux plaids [4], et le dernier,
Et bien souvent tout seul : si l'on l'eût voulu croire,
Il y serait couché sans manger et sans boire.
Je lui disais parfois : « Monsieur Perrin Dandin,
Tout franc, vous vous levez tous les jours trop matin.

---

1. Les domestiques de ce nom étaient autrefois réellement de nationalité
suisse.

2. C'est-à-dire : *Je me donnais de l'importance.*

3. Celui qui recevait l'argent à la porte du théâtre.

4. *Plaids :* plaidoiries, audiences.

Qui veut voyager loin ménage sa monture.
Buvez, mangez, dormez, et faisons feu qui dure. »
Il n'en a tenu compte. Il a si bien veillé
Et si bien fait qu'on dit que son timbre est brouillé.
Il nous veut tous juger les uns après les autres.
Il marmotte toujours certaines patenôtres
Où je ne comprends rien. Il veut, bon gré, mal gré,
Ne se coucher qu'en robe et qu'en bonnet carré.
Il fit couper la tête à son coq, de colère,
Pour l'avoir éveillé plus tard qu'à l'ordinaire ;
Il disait qu'un plaideur dont l'affaire allait mal
Avait graissé la patte à ce pauvre animal.
Depuis ce bel arrêt, le pauvre homme a beau faire,
Son fils ne souffre plus qu'on lui parle d'affaire.
Il nous le fait garder jour et nuit, et de près :
Autrement, serviteur, et mon homme est aux plaids.
Pour s'échapper de nous, Dieu sait s'il est allaigre.
Pour moi, je ne dors plus : aussi je deviens maigre,
C'est pitié. Je m'étends, et ne fais que bâiller.
Mais, veille qui voudra, voici mon oreiller.
Ma foi, pour cette nuit il faut que je m'en donne !
Pour dormir dans la rue on n'offense personne.
Dormons.

SCÈNE II : L'INTIMÉ, PETIT JEAN.

L'INTIMÉ.

Ay, Petit Jean ! Petit Jean !

PETIT JEAN.

L'Intimé !

Il a déjà bien peur de me voir enrhumé.

L'INTIMÉ.

Que diable ! si matin que fais-tu dans la rue ?

PETIT JEAN.

Est-ce qu'il faut toujours faire le pied de grue,
Garder toujours un homme, et l'entendre crier ?
Quelle gueule ! Pour moi, je crois qu'il est sorcier.

L'INTIMÉ.

Bon !

PETIT JEAN.

Je lui disais donc, en me grattant la tête,
Que je voulais dormir. « Présente ta requête

Comme tu veux dormir, » m'a-t-il dit gravement.
Je dors en te contant la chose seulement.
Bonsoir.

L'INTIMÉ.

Comment bonsoir ? Que le diable m'emporte
Si... Mais j'entends du bruit au-dessus de la porte.

SCÈNE III : DANDIN, L'INTIMÉ, PETIT JEAN.

DANDIN, à la fenêtre.

Petit Jean ! L'Intimé !

L'INTIMÉ, à Petit Jean.

Paix !

DANDIN.

Je suis seul ici.
Voilà mes guichetiers en défaut, Dieu merci.
Si je leur donne temps, ils pourront comparaître.
Çà, pour nous élargir, sautons par la fenêtre.
Hors de cour !

L'INTIMÉ.

Comme il saute !

PETIT JEAN.

Ho ! monsieur ! je vous tien.

DANDIN.

Au voleur ! au voleur !

PETIT JEAN.

Ho ! nous vous tenons bien.

L'INTIMÉ.

Vous avez beau crier.

DANDIN.

Main forte ! l'on me tue !

SCÈNE IV : LÉANDRE, DANDIN, L'INTIMÉ,
PETIT JEAN.

LÉANDRE.

Vite un flambeau ! j'entends mon père dans la rue.
Mon père, si matin qui vous fait déloger ?
Où courez-vous la nuit ?

DANDIN.

Je veux aller juger.

LÉANDRE.

Et qui juger ? Tout dort.

PETIT JEAN.

Ma foi, je ne dors guères.

LÉANDRE.

Que de sacs ! il en a jusques aux jarretières.

DANDIN.

Je ne veux de trois mois rentrer dans la maison,
De sacs et de procès j'ai fait provision.

LÉANDRE.

Et qui vous nourrira ?

DANDIN.

Le buvetier, je pense.

LÉANDRE.

Mais où dormirez-vous, mon père ?

DANDIN.

A l'audience

LÉANDRE.

Non, mon père, il vaut mieux que vous ne sortiez pas.
Dormez chez vous ; chez vous faites tous vos repas.
Souffrez que la raison enfin vous persuade ;
Et pour votre santé...

DANDIN.

Je veux être malade.

LÉANDRE.

Vous ne l'êtes que trop. Donnez-vous du repos ;
Vous n'avez tantôt plus que la peau sur les os.

DANDIN.

Du repos ? Ah ! sur toi tu veux régler ton père ?
Crois-tu qu'un juge n'ait qu'à faire bonne chère,
Qu'à battre le pavé comme un tas de galants,
Courir le bal la nuit, et le jour les brelans ?
L'argent ne nous vient pas si vite que l'on pense.
Chacun de tes rubans me coûte une sentence.
Ma robe vous fait honte : un fils de juge ! Ah ! fi !
Tu fais le gentilhomme. Hé ! Dandin, mon ami,

Regarde dans ma chambre et dans ma garde-robe,
Les portraits des Dandins : tous ont porté la robe ;
Et c'est le bon parti. Compare prix pour prix
Les étrennes d'un juge à celles d'un marquis :
Attends que nous soyons à la fin de décembre.
Qu'est-ce qu'un gentilhomme ? Un pilier d'antichambre.
Combien en as-tu vu, je dis des plus huppés,
A souffler dans leurs doigts dans ma cour occupés,
Le manteau sur le nez, ou la main dans la poche,
Enfin, pour se chauffer, venir tourner ma broche !
Voilà comme on les traite. Hé ! mon pauvre garçon,
De ta défunte mère est-ce là la leçon ?
La pauvre Babonnette ! Hélas ! lorsque j'y pense,
Elle ne manquait pas une seule audience !
Jamais, au grand jamais, elle ne me quitta,
Et Dieu sait bien souvent ce qu'elle en rapporta :
Elle eût du buvetier emporté les serviettes
Plutôt que de rentrer au logis les mains nettes.
Et voilà comme on fait les bonnes maisons. Va,
Tu ne seras qu'un sot.

LÉANDRE.

     Vous vous morfondez là,
Mon père. Petit Jean, remenez votre maître,
Couchez-le dans son lit ; fermez porte, fenêtre ;
Qu'on barricade tout, afin qu'il ait plus chaud.

PETIT JEAN.

Faites donc mettre au moins des garde-fous là-haut.

DANDIN.

Quoi? l'on me mènera coucher sans autre forme?
Obtenez un arrêt comme il faut que je dorme.

LÉANDRE.

Hé ! par provision, mon père, couchez-vous.

DANDIN.

J'irai ; mais je m'en vais vous faire enrager tous :
Je ne dormirai point.

LÉANDRE.

    Hé bien ! à la bonne heure !
Qu'on ne le quitte pas. Toi, l'Intimé, demeure.

SCÈNE V : LÉANDRE, L'INTIMÉ.

LÉANDRE.

Je veux t'entretenir un moment sans témoin.

L'INTIMÉ.

Quoi ? vous faut-il garder ?

LÉANDRE.

                J'en aurais bien besoin.
J'ai ma folie, hélas ! aussi bien que mon père.

L'INTIMÉ.

O ! vous voulez juger ?

LÉANDRE.

                Laissons là le mystère.
Tu connais ce logis ?

L'INTIMÉ.

                Je vous entends enfin :
Diantre ! l'amour vous tient au cœur de bon matin.
Vous me voulez parler sans doute d'Isabelle.
Je vous l'ai dit cent fois : elle est sage, elle est belle ;
Mais vous devez songer que monsieur Chicaneau
De son bien en procès consume le plus beau.
Qui ne plaide-t-il point ? Je crois qu'à l'audience
Il fera, s'il ne meurt, venir toute la France.
Tout auprès de son juge il s'est venu loger :
L'un veut plaider toujours, l'autre toujours juger,
Et c'est un grand hasard s'il conclut votre affaire
Sans plaider le curé, le gendre et le notaire.

LÉANDRE.

Je le sais comme toi. Mais, malgré tout cela,
Je meurs pour Isabelle.

L'INTIMÉ.

                Hé bien, épousez-la.
Vous n'avez qu'à parler, c'est une affaire prête.

LÉANDRE.

Hé ! cela ne va pas si vite que ta tête.
Son père est un sauvage à qui je ferais peur.
A moins que d'être huissier, sergent ou procureur,
On ne voit point sa fille ; et la pauvre Isabelle,
Invisible et dolente, est en prison chez elle.

Elle voit dissiper sa jeunesse en regrets,
Mon amour en fumée, et son bien en procès.
Il la ruinera si l'on le laisse faire.
Ne connaîtrais-tu pas quelque honnête faussaire
Qui servît ses amis, en le payant, s'entend,
Quelque sergent zélé ?

L'INTIMÉ.

Bon ! l'on en trouve tant !

LÉANDRE.

Mais encore ?

L'INTIMÉ.

Ah ! monsieur ! si feu mon pauvre père
Était encor vivant, c'était bien votre affaire.
Il gagnait en un jour plus qu'un autre en six mois ;
Ses rides sur son front gravaient tous ses exploits.
Il vous eût arrêté le carrosse d'un prince ;
Il vous l'eût pris lui-même ; et si dans la province
Il se donnait en tout vingt coups de nerf de bœuf,
Mon père pour sa part en emboursait dix-neuf.
Mais de quoi s'agit-il ? Suis-je pas fils de maître ?
Je vous servirai.

LÉANDRE.

Toi ?

L'INTIMÉ.

Mieux qu'un sergent peut-être.

LÉANDRE.

Tu porterais au père un faux exploit ?

L'INTIMÉ.

Hon ! hon !

LÉANDRE.

Tu rendrais à la fille un billet ?

L'INTIMÉ.

Pourquoi non ?
Je suis des deux métiers.

LÉANDRE.

Viens, je l'entends qui crie.
Allons à ce dessein rêver ailleurs.

SCÈNE VI : CHICANEAU, PETIT JEAN.

CHICANEAU, *allant et revenant.*

                                 La Brie,
Qu'on garde la maison, je reviendrai bientôt.
Qu'on ne laisse monter aucune âme là-haut.
Fais porter cette lettre à la poste du Maine.
Prends-moi dans mon clapier trois lapins de garenne,
Et chez mon procureur porte-les ce matin.
Si mon clerc vient céans, fais-lui goûter mon vin.
Ah ! donne-lui ce sac qui pend à ma fenêtre.
Est-ce tout ? Il viendra me demander peut-être
Un grand homme sec, là, qui me sert de témoin,
Et qui jure pour moi lorsque j'en ai besoin :
Qu'il m'attende. Je crains que mon juge ne sorte :
Quatre heures vont sonner. Mais frappons à sa porte.

PETIT JEAN, *entr'ouvrant la porte.*

Qui va là ?

CHICANEAU.

Peut-on voir monsieur ?

PETIT JEAN, *refermant la porte.*

                                 Non.

CHICANEAU.

                               Pourrait-on
Dire un mot à monsieur son secrétaire ?

PETIT JEAN.

                               Non.

CHICANEAU.

Et monsieur son portier ?

PETIT JEAN.

                     C'est moi-même.

CHICANEAU.

                             De grâce,
Buvez à ma santé, monsieur.

PETIT JEAN.

                   Grand bien vous fasse !
Mais revenez demain.

CHICANEAU.

Hé ! rendez donc l'argent.
Le monde est devenu, sans mentir, bien méchant.
J'ai vu que les procès ne donnaient point de peine :
Six écus en gagnaient une demi-douzaine.
Mais aujourd'hui je crois que tout mon bien entier
Ne me suffirait pas pour gagner un portier.
Mais j'aperçois venir madame la comtesse
De Pimbesche. Elle vient pour affaire qui presse.

SCÈNE VII : CHICANEAU, LA COMTESSE.

CHICANEAU.

Madame, on n'entre plus.

LA COMTESSE.

Hè bien ! l'ai-je pas dit ?
Sans mentir, mes valets me font perdre l'esprit.
Pour les faire lever c'est en vain que je gronde ;
Il faut que tous les jours j'éveille tout mon monde.

CHICANEAU.

Il faut absolument qu'il se fasse celer.

LA COMTESSE.

Pour moi, depuis deux jours je ne lui puis parler.

CHICANEAU.

Ma partie est puissante, et j'ai lieu de tout craindre.

LA COMTESSE.

Après ce qu'on m'a fait, il ne faut plus se plaindre.

CHICANEAU.

Si pourtant [1] j'ai bon droit.

LA COMTESSE.

Ah ! monsieur, quel arrêt !

CHICANEAU.

Je m'en rapporte à vous. Écoutez, s'il vous plaît.

LA COMTESSE.

Il faut que vous sachiez, monsieur, la perfidie.

---

1. Particule affirmative signifiant *cependant*.

CHICANEAU.

Ce n'est rien dans le fond.

LA COMTESSE.

Monsieur, que je vous die...

CHICANEAU.

Voilà le fait. Depuis quinze ou vingt ans en çà,
Au travers d'un mien pré certain ânon passa,
S'y vautra, non sans faire un notable dommage,
Dont je formai ma plainte au juge du village.
Je fais saisir l'ânon. Un expert est nommé,
A deux bottes de foin le dégât estimé.
Enfin, au bout d'un an, sentence par laquelle
Nous sommes renvoyés hors de cour. J'en appelle.
Pendant qu'à l'audience on poursuit un arrêt,
Remarquez bien ceci, madame, s'il vous plaît,
Notre ami Drolichon, qui n'est pas une bête,
Obtient pour quelque argent un arrêt sur requête,
Et je gagne ma cause. A cela, que fait-on ?
Mon chicaneur s'oppose à l'exécution.
Autre incident : tandis qu'au procès on travaille,
Ma partie en mon pré laisse aller sa volaille.
Ordonné qu'il sera fait rapport à la cour
Du foin que peut manger une poule en un jour :
Le tout joint au procès enfin, et toute chose
Demeurant en état, on appointe la cause,
Le cinquième ou sixième avril cinquante-six.
J'écris sur nouveaux frais. Je produis, je fournis
De dits, de contredits, enquêtes, compulsoires,
Rapports d'experts, transports, trois interlocutoires,
Griefs et faits nouveaux, baux et procès-verbaux.
J'obtiens lettres royaux, et je m'inscris en faux.
Quatorze appointements, trente exploits, six instances,
Six-vingts productions, vingt arrêts de défenses,
Arrêt enfin. Je perds ma cause avec dépens,
Estimés environ cinq à six mille francs.
Est-ce là faire droit ? Est-ce là comme on juge ?
Après quinze ou vingt ans ! Il me reste un refuge :
La requête civile est ouverte pour moi,
Je ne suis pas rendu. Mais vous, comme je voi,
Vous plaidez ?

LA COMTESSE.

Plût à Dieu !

CHICANEAU.

J'y brûlerai mes livres.

LA COMTESSE.

Je...

CHICANEAU.

Deux bottes de foin cinq à six mille livres !

LA COMTESSE.

Monsieur, tous mes procès allaient être finis :
Il ne m'en restait plus que quatre ou cinq petits :
L'un contre mon mari, l'autre contre mon père,
Et contre mes enfants. Ah ! monsieur, la misère !
Je ne sais quel biais ils ont imaginé,
Ni tout ce qu'ils ont fait ; mais on leur a donné
Un arrêt par lequel, moi vêtue et nourrie,
On me défend, monsieur, de plaider de ma vie.

CHICANEAU.

De plaider !

LA COMTESSE.

De plaider.

CHICANEAU.

Certes le trait est noir.

J'en suis surpris.

LA COMTESSE.

Monsieur, j'en suis au désespoir.

CHICANEAU.

Comment ! lier les mains aux gens de votre sorte !
Mais cette pension, madame, est-elle forte ?

LA COMTESSE.

Je n'en vivrais, monsieur, que trop honnêtement.
Mais vivre sans plaider, est-ce contentement ?

CHICANEAU.

Des chicaneurs viendront nous manger jusqu'à l'âme,
Et nous ne dirons mot ! Mais, s'il vous plaît, madame,
Depuis quand plaidez-vous ?

LA COMTESSE.

Il ne m'en souvient pas ;
Depuis trente ans, au plus.

CHICANEAU.

Ce n'est pas trop.

LA COMTESSE.

Hélas !

CHICANEAU.

Et quel âge avez-vous ? Vous avez bon visage,

LA COMTESSE.

Hé, quelque soixante ans.

CHICANEAU.

Comment ! c'est le bel âge
Pour plaider.

LA COMTESSE.

Laissez faire, ils ne sont pas au bout :
J'y vendrai ma chemise ; et je veux rien ou tout.

CHICANEAU.

Madame, écoutez-moi. Voici ce qu'il faut faire.

LA COMTESSE.

Oui, monsieur, je vous crois comme mon propre père.

CHICANEAU.

J'irais trouver mon juge.

LA COMTESSE.

Oh ! oui, monsieur, j'irai.

CHICANEAU.

Me jeter à ses pieds.

LA COMTESSE.

Oui, je m'y jetterai :
Je l'ai bien résolu.

CHICANEAU.

Mais daignez donc m'entendre.

LA COMTESSE.

Oui, vous prenez la chose ainsi qu'il la faut prendre.

CHICANEAU.

Avez-vous dit, madame ?

LA COMTESSE.

Oui.

CHICANEAU.

J'irais sans façon
Trouver mon juge.

LA COMTESSE.

Hélas ! que ce monsieur est bon !

CHICANEAU.

Si vous parlez toujours, il faut que je me taise.

LA COMTESSE.

Ah ! que vous m'obligez ! je ne me sens pas d'aise.

CHICANEAU.

J'irais trouver mon juge, et lui dirais...

LA COMTESSE.

Oui.

CHICANEAU.

Voi !

Et lui dirais : Monsieur...

LA COMTESSE.

Oui, monsieur.

CHICANEAU.

Liez-moi...

LA COMTESSE.

Monsieur, je ne veux point être liée.

CHICANEAU.

A l'autre !

LA COMTESSE.

Je ne la serai point.

CHICANEAU.

Quelle humeur est la vôtre ?

LA COMTESSE.

Non.

CHICANEAU.

Vous ne savez pas, madame, où je viendrai.

LA COMTESSE.

Je plaiderai, monsieur, ou bien je ne pourrai.

CHICANEAU.

Mais...

LA COMTESSE.

Mais je ne veux point, monsieur, que l'on me lie.

CHICANEAU.

Enfin, quand une femme en tête a sa folie...

LA COMTESSE.

Fou vous-même.

CHICANEAU.

Madame !

LA COMTESSE.

Et pourquoi me lier ?

CHICANEAU.

Madame...

LA COMTESSE.

Voyez-vous ! il se rend familier.

CHICANEAU.

Mais, madame...

LA COMTESSE.

Un crasseux, qui n'a que sa chicane,
Veut donner des avis !

CHICANEAU.

Madame !

LA COMTESSE.

Avec son âne !

CHICANEAU.

Vous me poussez.

LA COMTESSE.

Bonhomme, allez garder vos foins.

CHICANEAU.

Vous m'excédez.

LA COMTESSE.

Le sot !

CHICANEAU.

Que n'ai-je des témoins ?

SCÈNE VIII : PETIT JEAN, LA COMTESSE, CHICANEAU.

PETIT JEAN.

Voyez le beau sabbat qu'ils font à notre porte.
Messieurs, allez plus loin tempêter de la sorte.

CHICANEAU.

Monsieur, soyez témoin...

LA COMTESSE.

> Que monsieur est un sot.

CHICANEAU.

Monsieur, vous l'entendez, retenez bien ce mot.

PETIT JEAN.

Ah ! vous ne deviez pas lâcher cette parole.

LA COMTESSE.

Vraiment, c'est bien à lui de me traiter de folle !

PETIT JEAN.

Folle ! Vous avez tort. Pourquoi l'injurier ?

CHICANEAU.

On la conseille.

PETIT JEAN.

> Oh !

LA COMTESSE.

> Oui, de me faire lier.

PETIT JEAN.

Oh ! monsieur !

CHICANEAU.

> Jusqu'au bout que ne m'écoute-t-elle ?

PETIT JEAN.

Oh ! madame !

LA COMTESSE.

> Qui, moi, souffrir qu'on me querelle ?

CHICANEAU.

Une crieuse !

PETIT JEAN.

> Hé ! paix !

LA COMTESSE.

> Un chicaneur !

PETIT JEAN.

> > Holà !

CHICANEAU.

Qui n'ose plus plaider !

LA COMTESSE.

> Que t'importe cela ?
Qu'est-ce qui t'en revient, faussaire abominable,
Brouillon, voleur !

CHICANEAU.

Et bon, et bon, de par le diable !
Un sergent ! un sergent !

LA COMTESSE.

Un huissier ! un huissier !

PETIT JEAN.

Ma foi, juge et plaideurs, il faudrait tout lier.

ACTE DEUXIÈME

SCÈNE PREMIÈRE : LÉANDRE, L'INTIMÉ.

L'INTIMÉ.

Monsieur, encore un coup, je ne puis pas tout faire :
Puisque je fais l'huissier, faites le commissaire.
En robe sur mes pas il ne faut que venir,
Vous aurez tout moyen de vous entretenir.
Changez en cheveux noirs votre perruque blonde.
Ces plaideurs songent-ils que vous soyez au monde ?
Hé ! lorsqu'à votre père ils vont faire leur cour,
A peine seulement savez-vous s'il est jour.
Mais n'admirez-vous pas cette bonne comtesse
Qu'avec tant de bonheur la fortune m'adresse ;
Qui, dès qu'elle me voit, donnant dans le panneau,
Me charge d'un exploit pour monsieur Chicaneau,
Et le fait assigner pour certaine parole,
Disant qu'il la voudrait faire passer pour folle,
Je dis folle à lier, et pour d'autres excès
Et blasphèmes, toujours l'ornement des procès ?
Mais vous ne dites rien de tout mon équipage ?
Ai-je bien d'un sergent le port et le visage ?

LÉANDRE.

Ah ! fort bien.

L'INTIMÉ.

Je ne sais, mais je me sens enfin
L'âme et le dos six fois plus durs que ce matin.
Quoi qu'il en soit, voici l'exploit et votre lettre :
Isabelle l'aura, j'ose vous le promettre.

Mais, pour faire signer le contrat que voici,
Il faut que sur mes pas vous vous rendiez ici.
Vous feindrez d'informer sur toute cette affaire,
Et vous ferez l'amour en présence du père.

LÉANDRE.

Mais ne va pas donner l'exploit pour le billet.

L'INTIMÉ.

Le père aura l'exploit, la fille le poulet.
Rentrez.

SCÈNE II : L'INTIMÉ, ISABELLE.

ISABELLE.

Qui frappe ?

L'INTIMÉ.

Ami. C'est la voix d'Isabelle.

ISABELLE.

Demandez-vous quelqu'un, monsieur ?

L'INTIMÉ.

Mademoiselle,
C'est un petit exploit que j'ose vous prier
De m'accorder l'honneur de vous signifier.

ISABELLE.

Monsieur, excusez-moi, je n'y puis rien comprendre.
Mon père va venir, qui pourra vous entendre.

L'INTIMÉ.

Il n'est donc pas ici, mademoiselle ?

ISABELLE.

Non.

L'INTIMÉ.

L'exploit, mademoiselle, est mis sous votre nom.

ISABELLE.

Monsieur, vous me prenez pour une autre[1], sans doute :
Sans avoir de procès, je sais ce qu'il en coûte ;
Et si l'on n'aimait pas à plaider plus que moi,
Vos pareils pourraient bien chercher un autre emploi.
Adieu.

---

1. L'édition de 1676 met *un autre*.

L'INTIMÉ.

Mais permettez...

ISABELLE.

Je ne veux rien permettre.

L'INTIMÉ.

Ce n'est pas un exploit.

ISABELLE.

Chanson !

L'INTIMÉ.

C'est une lettre.

ISABELLE.

Encor moins.

L'INTIMÉ.

Mais lisez.

ISABELLE.

Vous ne m'y tenez pas.

L'INTIMÉ.

C'est de monsieur...

ISABELLE.

Adieu.

L'INTIMÉ.

Léandre.

ISABELLE.

Parlez bas.

C'est de monsieur... ?

L'INTIMÉ.

Que diable ! on a bien de la peine
A se faire écouter : je suis tout hors d'haleine.

ISABELLE.

Ah ! l'Intimé, pardonne à mes sens étonnés ;
Donne.

L'INTIMÉ.

Vous me deviez fermer la porte au nez.

ISABELLE.

Et qui t'aurait connu déguisé de la sorte ?
Mais donne.

L'INTIMÉ.

Aux gens de bien ouvre-t-on votre porte ?

ISABELLE.

Hé ! donne donc.

L'INTIMÉ.

La peste...

ISABELLE.

Oh ! ne donnez donc pas.
Avec votre billet retournez sur vos pas.

L'INTIMÉ.

Tenez. Une autre fois ne soyez pas si prompte.

SCÈNE III : CHICANEAU, ISABELLE, L'INTIMÉ.

CHICANEAU.

Oui, je suis donc un sot, un voleur, à son compte ?
Un sergent s'est chargé de la remercier,
Et je vais lui servir un plat de mon métier.
Je serais bien fâché que ce fût à refaire,
Ni qu'elle m'envoyât assigner la première.
Mais un homme ici parle à ma fille ! Comment !
Elle lit un billet ! Ah ! c'est de quelque amant.
Approchons.

ISABELLE.

Tout de bon, ton maître est-il sincère ?
Le croirai-je ?

L'INTIMÉ.

Il ne dort non plus que votre père.
Il se tourmente ; il vous...
(*Apercevant Chicaneau.*)
fera voir aujourd'hui
Que l'on ne gagne rien à plaider contre lui.

ISABELLE.

C'est mon père ! Vraiment, vous leur pouvez apprendre
Que, si l'on nous poursuit, nous saurons nous défendre.
Tenez, voilà le cas qu'on fait de votre exploit.

CHICANEAU.

Comment ! c'est un exploit que ma fille lisait !
Ah ! tu seras un jour l'honneur de ta famille :
Tu défendras ton bien. Viens, mon sang, viens, ma fille.
Va, je t'achèterai *le Praticien françois* [1].
Mais, diantre ! il ne faut pas déchirer les exploits.

---

1. *Le Praticien françois* de Jean Le Pain, avocat au Parlement.

ISABELLE.

Au moins, dites-leur bien que je ne les crains guère :
Ils me feront plaisir : je les mets à pis faire.

CHICANEAU.

Hé ! ne te fâche point.

ISABELLE.

Adieu, monsieur.

SCÈNE IV : CHICANEAU, L'INTIMÉ.

L'INTIMÉ.

Or çà,
Verbalisons.

CHICANEAU.

Monsieur, de grâce, excusez-la :
Elle n'est pas instruite ; et puis, si bon vous semble,
En voici les morceaux que je vais mettre ensemble.

L'INTIMÉ.

Non.

CHICANEAU.

Je le lirai bien.

L'INTIMÉ.

Je ne suis pas méchant :
J'en ai sur moi copie.

CHICANEAU.

Ah ! le trait est touchant.
Mais je ne sais pourquoi, plus je vous envisage,
Et moins je me remets, monsieur, votre visage.
Je connais force huissiers.

L'INTIMÉ.

Informez-vous de moi :
Je m'acquitte assez bien de mon petit emploi.

CHICANEAU.

Soit. Pour qui venez-vous ?

L'INTIMÉ.

Pour une brave dame,
Monsieur, qui vous honore, et de toute son âme
Voudrait que vous vinssiez, à ma sommation,
Lui faire un petit mot de réparation.

CHICANEAU.

De réparation ? Je n'ai blessé personne.

L'INTIMÉ.

Je le crois : vous avez, monsieur, l'âme trop bonne.

CHICANEAU.

Que demandez-vous donc ?

L'INTIMÉ.

                Elle voudrait, monsieur.
Que devant des témoins vous lui fissiez l'honneur
De l'avouer pour sage et point extravagante.

CHICANEAU.

Parbleu, c'est ma comtesse !

L'INTIMÉ.

                Elle est votre servante.

CHICANEAU.

Je suis son serviteur.

L'INTIMÉ.

              Vous êtes obligeant,
Monsieur.

CHICANEAU.

            Oui, vous pouvez l'assurer qu'un sergent
Lui doit porter pour moi tout ce qu'elle demande.
Hé quoi donc ? les battus, ma foi, paîront l'amende !
Voyons ce qu'elle chante. Hon... *Sixième janvier.*
Pour avoir faussement dit qu'il fallait lier,
Etant à ce porté par esprit de chicane,
Haute et puissante dame Yolande Cudasne,
Comtesse de Pimbesche, Orbesche, et cœtera,
Il soit dit que sur l'heure il se transportera
Au logis de la dame, et là, d'une voix claire,
Devant quatre témoins assistés d'un notaire,
Zeste [1] *ledit Hiérôme avoûra hautement*
Qu'il la tient pour sensée et de bon jugement.
LE BON. C'est donc le nom de votre seigneurie ?

L'INTIMÉ.

Pour vous servir. Il faut payer d'effronterie.

---

1. *Zeste,* interjection ironique et de mépris.

CHICANEAU.

Le Bon ! Jamais exploit ne fut signé Le Bon.
Monsieur Le Bon !

L'INTIMÉ.

Monsieur.

CHICANEAU.

Vous êtes un fripon.

L'INTIMÉ.

Monsieur, pardonnez-moi, je suis fort honnête homme.

CHICANEAU.

Mais fripon le plus franc qui soit de Caen à Rome.

L'INTIMÉ.

Monsieur, je ne suis pas pour vous désavouer :
Vous aurez la bonté de me le bien payer.

CHICANEAU.

Moi, payer ? En soufflets.

L'INTIMÉ.

Vous êtes trop honnête :
Vous me le paîrez bien.

CHICANEAU.

Oh ! tu me romps la tête.
Tiens, voilà ton paîment.

L'INTIMÉ.

Un soufflet ! Écrivons :
Lequel Hiérôme, après plusieurs rébellions,
Aurait atteint, frappé, moi sergent, à la joue,
Et fait tomber, d'un coup, mon chapeau dans la boue.

CHICANEAU.

Ajoute cela.

L'INTIMÉ.

Bon : c'est de l'argent comptant ;
J'en avais bien besoin. *Et, de ce non content,*
Aurait avec le pied réitéré. Courage !
Outre plus, le susdit serait venu, de rage,
Pour lacérer ledit présent procès-verbal.
Allons, mon cher monsieur, cela ne va pas mal.
Ne vous relâchez point.

CHICANEAU.

Coquin !

L'INTIMÉ.

                              Ne vous déplaise,
Quelques coups de bâton, et je suis à mon aise.

CHICANEAU.

Oui-da : je verrai bien s'il est sergent.

L'INTIMÉ, *en posture d'écrire*.

                                   Tôt donc,
Frappez : j'ai quatre enfants à nourrir.

CHICANEAU.

                              Ah ! pardon !
Monsieur, pour un sergent je ne pouvais vous prendre ;
Mais le plus habile homme enfin peut se méprendre.
Je saurai réparer ce soupçon outrageant.
Oui, vous êtes sergent, monsieur, et très sergent.
Touchez là : vos pareils sont gens que je révère ;
Et j'ai toujours été nourri par feu mon père
Dans la crainte de Dieu, monsieur, et des sergents.

L'INTIMÉ.

Non, à si bon marché l'on ne bat point les gens.

CHICANEAU.

Monsieur, point de procès.

L'INTIMÉ.

                         Serviteur. Contumace,
Bâton levé, soufflet, coup de pied. Ah !

CHICANEAU.

                              De grâce,
Rendez-les-moi plutôt.

L'INTIMÉ.

                    Suffit qu'ils soient reçus,
Je ne les voudrais pas donner pour mille écus.

SCÈNE V : LÉANDRE, CHICANEAU, L'INTIMÉ.

L'INTIMÉ.

Voici fort à propos monsieur le commissaire.
Monsieur, votre présence est ici nécessaire.

Tel que vous me voyez, monsieur ici présent
M'a d'un fort grand soufflet fait un petit présent.

LÉANDRE.

A vous, monsieur ?

L'INTIMÉ.

A moi, parlant à ma personne.
Item, un coup de pied, plus les noms qu'il me donne.

LÉANDRE.

Avez-vous des témoins ?

L'INTIMÉ.

Monsieur, tâtez plutôt :
Le soufflet sur ma joue est encore tout chaud.

LÉANDRE.

Pris en flagrant délit, affaire criminelle.

CHICANEAU.

Foin de moi !

L'INTIMÉ.

Plus, sa fille, au moins soi-disant telle,
A mis un mien papier en morceaux, protestant
Qu'on lui ferait plaisir, et que d'un œil content
Elle nous défiait.

LÉANDRE.

Faites venir la fille.
L'esprit de contumace est dans cette famille.

CHICANEAU.

Il faut absolument qu'on m'ait ensorcelé :
Si j'en connais pas un, je veux être étranglé.

LÉANDRE.

Comment ! battre un huissier ! Mais voici la rebelle.

SCÈNE VI : LÉANDRE, ISABELLE, CHICANEAU,
L'INTIMÉ.

L'INTIMÉ, *à Isabelle.*

Vous le reconnaissez ?

LÉANDRE.

Hé bien, mademoiselle,
C'est donc vous qui tantôt braviez notre officier,
Et qui si hautement osiez nous défier ?
Votre nom ?

ISABELLE.

Isabelle.

LÉANDRE, *à l'Intimé.*

Écrivez. Et votre âge ?

ISABELLE.

Dix-huit ans.

CHICANEAU.

Elle en a quelque peu davantage ;
Mais n'importe.

LÉANDRE.

Etes-vous en pouvoir de mari ?

ISABELLE.

Non, monsieur.

LÉANDRE.

Vous riez ? Écrivez qu'elle a ri.

CHICANEAU.

Monsieur, ne parlons point de maris à des filles ;
Voyez-vous, ce sont là des secrets de familles.

LÉANDRE.

Mettez qu'il interrompt.

CHICANEAU.

Hé ! je n'y pensais pas.
Prends bien garde, ma fille, à ce que tu diras.

LÉANDRE.

Là, ne vous troublez point. Répondez à votre aise.
On ne veut pas rien faire ici qui vous déplaise.
N'avez-vous pas reçu de l'huissier que voilà
Certain papier tantôt ?

ISABELLE.

Oui, monsieur.

CHICANEAU.

Bon cela.

LÉANDRE.

Avez-vous déchiré ce papier sans le lire ?

ISABELLE.

Monsieur, je l'ai lu.

CHICANEAU.

Bon.

LÉANDRE.

          Continuez d'écrire.
Et pourquoi l'avez-vous déchiré ?

ISABELLE.

             J'avais peur
Que mon père ne prît l'affaire trop à cœur,
Et qu'il ne s'échauffât le sang à sa lecture.

CHICANEAU.

Et tu fuis les procès ? C'est méchanceté pure.

LÉANDRE.

Vous ne l'avez donc pas déchiré par dépit,
Ou par mépris de ceux qui vous l'avaient écrit ?

ISABELLE

Monsieur, je n'ai pour eux ni mépris ni colère.

LÉANDRE.

Écrivez.

CHICANEAU.

     Je vous dis qu'elle tient de son père.
Elle répond fort bien.

LÉANDRE.

          Vous montrez cependant
Pour tous les gens de robe un mépris évident.

ISABELLE.

Une robe toujours m'avait choqué la vue ;
Mais cette aversion à présent diminue.

CHICANEAU.

La pauvre enfant ! Va, va, je te marîrai bien
Dès que je le pourrai, s'il ne m'en coûte rien.

LÉANDRE.

A la justice donc vous voulez satisfaire ?

ISABELLE.

Monsieur, je ferai tout pour ne pas vous déplaire.

L'INTIMÉ.

Monsieur, faites signer.

LÉANDRE.

Dans les occasions
Soutiendrez-vous au moins vos dépositions ?

ISABELLE.

Monsieur, assurez-vous qu'Isabelle est constante.

LÉANDRE.

Signez. Cela va bien, la justice est contente.
Çà, ne signez-vous pas, monsieur ?

CHICANEAU.

Oui-da, gaîment,
A tout ce qu'elle a dit je signe aveuglément.

LÉANDRE, *à Isabelle.*

Tout va bien. A mes vœux le succès est conforme :
Il signe un bon contrat écrit en bonne forme,
Et sera condamné tantôt sur son écrit.

CHICANEAU.

Que lui dit-il ? Il est charmé de son esprit.

LÉANDRE.

Adieu. Soyez toujours aussi sage que belle :
Tout ira bien. Huissier, ramenez-la chez elle.
Et vous, monsieur, marchez.

CHICANEAU.

Où, monsieur ?

LÉANDRE.

Suivez-moi.

CHICANEAU.

Où donc?

LÉANDRE.

Vous le saurez. Marchez, de par le roi.

CHICANEAU.

Comment !

SCÈNE VII : PETIT JEAN, LÉANDRE, CHICANEAU.

PETIT JEAN.

Holà ! quelqu'un n'a-t-il point vu mon maître ?
Quel chemin a-t-il pris ? la porte ou la fenêtre ?

LÉANDRE.

A l'autre !

PETIT JEAN.

> Je ne sais qu'est devenu son fils ;
> Et pour le père, il est où le diable l'a mis.
> Il me redemandait sans cesse ses épices ;
> Et j'ai tout bonnement couru dans les offices
> Chercher la boîte au poivre [1] ; et lui, pendant cela,
> Est disparu.

SCÈNE VIII : DANDIN, LÉANDRE, CHICANEAU, L'INTIMÉ, PETIT JEAN.

DANDIN.

> Paix ! paix ! que l'on se taise là.

LÉANDRE.

Hé ! grand Dieu !

PETIT JEAN.

> Le voilà, ma foi, dans les gouttières.

DANDIN.

Quelles gens êtes-vous ? Quelles sont vos affaires ?
Qui sont ces gens de robe ? Etes-vous avocats ?
Çà, parlez.

PETIT JEAN.

> Vous verrez qu'il va juger les chats.

DANDIN.

Avez-vous eu le soin de voir mon secrétaire ?
Allez lui demander si je sais votre affaire.

LÉANDRE.

Il faut bien que je l'aille arracher de ces lieux.
Sur votre prisonnier, huissier, ayez les yeux.

PETIT JEAN.

Ho ! ho ! monsieur !

LÉANDRE.

> Tais toi, sur les yeux de ta tête,

Et suis-moi.

---

1. *Épices* : confitures, dragées. On en faisait don aux juges, le procès terminé, mais ce présent spontané devint bientôt une rétribution obligatoire et payable en argent.

SCÈNE IX : DANDIN, CHICANEAU, LA COMTESSE, L'INTIMÉ.

DANDIN.

Dépêchez, donnez votre requête.

CHICANEAU.

Monsieur, sans votre aveu, l'on me fait prisonnier.

LA COMTESSE.

Hé, mon Dieu ! j'aperçois Monsieur dans son grenier.
Que fait-il là ?

L'INTIMÉ.

Madame, il y donne audience.
Le champ vous est ouvert.

CHICANEAU.

On me fait violence,
Monsieur, on m'injurie ; et je venais ici
Me plaindre à vous.

LA COMTESSE.

Monsieur, je viens me plaindre aussi.

CHICANEAU ET LA COMTESSE.

Vous voyez devant vous mon adverse partie.

L'INTIMÉ.

Parbleu ! je veux me mettre aussi de la partie.

CHICANEAU, L'INTIMÉ ET LA COMTESSE.

Monsieur, je viens ici pour un petit exploit.

CHICANEAU.

Hé ! messieurs, tour à tour exposons notre droit.

LA COMTESSE.

Son droit ? Tout ce qu'il dit sont autant d'impostures.

DANDIN.

Qu'est-ce qu'on vous a fait ?

CHICANEAU, L'INTIMÉ ET LA COMTESSE.

On m'a dit des injures.

L'INTIMÉ, *continuant.*

Outre un soufflet, monsieur, que j'ai reçu plus qu'eux.

CHICANEAU.

Monsieur, je suis cousin de l'un de vos neveux.

LA COMTESSE.

Monsieur, père Cordon vous dira mon affaire.

L'INTIMÉ.

Monsieur, je suis bâtard de votre apothicaire.

DANDIN.

Vos qualités ?

LA COMTESSE.

Je suis comtesse.

L'INTIMÉ.

Huissier.

CHICANEAU.

Bourgeois.

Messieurs...

DANDIN.

Parlez toujours : je vous entends tous trois.

CHICANEAU.

Monsieur...

L'INTIMÉ.

Bon ! le voilà qui fausse compagnie.

LA COMTESSE.

Hélas !

CHICANEAU.

Hé quoi ! déjà l'audience est finie ?
Je n'ai pas eu le temps de lui dire deux mots.

SCÈNE X : CHICANEAU, LÉANDRE, *sans robe*, etc.

LÉANDRE.

Messieurs, voulez-vous bien nous laisser en repos ?

CHICANEAU.

Monsieur, peut-on entrer ?

LÉANDRE.

Non, monsieur, ou je meure !

CHICANEAU.

Hé, pourquoi ? J'aurai fait en une petite heure,
En deux heures au plus.

LÉANDRE.

On n'entre point, monsieur.

LA COMTESSE.

C'est bien fait de fermer la porte à ce crieur.
Mais moi...

LÉANDRE.

L'on n'entre point, madame, je vous jure.

LA COMTESSE.

Ho ! monsieur, j'entrerai.

LÉANDRE.

Peut-être.

LA COMTESSE.

J'en suis sûre.

LÉANDRE.

Par la fenêtre donc ?

LA COMTESSE.

Par la porte.

LÉANDRE.

Il faut voir.

CHICANEAU.

Quand je devrais ici demeurer jusqu'au soir.

SCÈNE XI : PETIT JEAN, LÉANDRE, CHICANEAU, etc.

PETIT JEAN, *à Léandre.*

On ne l'entendra pas, quelque chose qu'il fasse,
Parbleu ! je l'ai fourré dans notre salle basse,
Tout auprès de la cave.

LÉANDRE.

En un mot comme en cent,
On ne voit point mon père.

CHICANEAU.

Hé bien donc ! Si pourtant
Sur toute cette affaire il faut que je le voie.
(*Dandin paraît par le soupirail.*)
Mais que vois-je? Ah ! c'est lui que le ciel nous renvoie !

LÉANDRE.

Quoi? par le soupirail !

PETIT JEAN.

Il a le diable au corps.

CHICANEAU.

Monsieur...

DANDIN.

L'impertinent ! Sans lui j'étais dehors.

CHICANEAU.

Monsieur...

DANDIN.

Retirez-vous, vous êtes une bête.

CHICANEAU.

Monsieur, voulez-vous bien...

DANDIN.

Vous me rompez la tête.

CHICANEAU.

Monsieur, j'ai commandé...

DANDIN.

Taisez-vous, vous dit-on.

CHICANEAU.

Que l'on vous portât chez vous...

DANDIN.

Qu'on le mène en prison.

CHICANEAU.

Certain quartaut de vin.

DANDIN.

Hé ! je n'en ai que faire.

CHICANEAU.

C'est de très bon muscat.

DANDIN.

Redites votre affaire.

LÉANDRE, *à l'Intimé.*

Il faut les entourer ici de tous côtés.

LA COMTESSE.

Monsieur, il va vous dire autant de faussetés.

CHICANEAU.

Monsieur, je vous dis vrai.

DANDIN.

Mon Dieu, laissez-la dire !

LA COMTESSE.

Monsieur, écoutez-moi.

DANDIN.

Souffrez que je respire.

CHICANEAU.

Monsieur...

DANDIN.

Vous m'étranglez.

LA COMTESSE.

Tournez les yeux vers moi.

DANDIN.

Elle m'étrangle... Ay ! ay !

CHICANEAU.

Vous m'entraînez, ma foi !
Prenez garde, je tombe.

PETIT JEAN.

Ils sont, sur ma parole,
L'un et l'autre encavés.

LÉANDRE.

Vite, que l'on y vole.
Courez à leur secours. Mais au moins je prétends
Que monsieur Chicaneau, puisqu'il est là-dedans,
N'en sorte d'aujourd'hui. L'Intimé, prends-y garde.

L'INTIMÉ.

Gardez le soupirail.

LÉANDRE.

Va vite, je le garde.

SCÈNE XII : LA COMTESSE, LÉANDRE.

LA COMTESSE.

Misérable ! il s'en va lui prévenir l'esprit.
    (*Par le soupirail.*)
Monsieur, ne croyez rien de tout ce qu'il vous dit ;
Il n'a point de témoins : c'est un menteur.

LÉANDRE.

                        Madame,
Que leur contez-vous là ? Peut-être ils rendent l'âme.

LA COMTESSE.

Il lui fera, monsieur, croire ce qu'il voudra.
Souffrez que j'entre.

LÉANDRE.

        Oh ! non ! personne n'entrera.

LA COMTESSE.

Je le vois bien, monsieur, le vin muscat opère
Aussi bien sur le fils que sur l'esprit du père.
Patience, je vais protester comme il faut
Contre monsieur le juge et contre le quartaut.

LÉANDRE.

Allez donc, et cessez de nous rompre la tête.
Que de fous ! Je ne fus jamais à telle fête.

SCÈNE XIII : DANDIN, L'INTIMÉ, LÉANDRE.

L'INTIMÉ.

Monsieur, où courez-vous ? C'est vous mettre en danger :
Et vous boitez tout bas.

DANDIN.

        Je veux aller juger.

LÉANDRE.

Comment ! mon père ! Allons, permettez qu'on vous panse.
Vite, un chirurgien.

DANDIN.

        Qu'il vienne à l'audience.

LÉANDRE.

Hé ! mon père ! arrêtez...

DANDIN.

Ho ! je vois ce que c'est :
Tu prétends faire ici de moi ce qu'il te plaît ;
Tu ne gardes pour moi respect ni complaisance :
Je ne puis prononcer une seule sentence.
Achève, prends ce sac, prends vite.

LÉANDRE.

Hé ! doucement,
Mon père. Il faut trouver quelque accommodement.
Si pour vous, sans juger, la vie est un supplice,
Si vous êtes pressé de rendre la justice,
Il ne faut point sortir pour cela de chez vous :
Exercez le talent, et jugez parmi nous.

DANDIN.

Ne raillons point ici de la magistrature :
Vois-tu ? je ne veux point être un juge en peinture.

LÉANDRE.

Vous serez, au contraire, un juge sans appel,
Et juge du civil comme du criminel.
Vous pourrez tous les jours tenir deux audiences :
Tout vous sera chez vous matière de sentences.
Un valet manque-t-il de rendre un verre net,
Condamnez-le à l'amende, ou, s'il le casse, au fouet.

DANDIN.

C'est quelque chose. Encor passe quand on raisonne.
Et mes vacations, qui les paîra ? Personne ?

LÉANDRE.

Leurs gages vous tiendront lieu de nantissement.

DANDIN.

Il parle, ce me semble, assez pertinemment.

LÉANDRE.

Contre un de vos voisins...

SCÈNE XIV : DANDIN, LÉANDRE. L'INTIMÉ,
PETIT JEAN.

PETIT JEAN.

Arrête ! arrête ! attrape !

LÉANDRE.

Ah ! c'est mon prisonnier, sans doute, qui s'échappe !

L'INTIMÉ.

Non, non, ne craignez rien.

PETIT JEAN.

Tout est perdu... Citron...
Votre chien... vient là-bas de manger un chapon.
Rien n'est sûr devant lui : ce qu'il trouve, il l'emporte.

LÉANDRE.

Bon ! voilà pour mon père une cause. Main forte !
Qu'on se mette après lui. Courez tous.

DANDIN.

Point de bruit,
Tout doux. Un amené [1] sans scandale suffit.

LÉANDRE.

Çà, mon père, il faut faire un exemple authentique :
Juger sévèrement ce voleur domestique.

DANDIN.

Mais je veux faire au moins la chose avec éclat,
Il faut de part et d'autre avoir un avocat.
Nous n'en avons pas un.

LÉANDRE.

Hé bien ! il en faut faire.
Voilà votre portier et votre secrétaire.
Vous en ferez, je crois, d'excellents avocats :
Ils sont fort ignorants.

L'INTIMÉ.

Non pas, monsieur, non pas.
J'endormirai Monsieur tout aussi bien qu'un autre.

PETIT JEAN.

Pour moi, je ne sais rien ; n'attendez rien du nôtre.

LÉANDRE.

C'est ta première cause, et l'on te la fera.

PETIT JEAN.

Mais je ne sais pas lire.

---

1. C'est-à-dire *un ordre d'amener.*

LÉANDRE.

Hé ! l'on te soufflera [1].

DANDIN.

Allons nous préparer. Çà, messieurs, point d'intrigue.
Fermons l'œil aux présents, et l'oreille à la brigue.
Vous, maître Petit Jean, serez le demandeur ;
Vous, maître l'Intimé, soyez le défendeur.

ACTE TROISIÈME

SCÈNE PREMIÈRE : CHICANEAU, LÉANDRE, LE SOUFFLEUR.

CHICANEAU.

Oui, monsieur, c'est ainsi qu'ils ont conduit l'affaire.
L'huissier m'est inconnu, comme le commissaire.
Je ne mens pas d'un mot.

LÉANDRE.

          Oui, je crois tout cela ;
Mais, si vous m'en croyez, vous les laisserez là.
En vain vous prétendez les pousser l'un et l'autre.
Vous troublerez bien moins leur repos que le vôtre.

---

1. *Var.* L'édition de 1669 contenait ces vers que Racine supprima plus tard.

PETIT JEAN.

Je vous entends, oui ; mais d'une première cause,
Monsieur, à l'avocat revient-il quelque chose ?

LÉANDRE.

Ah, fi ! Garde-toi bien d'en vouloir rien toucher
C'est la cause d'honneur, on l'achète bien cher.
On sème des billets par toute la famille ;
Et le petit garçon et la petite fille,
Oncle, tante, cousins, tout vient, jusques au chat,
Dormir au plaidoyer de Monsieur l'avocat.

DANDIN.

[Allons nous préparer...]

Les trois quarts de vos biens sont déjà dépensés
A faire enfler des sacs l'un sur l'autre entassés ;
Et dans une poursuite à vous-même contraire [1]...

CHICANEAU.

Vraiment vous me donnez un conseil salutaire ;
Et devant qu'il soit peu je veux en profiter :
Mais je vous prie au moins de bien solliciter.
Puisque monsieur Dandin va donner audience,
Je vais faire venir ma fille en diligence.
On peut l'interroger, elle est de bonne foi :
Et même elle saura mieux répondre que moi.

LÉANDRE.

Allez et revenez, l'on vous fera justice.

LE SOUFFLEUR.

Quel homme !

SCÈNE II : LÉANDRE, LE SOUFFLEUR.

LÉANDRE.

Je me sers d'un étrange artifice ;
Mais mon père est un homme à se désespérer ;
Et d'une cause en l'air il le faut bien leurrer.
D'ailleurs j'ai mon dessein, et je veux qu'il condamne
Ce fou qui réduit tout au pied de la chicane.
Mais voici tous nos gens qui marchent sur nos pas.

---

1   *Var.* [Et dans une poursuite à vous-même] funeste,
     Vous en voulez encore absorber tout le reste.
     Ne vaudrait-il pas mieux, sans soucis, sans chagrins,
     Et de vos revenus régalant vos voisins,
     Vivre en père jaloux du bien de sa famille,
     Pour en laisser un jour le fonds à votre fille,
     Que de nourrir un tas d'officiers affamés
     Qui moissonnent les champs que vous avez semés ;
     Dont la main toujours pleine, et toujours indigente,
     S'engraisse impunément de vos chapons de rente ?
     Le beau plaisir d'aller, tout mourant de sommeil,
     A la porte d'un juge attendre son réveil,
     Et d'essuyer le vent qui vous souffle aux oreilles,
     Tandis que Monsieur dort, et cuve vos bouteilles !
     Ou bien, si vous entrez, de passer tout un jour
     A compter, en grondant, les carreaux de sa cour !
     Hé ! monsieur, croyez-moi, quittez cette misère.

                    CHICANEAU.
     [Vraiment, vous me donnez...] (1669).

SCÈNE III : DANDIN, LÉANDRE, L'INTIMÉ, PETIT JEAN, LE SOUFFLEUR.

DANDIN.

Çà, qu'êtes-vous ici ?

LÉANDRE.

Ce sont les avocats.

DANDIN,

Vous ?

LE SOUFFLEUR.

Je viens secourir leur mémoire troublée.

DANDIN.

Je vous entends. Et vous ?

LÉANDRE.

Moi ? Je suis l'assemblée.

DANDIN.

Commencez donc.

LE SOUFFLEUR.

Messieurs...

PETIT JEAN.

Ho ! prenez-le plus bas :
Si vous soufflez si haut, l'on ne m'entendra pas.
Messieurs...

DANDIN.

Couvrez-vous.

PETIT JEAN.

Oh ! mes...

DANDIN.

Couvrez-vous, vous dis-je.

PETIT JEAN.

Oh ! monsieur ! je sais bien à quoi l'honneur m'oblige.

DANDIN.

Ne te couvre donc pas.

PETIT JEAN, *se couvrant.*

Messieurs... Vous, doucement ;
Ce que je sais le mieux, c'est mon commencement.

Messieurs, quand je regarde avec exactitude
L'inconstance du monde et sa vicissitude ;
Lorsque je vois, parmi tant d'hommes différents,
Pas une étoile fixe, et tant d'astres errants ;
Quand je vois les Césars, quand je vois leur fortune ;
Quand je vois le soleil, et quand je vois la lune ;
                    (Babyloniens[1].)
Quand je vois les États des Babiboniens
     (Persans.)   (Macédoniens.)
Transférés des Serpans aux Nacédoniens ;
     (Romains.)   (Despotique.)
Quand je vois les Lorrains, de l'état dépotique,
(Démocratique.)
Passer au démocrite, et puis au monarchique ;
Quand je vois le Japon...

L'INTIMÉ.

Quand aura-t-il tout vu ?

PETIT JEAN.

Oh ! pourquoi celui-là m'a-t-il interrompu ?
Je ne dirai plus rien.

DANDIN.

Avocat incommode,
Que ne lui laissiez-vous finir sa période ?
Je suais sang et eau pour voir si du Japon
Il viendrait à bon port au fait de son chapon ;
Et vous l'interrompez par un discours frivole.
Parlez donc, avocat.

PETIT JEAN.

J'ai perdu la parole.

LÉANDRE.

Achève, Petit Jean : c'est fort bien débuté.
Mais que font là tes bras pendants à ton côté ?
Te voilà sur tes pieds droit comme une statue.
Dégourdis-toi. Courage ! allons, qu'on s'évertue.

PETIT JEAN, *remuant les bras*.

Quand... je vois... Quand... je vois...

LÉANDRE.

Dis donc ce que tu vois.

---

1. Notes écrites par Racine entre les lignes, dans les anciennes éditions.

PETIT JEAN.

Oh ! dame ! on ne court pas deux lièvres à la fois.

LE SOUFFLEUR.

On lit...

PETIT JEAN.

On lit...

LE SOUFFLEUR.

Dans la...

PETIT JEAN.

Dans la...

LE SOUFFLEUR.

Métamorphose...

PETIT JEAN.

Comment ?

LE SOUFFLEUR.

Que la métem...

PETIT JEAN.

Que la métem...

LE SOUFFLEUR.

Psycose...

PETIT JEAN.

Psycose...

LE SOUFFLEUR.

Hé ! le cheval !

PETIT JEAN.

Et le cheval...

LE SOUFFLEUR.

Encor !

PETIT JEAN.

Encor...

LE SOUFFLEUR.

Le chien !

PETIT JEAN.

Le chien...

LE SOUFFLEUR.

Le butor!

PETIT JEAN.

Le butor...

LE SOUFFLEUR.

Peste de l'avocat !

PETIT JEAN.

Ah ! peste de toi-même !
Voyez cet autre avec sa face de carême !
Va-t'en au diable.

DANDIN.

Et vous, venez au fait. Un mot
Du fait.

PETIT JEAN.

Hé ! faut-il tant tourner autour du pot ?
Ils me font dire aussi des mots longs d'une toise,
De grands mots qui tiendraient d'ici jusqu'à Pontoise.
Pour moi, je ne sais point faire autant de façon
Pour dire qu'un mâtin vient de prendre un chapon.
Tant y a qu'il n'est rien que votre chien ne prenne ;
Qu'il a mangé là-bas un bon chapon du Maine ;
Que la première fois que je l'y trouverai,
Son procès est tout fait, et je l'assommerai.

LÉANDRE.

Belle conclusion, et digne de l'exorde !

PETIT JEAN.

On l'entend bien toujours. Qui voudra mordre y morde.

DANDIN.

Appelez les témoins.

LÉANDRE.

C'est bien dit, s'il le peut :
Les témoins sont fort chers, et n'en a pas qui veut.

PETIT JEAN.

Nous en avons pourtant, et qui sont sans reproche.

DANDIN.

Faites-les donc venir.

PETIT JEAN.

Je les ai dans ma poche
Tenez : voilà la tête et les pieds du ch'apon.
Voyez-les et jugez.

L'INTIMÉ.

Je les récuse.

DANDIN.

Bon !

Pourquoi les récuser ?

L'INTIMÉ.

Monsieur, ils sont du Maine.

DANDIN.

Il est vrai que du Mans il en vient par douzaine.

L'INTIMÉ.

Messieurs...

DANDIN.

Serez-vous long, avocat ? dites-moi.

L'INTIMÉ.

Je ne réponds de rien.

DANDIN.

Il est de bonne foi.

L'INTIMÉ, *d'un ton finissant en fausset.*

Messieurs, tout ce qui peut étonner un coupable,
Tout ce que les mortels ont de plus redoutable,
Semble s'être assemblé contre nous par hasar :
Je veux dire la brigue et l'éloquence. Car,
D'un côté, le crédit du défunt m'épouvante ;
Et, de l'autre côté, l'éloquence éclatante
De maître Petit Jean m'éblouit.

DANDIN.

Avocat,
De votre ton vous-même adoucissez l'éclat.

L'INTIMÉ. (*Du beau ton.*)

Oui-da, j'en ai plusieurs... Mais quelque défiance
Que nous doive donner la susdite éloquence,
Et le susdit crédit, ce néanmoins, messieurs,
L'ancre de vos bontés nous rassure d'ailleurs.
Devant le grand Dandin l'innocence est hardie ;
Oui, devant ce Caton de basse Normandie,
Ce soleil d'équité qui n'est jamais terni :
Victrix causa diis placuit, sed victa Catoni.

DANDIN.

Vraiment, il plaide bien.

L'INTIMÉ.

Sans craindre aucune chose,
Je prends donc la parole, et je viens à ma cause.
Aristote, *primo, peri Politicon,*
Dit fort bien...

DANDIN.

Avocat, il s'agit d'un chapon,
Et non point d'Aristote et de sa *Politique.*

L'INTIMÉ.

Oui mais l'autorité du Péripatétique [1]
Prouverait que le bien et le mal...

DANDIN.

Je prétends
Qu'Aristote n'a point d'autorité céans.
Au fait.

L'INTIMÉ.

Pausanias, en ses *Corinthiaques* [2]...

DANDIN.

Au fait.

L'INTIMÉ.

Rebuffe [3]...

DANDIN.

Au fait, vous dis-je.

L'INTIMÉ.

Le grand Jacques [4]...

DANDIN.

Au fait, au fait, au fait.

L'INTIMÉ.

Armeno Pul, *in Prompt...* [5]

DANDIN.

Oh ! je te vais juger.

---

1. Aristote, ainsi nommé comme chef de l'école dite péripatéticienne.
2. Un des dix livres du *Voyage en Grèce.*
3. Rebuffe, jurisconsulte français du XVIe siècle.
4. Le grand Jacques est peut-être Jacques Cujas.
5. Armeno Pul, jurisconsulte grec du XIVe siècle, qui écrivit un manuel des
ois, plusieurs fois traduit en latin sous le titre de *Promptuarium juris civilis.*

L'INTIMÉ.

Ho ! vous êtes si prompt !
(*Vite.*)
Voici le fait. Un chien vient dans une cuisine ;
Il y trouve un chapon, lequel a bonne mine.
Or celui pour lequel je parle est affamé,
Celui contre lequel je parle *autem* plumé ;
Et celui pour lequel je suis prend en cachette
Celui contre lequel je parle. L'on décrète :
On le prend. Avocat pour et contre appelé ;
Jour pris. Je dois parler, je parle, j'ai parlé.

DANDIN.

Ta, ta, ta, ta. Voilà bien instruire une affaire !
Il dit fort posément ce dont on n'a que faire,
Et court le grand galop quand il est à son fait.

L'INTIMÉ.

Mais le premier, monsieur, c'est le beau.

DANDIN.

C'est le laid.
A-t-on jamais plaidé d'une telle méthode ?
Mais qu'en dit l'assemblée ?

LÉANDRE.

Il est fort à la mode.

L'INTIMÉ, *d'un ton véhément.*

Qu'arrive-t-il, messieurs ? On vient. Comment vient-on ?
On poursuit ma partie. On force une maison.
Quelle maison ? maison de notre propre juge !
On brise le cellier qui nous sert de refuge !
De vol, de brigandage on nous déclare auteurs !
On nous traîne, on nous livre à nos accusateurs,
A maître Petit Jean, messieurs. Je vous atteste :
Qui ne sait que la loi *Si quis canis*, Digeste,
De vi, paragrapho, messieurs, *Caponibus* [1],
Est manifestement contraire à cet abus ?
Et quand il serait vrai que Citron, ma partie,
Aurait mangé, messieurs, le tout, ou bien partie,
Dudit chapon : qu'on mette en compensation
Ce que nous avons fait avant cette action.

---

1. L'Intimé cite une loi d'ailleurs imaginaire : Dans le *Digeste* (recueil de Justinien), titre « *de Vi* » (de la Violence), paragraphe « *Caponibus* » (des chapons).

Quand ma partie a-t-elle été réprimandée ?
Par qui votre maison a-t-elle été gardée ?
Quand avons-nous manqué d'aboyer au larron ?
Témoin trois procureurs, dont icelui Citron
A déchiré la robe. On en verra les pièces.
Pour nous justifier, voulez-vous d'autres pièces ?

PETIT JEAN.

Maître Adam...

L'INTIMÉ.

Laissez-nous.

PETIT JEAN.

L'Intimé...

L'INTIMÉ.

Laissez-nous.

PETIT JEAN.

S'enroue.

L'INTIMÉ.

Hé ! laissez-nous. Euh ! euh !

DANDIN.

Reposez-vous,

Et concluez.

L'INTIMÉ, *d'un ton pesant.*

Puis donc, qu'on nous, permet, de prendre,
Haleine, et que l'on nous, défend, de nous, étendre,
Je vais, sans rien omettre, et sans prévariquer,
Compendieusement énoncer, expliquer,
Exposer, à vos yeux, l'idée universelle
De ma cause, et des faits, renfermés, en icelle.

DANDIN.

Il aurait plus tôt fait de dire tout vingt fois
Que de l'abréger une. Homme, ou qui que tu sois,
Diable, conclus ; ou bien que le ciel te confonde !

L'INTIMÉ.

Je finis.

DANDIN.

Ah !

L'INTIMÉ.

Avant la naissance du monde...

DANDIN, *bâillant.*

Avocat, ah ! passons au déluge.

L'INTIMÉ.

          Avant donc
La naissance du monde et sa création,
Le monde, l'univers, tout, la nature entière
Était ensevelie au fond de la matière.
Les éléments, le feu, l'air, et la terre, et l'eau,
Enfoncés, entassés, ne faisaient qu'un monceau,
Une confusion, une masse sans forme,
Un désordre, un chaos, une cohue énorme :
UNUS ERAT TOTO NATURÆ VULTUS IN ORBE,
QUEM GRÆCI DIXERE CHAOS, RUDIS INDIGESTAQUE MOLES.

LÉANDRE.

Quelle chute ! Mon père !

PETIT JEAN.

       Ay ! monsieur ! Comme il dort !

LÉANDRE.

Mon père, éveillez-vous.

PETIT JEAN.

       Monsieur, êtes-vous mort ?

LÉANDRE.

Mon père !

DANDIN.

     Hé bien? hé bien? Quoi? qu'est-ce? Ah ! ah ! quel
Certes je n'ai jamais dormi d'un si bon somme. [homme !

LÉANDRE.

Mon père, il faut juger.

DANDIN.

      Aux galères.

LÉANDRE.

           Un chien.

Aux galères !

DANDIN.

      Ma foi ! je n'y conçois plus rien :
De monde, de chaos, j'ai la tête troublée.
Hé ! concluez.

L'INTIMÉ, *lui présentant de petits chiens.*

     Venez, famille désolée ;
Venez, pauvres enfants qu'on veut rendre orphelins :
Venez faire parler vos esprits enfantins.

Oui, messieurs, vous voyez ici notre misère :
Nous sommes orphelins ; rendez-nous notre père ;
Notre père, par qui nous fûmes engendrés,
Notre père, qui nous...

DANDIN.

Tirez, tirez, tirez.

L'INTIMÉ.

Notre père, messieurs...

DANDIN.

Tirez donc. Quels vacarmes !
Ils ont pissé partout.

L'INTIMÉ.

Monsieur, voyez nos larmes [1].

DANDIN.

Ouf ! Je me sens déjà pris de compassion.
Ce que c'est qu'à propos toucher la passion !
Je suis bien empêché. La vérité me presse ;
Le crime est avéré ; lui-même il le confesse.
Mais s'il est condamné, l'embarras est égal.
Voilà bien des enfants réduits à l'hôpital.
Mais je suis occupé, je ne veux voir personne.

SCÈNE IV : CHICANEAU, ISABELLE, etc.

CHICANEAU.

Monsieur...

DANDIN.

Oui, pour vous seuls l'audience se donne [2].
Adieu. Mais, s'il vous plaît, quel est cet enfant-là ?

CHICANEAU.

C'est ma fille, monsieur.

DANDIN.

Hé ! tôt, rappelez-la.

ISABELLE.

Vous êtes occupé.

---

1. *Var.* ...Monsieur, ce sont leurs larmes (1669).
2. *Var.* Oui, pour vous seul...

DANDIN.

Moi ! Je n'ai point d'affaire.
Que ne me disiez-vous que vous étiez son père ?

CHICANEAU.

Monsieur...

DANDIN.

Elle sait mieux votre affaire que vous.
Dites. Qu'elle est jolie, et qu'elle a les yeux doux !
Ce n'est pas tout, ma fille, il faut de la sagesse.
Je suis tout réjoui de voir cette jeunesse.
Savez-vous que j'étais un compère autrefois ?
On a parlé de nous.

ISABELLE.

Ah ! monsieur, je vous crois.

DANDIN.

Dis-nous : à qui veux-tu faire perdre la cause ?

ISABELLE.

A personne.

DANDIN.

Pour toi je ferai toute chose.
Parle donc.

ISABELLE.

Je vous ai trop d'obligation.

DANDIN.

N'avez-vous jamais vu donner la question ?

ISABELLE.

Non ; et ne le verrai, que je crois, de ma vie.

DANDIN.

Venez, je vous en veux faire passer l'envie.

ISABELLE.

Hé ! monsieur, peut-on voir souffrir des malheureux ?

DANDIN.

Bon ! Cela fait toujours passer une heure ou deux.

CHICANEAU.

Monsieur, je viens ici pour vous dire...

LÉANDRE.

Mon père,
Je vous vais en deux mots dire toute l'affaire :

C'est pour un mariage. Et vous saurez d'abord
Qu'il ne tient plus qu'à vous, et que tout est d'accord.
La fille le veut bien ; son amant le respire ;
Ce que la fille veut, le père le désire.
C'est à vous de juger.

DANDIN, *se rasseyant.*

Mariez au plus tôt :
Dès demain, si l'on veut ; aujourd'hui, s'il le faut.

LÉANDRE.

Mademoiselle, allons, voilà votre beau-père :
Saluez-le.

CHICANEAU.

Comment ?

DANDIN.

Quel est donc ce mystère ?

LÉANDRE.

Ce que vous avez dit se fait de point en po int.

DANDIN.

Puisque je l'ai jugé, je n'en reviendrai point.

CHICANEAU.

Mais on ne donne pas une fille sans elle.

LÉANDRE.

Sans doute ; et j'en croirai la charmante Isabelle.

CHICANEAU.

Es-tu muette ? Allons, c'est à toi de parler.
Parle.

ISABELLE.

Je n'ose pas, mon père, en appeler.

CHICANEAU.

Mais j'en appelle, moi.

LÉANDRE.

Voyez cette écriture.
Vous n'appellerez pas de votre signature ?

CHICANEAU.

Plaît-il ?

DANDIN.

C'est un contrat en fort bonne façon.

CHICANEAU.

Je vois qu'on m'a surpris : mais j'en aurai raison :
De plus de vingt procès ceci sera la source.
On a la fille, soit ; on n'aura pas la bourse.

LÉANDRE.

Hé ! monsieur, qui vous dit qu'on vous demande rien ?
Laissez-nous votre fille, et gardez votre bien.

CHICANEAU.

Ah !

LÉANDRE.

Mon père, êtes-vous content de l'audience ?

DANDIN.

Oui-da. Que les procès viennent en abondance,
Et je passe avec vous le reste de mes jours.
Mais que les avocats soient désormais plus courts.
Et notre criminel ?

LÉANDRE.

Ne parlons que de joie.
Grâce ! grâce ! mon père.

DANDIN.

Hé bien, qu'on le renvoie ;
C'est en votre faveur, ma bru, ce que j'en fais.
Allons nous délasser à voir d'autres procès.

TABLE

Bibliothèque LAROUSSE

encyclopédique et illustrée

Publiée sous la direction de Georges MOREAU

La *Bibliothèque Larousse*, qui est une nouveauté en France, embrassera, dans une collection véritablement *encyclopédique*, à la fois tout ce qui intéresse la vie pratique (hygiène, économie domestique, connaissances techniques, etc.) et tout ce qui peut contribuer à la culture générale de l'esprit (lettres, arts, sciences, etc.). Elle forme plusieurs séries de jolis volumes signés de spécialistes compétents, illustrés toutes les fois qu'il y a lieu, et d'une forme soignée et élégante malgré leur extrême bon marché, qui répondront à tous les besoins moraux et matériels de l'existence et permettront à tout le monde de se constituer à peu de frais une bibliothèque d'un intérêt durable et d'une valeur réelle (format 13,5 × 20).

LITTÉRATURE

Balzac : Le Père Goriot. Broché, 1 fr. ; relié toile . . . . **1 fr. 30**
Balzac : Eugénie Grandet. Broché, 1 fr. ; relié toile. . . . . **1 fr. 30**
Balzac : La Cousine Bette. *Deux vol.* Chaque vol., br., 1 fr. ; rel. t. **1 fr. 30**
Balzac : Le Cousin Pons. Broché, 1 fr. ; relié toile . . . . **1 fr. 30**
Alfred de Musset : Premières poésies. Broché, 1 fr. ; relié toile. **1 fr. 30**
Alfred de Musset : Poésies nouvelles. Broché, 1 fr. ; relié toile. . **1 fr. 30**
Alfred de Musset : Comédies et Proverbes. *Trois volumes.* Chaque volume, broché, 1 fr. ; relié toile. . . . . **1 fr. 30**
A. de Musset : La Confession d'un enfant du siècle. Br., 1 fr. ; rel. t. **1 fr. 30**
Alfred de Musset : Nouvelles. Broché, 1 fr. ; relié toile. . . . . **1 fr. 30**

Les œuvres ci-dessus sont données *in extenso*, sans aucune coupure. On pourra ainsi se procurer désormais à peu de frais ces chefs-d'œuvre de notre littérature dans des éditions vraiment soignées et dignes de figurer dans une bibliothèque.

Anthologie des écrivains français du XIXᵉ siècle, par GAUTHIER-FERRIÈRES, TOME Iᵉʳ : *les Poètes (1800-1850)*. 22 gravures. Br., 1 fr. ; relié toile. . **1 fr. 30**

Montaigne, par Louis COQUELIN. Vie de Montaigne et étude de son œuvre (nombreux extraits). 6 gravures. Broché, 0 fr. **75** ; relié toile. . . . . . **1 fr. 05**

Musset, par GAUTHIER-FERRIÈRES, lauréat de l'Académie française. Vie de Musset, avec extraits de son œuvre. 4 grav. Broché, 0 fr. **75**; relié toile. **1 fr. 05**

Daudet, par P. et V. MARGUERITTE, G. GEFFROY, etc. Vie de Daudet et étude de son œuvre (nombreux extraits). 4 grav. Broché, 0 fr. **75**; rel. toile. **1 fr. 05**

Schiller, par Charles SIMOND, lauréat de l'Académie française. Vie de Schiller et étude de son œuvre (nombreux extraits). 4 grav. Br., 0 fr. **75**; rel. t. **1 fr. 05**

(Voir la suite page suivante.)

Bibliothèque Larousse

LITTÉRATURE (*Suite*)

Gœthe, par Charles SIMOND. Vie de Gœthe et étude de son œuvre (nombreux extraits). 4 gravures. Broché, 0 fr. 75; relié toile. . . . . **1 fr. 05**

Tolstoï, par OSSIP-LOURIÉ, lauréat de l'Institut. Vie de Tolstoï et étude de son œuvre (nombreux extraits). 4 grav. Broché, 0 fr. 75; relié toile. **1 fr. 05**

Ibsen, par OSSIP-LOURIÉ, lauréat de l'Institut. Vie d'Ibsen; son œuvre (nombreux extraits); l'*ibsénisme*. 4 gravures. Broché, 0 fr. 75; relié toile. **1 fr. 05**

Histoire de la Littérature russe, par Louis LEGER, membre de l'Institut. Nombreuses gravures. Broché, 0 fr. 75; relié toile . . . . **1 fr. 05**

BEAUX-ARTS

Rembrandt, par Auguste BRÉAL. Vie de Rembrandt et étude de son œuvre. 24 gravures. Broché, **1 fr. 20**; relié toile . . . . **1 fr. 50**

L'Art à l'École, par Ch.-M. COUYBA, sénateur, et les membres du Comité de la *Société nationale de l'Art à l'Ecole*. 70 grav. Broché, **1 fr. 20**; relié toile. **1 fr. 50**

HISTOIRE

Histoire de Russie, par Louis LEGER, membre de l'Institut. 12 gravures, 2 cartes. Broché, 0 fr. 75; relié toile. . . . . **1 fr. 05**

SCIENCES PURES ET APPLIQUÉES

La Définition de la Science, entretiens philosophiques, par F. LE DANTEC, chargé de cours à la Sorbonne. 88 gravures. Broché, **1 fr. 20**; relié toile. **1 fr. 50**

La Photographie des couleurs, par COUSTET. Exposé des recherches les plus récentes. 22 gravures. Broché, 0 fr. 75; relié toile. . . . . **1 fr. 05**

Les Alliages métalliques, par Ch. HÉMARDINQUER. Soudure, brasure, aluminothermie. 9 gravures. Broché, 0 fr. 50; relié toile. . . . . **0 fr. 75**

La Voix professionnelle, par le Dr Pierre BONNIER, laryngologiste consultant de la Comédie-Française et de l'Opéra-Comique. Leçons pratiques de physiologie appliquée aux carrières vocales (cours du théâtre Réjane 1907-1908), à l'usage des acteurs, professeurs, avocats, etc. 39 gr. Br., **2 fr.**; rel. t. **2 fr. 50**

MÉDECINE ET HYGIÈNE

L'Œil : hygiène, maladies, traitement, par le Dr VALUDE, médecin de la clinique nationale des Quinze-Vingts. Ouvrage écrit par un spécialiste à l'usage du grand public. 34 gravures. Broché, **1 fr.**; relié toile . . . . **1 fr. 30**

L'Estomac : hygiène, maladies, traitement, par le Dr M.-A. LEGRAND. Conseils pour éviter les maladies d'estomac et en guérir, le cas échéant. 14 grav. Broché, **1 fr.**; relié toile . . . . **1 fr. 30**

Pour élever les nourrissons, par le Dr GALTIER-BOISSIÈRE. Conseils pratiques à l'usage des jeunes mères. 62 grav. Broché, 0 fr. 90; relié toile **1 fr. 20**

Pour préserver des maladies vénériennes, par le Dr GALTIER-BOISSIÈRE. Ouvrage présenté sous une forme qui ne peut choquer personne, à l'usage des jeunes gens, pères de famille, etc. 34 gr. Broché, **0 fr. 75**; relié toile. **1 fr. 05**

Envoi franco au reçu d'un mandat-poste.

Bibliothèque Larousse

VIE SOCIALE ET DROIT USUEL

Entre locataires et propriétaires, par D. Massé. Guide pratique de droit usuel en matière de location. Broché, **1 fr. 20**; relié toile . . . . . . **1 fr. 50**

Les Assurances, par Édouard Adam, avocat à la Cour de Paris. Guide pratique. Broché, **0 fr. 75**; relié toile. . . . . **1 fr. 05**

Les Accidents du travail, par Louis André. Exposé pratique de la législation actuelle et de ses conséquences. Broché, **0 fr. 90**; relié toile. . **1 fr. 20**

Assistance aux vieillards, aux infirmes, aux incurables. Guide pratique à l'usage des fonctionnaires départementaux, conseillers municipaux, conseillers généraux, etc. Broché, **1 fr. 20**; relié toile . . . . **1 fr. 50**

Code municipal, par Max Legrand. Manuel clair et commode à l'usage des maires, adjoints, secrétaires de mairie, etc. Br., **1 fr. 20**; relié toile **1 fr. 50**

AGRICULTURE

Routine et progrès en agriculture, par Ch. Dumont. Excellent ouvrage à répandre parmi les petits et moyens cultivateurs ; recommandé aux instituteurs, conférenciers, etc. 92 gravures. Broché, **1 fr. 80**; relié toile. . . . . . **2 fr. 25**

Le Jardin de l'instituteur, de l'ouvrier et de l'amateur, par P. Bertrand. Manuel pratique de jardinage. 60 grav. et 9 pl. Br., **1 fr. 20**; rel. t. **1 fr. 50**

Le Verger de l'instituteur, de l'ouvrier et de l'amateur, par P. Bertrand. 193 gravures. Broché, **1 fr. 20**; relié toile. . . . . **1 fr. 50**

Le Bétail, par Marcel Vacher, membre du Conseil supérieur de l'Agriculture. Amélioration et reproduction. 10 grav. Broché, **75 cent.**; relié toile . . **1 fr. 15**

Le Porc, par Marcel Vacher. 10 gravures. Br., **0 fr. 75**; rel. toile **1 fr. 15**

Améliorations du sol (*I. Drainage et irrigations*), par M. Abadie, prof. à l'École natle d'agriculture de Rennes. 95 grav. Br., **0 fr. 90**; relié toile **1 fr. 20**

Des fourrages verts toute l'année, par H. Compain, chef de culture à l'École nationale de Grignon. 44 gravures. Broché, **0 fr. 90**; relié toile. **1 fr. 20**

CONNAISSANCES PRATIQUES

La Cuisine à bon marché, par Mme J. Sévrette. 300 recettes vraiment pratiques pour faire une cuisine de famille variée, saine et peu coûteuse. Broché, **0 fr. 90**; relié toile. . . . . **1 fr. 20**

Le Guide mondain, par la Ctesse DE Magallon. Art moderne du savoir-vivre. Broché, **0 fr. 90**; relié toile . . . . **1 fr. 20**

Le Passe-temps des mois, par V. Delosière. Mémento des diverses occupations à toutes les époques de l'année (jeux, sports, jardinage, etc.). 111 gravures. Broché, **0 fr. 75**; relié toile . . . . **1 fr. 05**

La Maison fleurie, par F. Faideau. Guide pratique de décoration florale. 61 gravures. Broché, **0 fr. 90**; relié toile . . . . **1 fr. 20**

Le Dessin de l'artisan et de l'ouvrier, par Chevrier. Manuel pratique à l'usage des ouvriers, contremaîtres, etc. Nombr. grav. Br., **0 fr. 75**; rel. t. **1 fr. 05**

Pour former un tireur, par Violet et Voulquin. Ouvrage publié sous le patronage de l'*Union des Sociétés de tir de France,* et donnant tous les conseils et indications utiles pour arriver rapidement à bien tirer à la carabine, au fusil, au revolver, au pistolet. 38 gravures. Broché, **0 fr. 75**; relié toile. . . **1 fr. 05**

Envoi franco au reçu d'un mandat-poste

Dictionnaires divers

Dictionnaire usuel de Droit, par Max LEGRAND, avocat. Un volume in-8°
de 840 pages, illustré de 15 gravures et 3 cartes. 7e mille. Broché, **7 fr. 50**
Relié toile . . . . **9 francs.**
Supplément. 60 pages. Broché. **1 franc.**

Rédigé dans un esprit essentiellement pratique, ce dictionnaire met à la portée de
tous ce qu'il peut être utile de savoir en matière juridique, sous une forme aussi claire et
accessible que possible, et l'ordre alphabétique en rend en outre la consultation infiniment plus commode que celle d'un code. Il est superflu d'insister sur les services qu'un
ouvrage ainsi conçu peut rendre à chacun dans la conduite de ses affaires : ce sera en
particulier un guide des plus précieux toutes les fois qu'on aura un contrat à passer,
un procès à intenter ou à soutenir, ou simplement quelque formalité administrative ou
judiciaire à remplir. Un appendice placé à la fin du volume donne la formule d'un certain nombre d'actes d'une application courante : reconnaissance, procuration, baux, etc.

Dictionnaire illustré de Médecine usuelle, par le Dr GALTIER-BOISSIÈRE
(Ouvrage honoré de souscriptions des ministères de l'Instruction publique et de
la Guerre). Un volume in-8° de 576 pages, 849 gravures, photographies, radiogra-
phies, 4 cartes, 4 pl. en couleurs. 24e mille. Broché, 6 fr. ; relié toile. **7 fr. 50**

Voici un ouvrage qui sera précieux dans la famille. Médications et traitements divers,
description des organes, hygiène préventive et curative, pharmacie de ménage, soins
spéciaux aux mères et aux enfants, accidents, empoisonnements, falsifications, etc., tout
y est exposé avec une clarté remarquable et un sens pratique sur lequel on ne saurait
trop insister dans un livre de ce genre. Un développement étendu a été donné en particulier à la médication par l'eau chaude ou froide, par la gymnastique française ou sué-
doise, par le massage, par l'électricité, par les petits moyens de la médecine d'urgence
sans drogue proprement dite ; à l'hygiène des exercices, comme le cyclisme, l'équitation,
la chasse ; à l'hygiène professionnelle, etc.

Dictionnaire synoptique d'étymologie française, par H. STAPPERS, donnant
la dérivation des mots usuels, classés sous leur racine commune et en divers
groupes : latin, grec, langues germaniques, etc. Un volume in-12 de 960 pages.
5e édition. Relié toile . . . . **6 francs.**

Dans ce livre on trouvera, groupés d'une façon méthodique, tous les mots de la langue
française de même provenance, qui, dans les autres dictionnaires, se trouvent forcément
éparpillés d'après l'ordre alphabétique. On comprend quel intérêt présente cet ouvrage,
tant au point de vue des recherches étymologiques qu'au point de vue de l'étude des mots.

Dictionnaire méthodique et pratique des rimes françaises, précédé d'un
traité de versification, par Ph. MARTINON. Un volume petit in-12 de 300 pages.
2e édition. Relié toile. . . . . **2 fr. 50**

Ce dictionnaire offre des avantages considérables sur tous les ouvrages similaires.
Outre que sa nouveauté le met au courant des derniers enrichissements de la langue, il se
recommande par l'originalité de son plan, grâce auquel les rimes sont présentées d'une
façon particulièrement pratique.

Envoi franco au reçu d'un mandat-poste.

Livres d'intérêt pratique

Pour choisir une carrière, par Daniel MASSÉ, juge de paix de Nogent-sur-Marne. Un volume in-8° de plus de 500 pages. Broché, **4 fr. 50**; rel. t. **5 fr. 50**

Cet ouvrage se distingue de tous ceux qui ont déjà paru dans ce genre par la largeur de son plan et par une précision de renseignements à laquelle on n'avait pas encore atteint en pareille matière. On y trouvera non seulement sur les professions administratives, libérales, commerciales et industrielles, mais même sur les métiers manuels, des indications aussi pratiques que détaillées.

Manuel du Commerçant, par E. SEGAUD, ancien président du Tribunal de commerce d'Arras. Un vol. in-8° de 320 pages. Broché, **3 fr. 50**; rel. t. **4 fr. 50**

Ce volume présente, sous une forme simple et commode à consulter, les diverses notions juridiques et pratiques d'un intérêt courant dans la vie commerciale. Dû à la plume d'un homme du métier, il rendra les plus grands services aux commerçants, qui auront avec lui sous la main la solution des mille cas qui peuvent journellement les embarrasser.

La Comptabilité commerciale, industrielle et domestique, avec notions sur le commerce, le crédit, les sociétés et la législation commerciale, par Gustave SOREPH. Un vol. in-8° de 270 pages. 2e édit. Br., **3 francs**; rel. t. **4 francs.**

Pour gérer sa fortune, par Pierre DES ESSARS. Conseils pratiques sur les placements de capitaux et les assurances. 3e édit. In-8°. Br., **2 fr. 50**; rel. **3 fr. 50**

Les Impôts, *guide pratique du contribuable,* par un PERCEPTEUR. In-8°, 160 pages. Broché . . . . **2 francs.**

La Cuisine et la Table modernes. Ouvrage écrit spécialement pour la maîtresse de maison. In-8°, 500 pages, 600 gravures, dont 135 reproductions photographiques d'après nature. 11e mille. Broché, **5 francs**; relié toile . . **6 fr. 50**

Cet ouvrage n'est pas un banal livre de cuisine; c'est un guide pratique dû à la collaboration d'hommes du métier et dans lequel on trouvera non seulement les recettes culinaires proprement dites, mais encore tout ce qu'une femme doit savoir sur l'hygiène de l'alimentation, le pain, les condiments, la viande, la volaille, le poisson, les légumes, les conserves, le matériel de cuisine, le service de table, etc. L'illustration, comme le texte, vise toujours le côté utilitaire, l'initiation pratique, et toute une série de photographies instantanées constituent entre autres un véritable enseignement par les yeux.

La Chasse moderne, *encyclopédie du chasseur,* due à la collaboration des personnalités les plus autorisées du monde cynégétique. In-8°, 700 pages, 438 gravures (dessins d'après nature et photographies instantanées), 24 tableaux synthétiques, 85 airs de chasse. 13e mille. Br., **7 fr. 50**; relié toile. . **10 francs**

La Pêche moderne, *encyclopédie du pêcheur,* due à la collaboration de spécialistes compétents. In-8°, 600 pages, 680 gravures, 32 tableaux synthétiques. 6e mille. Broché, **6 fr. 75**; relié toile . . . . **9 francs.**

Herbier classique, par F. FAIDEAU. 50 plantes caractéristiques des principales familles analysées et décrites. Un volume in-8° de 140 pages, 162 gravures (dessins d'après nature et reproduct. photogr.). Br., **2 fr. 25**; relié. . **3 francs.**

Envoi franco au reçu d'un mandat-poste.

Bibliothèque rurale

HONORÉE DE NOMBREUSES SOUSCRIPTIONS DES MINISTÈRES DE L'IN-
STRUCTION PUBLIQUE ET DE L'AGRICULTURE (FORMAT IN-8°, 15 × 21)

L'Agriculture moderne, encyclopédie de l'agriculteur, par V. SÉBASTIAN. 560 pages, 700 gravures. Broché, **5 fr.** ; relié toile . . . . **6 fr. 50**
La Ferme moderne, par ABADIE. 390 grav. Br., **3 fr.**; relié toile. **4 francs.**
Prairies et Pâturages, par COMPAIN. 181 grav. Br., **3 fr.**; relié. . **4 francs.**
L'Arboriculture fruitière en images, par VERCIER. 101 pl. Br. **3 francs.**
Relié toile . . . . **4 francs.**
Les Industries de la ferme, par LARBALÉTRIER. 160 gravures. Br. **2 francs.**
Relié toile. . . . . **3 francs.**
Les Engrais au village, par H. FAYET. Broché, **2 fr.** ; relié toile. **3 francs.**
L'Outillage agricole, par DE GRAFFIGNY. 240 gravures. Broché. . **2 francs.**
Relié toile. . . . . **3 francs.**
La Basse-Cour, par TRONCET et TAINTURIER. 80 grav. Broché. **2 francs.**
Relié toile. . . . . **3 francs.**
Le Bétail, par TRONCET et TAINTURIER. 100 grav. Br., **2 fr.**; relié. **3 francs.**
L'Arboriculture pratique, par TRONCET et DELIÈGE. 190 gr. Br. **2 francs.**
Relié toile. . . . . **3 francs.**
La Viticulture moderne, par G. DE DUBOR. 100 gr. Br., **2 fr.**; rel. t. **3 francs.**
L'Apiculture moderne, par CLÉMENT. 153 grav. Br., **2 fr.**; relié. **3 francs.**
Le Jardin potager, par TRONCET. 190 grav. Br., **2 fr.**; relié . . . **3 francs.**
Le Jardin d'agrément, par TRONCET. 150 grav. Br., **2 fr.**; relié. **3 francs.**
Comptabilité agricole, par BARILLOT. Broché, **2 fr.**; relié. . . . . **3 francs.**
Élevage en grand de la volaille, par M. W. PALMER. 14 gr. Br. **1 fr. 50**
Relié toile. . . . . **2 fr. 25**
Les Animaux de France, par CLÉMENT et TRONCET. 160 grav. Br. **2 francs.**
Relié toile . . . . **3 francs.**
Écoles et cours d'Agriculture, par DUGUAY. 39 gravures. Br. . . **1 franc.**

Un périodique unique en France et à l'étranger.

Larousse mensuel illustré

Publié sous la direction de Claude AUGÉ et paraissant le premier samedi de chaque mois par numéros de 16 pages gr. in-4° (32 × 26) à 60 centimes, imprimés sur trois colonnes (48 colonnes) et illustrés de nombreuses gravures.

Abonnement d'un an : France, **6 francs**; Étranger, **7 francs.**

Le *Larousse mensuel* enregistre mois par mois, dans l'ordre alphabétique, sous une forme documentaire et d'une façon absolument complète, toutes les manifestations de la vie contemporaine. Politique, commerce, industrie, lois nouvelles, pièces et livres nouveaux, œuvres d'art marquantes, découvertes scientifiques, etc., il embrasse intégralement le mouvement si complexe des faits et des idées à notre époque, et comme il condense en très peu d'espace une quantité de matières considérable, il permet de se tenir au courant de . . t sans perte de temps et pour une dépense insignifiante.

Demander le prospectus spécimen.